西南大学教育学部
现代教育文库

民族民间文化课程资源开发

刘 茜 著

人民出版社

图书在版编目（CIP）数据

民族民间文化课程资源开发 / 刘茜 著. —北京：人民出版社，2019

ISBN 978-7-01-020896-1

Ⅰ.①民… Ⅱ.①刘… Ⅲ.①民族文化－中国－教学研究－中小学

Ⅳ.①G633.592

中国版本图书馆CIP数据核字(2019)第102550号

民族民间文化课程资源开发
MINZU MINJIAN WENHUA KECHENG ZIYUAN KAIFA

著　　者：刘　茜
责任编辑：阮宏波　韩　悦
出版发行：人 民 出 版 社
地　　址：北京市东城区隆福寺街99号
邮政编码：100706
印　　刷：廊坊市海涛印刷有限公司
版　　次：2020年1月　第1版
印　　次：2020年1月　河北第1次印刷
开　　本：710毫米×1000毫米　1/16
印　　张：16.25
字　　数：216千字
书　　号：ISBN 978-7-01-020896-1
定　　价：69.00元
销售中心：(010) 65250042 65289539

目　　录

前　言

　　当今社会，全球化、一体化进程加快，文化多元性成为时代的重要特征之一，全球与本土、多元与一元、传统与现代或后现代在不断地撞击、排斥、吸收、融合。教育作为文化传承的最主要方式，理应适应多元文化社会发展的需要。教育发展变革的核心和突破口是课程，学校课程质量直接影响到教育的质量。课程作为文化的一种形式和载体，是文化传承和创新的重要途径之一，这必然赋予基础教育课程以不可推卸的责任。而课程目标的实现范围和实现水平很大程度上有赖于课程资源的丰富性和适切性程度。我国在长期的社会活动中所创造、传承和享用的丰富的民族民间文化资源，如谚语、诗歌、传说、仪式、民间游戏、艺术、民风民俗、宗教信仰等，蕴含着丰富的教育主题和多方面的教育价值，作为一种重要的课程资源，理应纳入中小学课程之中，使学校课程之"根"植于民族民间文化"土壤"之中。费孝通也指出，人们首先要认识自身的文化，理解多元文化，才有条件在多元化的世界里确立自己的位置，与其他文化一起取长补短，共同建立一个大家认可的基本秩序。没有本土性和民族性的课程资源的开发，容易使我们弱化民族自尊意识，而本土性和民族性的课程资源主要在民间。为此，在深化课程改革进程中如何吸收民间文化的精华以丰富基础教育课程体系，成为摆在我们面前亟待解决的一个十分重要而迫切的问题。

一、民族民间文化课程资源开发的现实必要性

（一）保持文化的多样性，促进社会和谐

当今世界文化的特征之一就是它的多元性，多元文化是社会发展的一个重要趋势。随着全球化进程的加速，在多民族、多群体共同生活的国家，各种文化在本国内乃至世界范围内相互交织、碰撞与融合的趋势愈发突出，使得社会形态和文化类型日益多元化、复杂化。多元文化主义坚持文化的多样性和差异性而非标准性和统一性，认为主流文化与非主流文化虽然在价值观和信念等方面有着根本的不同，但它们都各具其价值，因而，各个文化族群彼此欣赏和理解对方，共存共依，彼此合作。文化多元是我们必须正视和面对的现实。联合国发表的《文化多样性宣言》指出，文化在不同的时代、不同的地方具有各种不同的表现形式，文化多样性对人类来讲就像生物多样性对维持生物平衡那样必不可少……文化多样性是人类的共同遗产，应该从当代人和子孙后代的利益考虑予以承认和肯定。文化多样性与生物多样性密切相关，是人类必须正视的客观现实。文化的多样性不是偶然的，其关乎着人类的生存问题，没有多元文化的存在，人类难以维持生存。因此，保持文化的多样性，就是在保护人类的生存。[①]

我国是一个多民族多文化的国家，域内各少数民族仍保留着自己的传统民俗和文化传统，具有多元文化社会特性，文化的多元与民族的多样共存。文化是一个民族存在的本原特征，文化是最能体现民族性和区域性的载体，标志着一定民族、一定区域最持久和最本质的活力，是构成各民族、各地区特色的重要组成部分。一个地区或民族在长期的历史变迁及特定的人文、地理环境的作用下，都会形成共同的价值观、宗教信仰、语言、思维方式、生活方式等同类文化意识，并经长期历史积淀

---

① 金少萍：《民族文化与全球化学术研讨会综述》，《民族研究》2003 年第 6 期。

而形成具有浓郁地方特色、民族特色的文化。文化相对论代表人物赫斯科维茨（Melville J. Herskovits）认为：每一种文化都有其独特内涵和审美价值，都是为自己群体服务的，不同文化之间相互尊重，强调多种而不是一种生活方式的价值。① 在多元文化社会里，当主流文化与非主流文化接触时，各种文化都有权保留自己的文化特征。人类文化的多样性是人类社会进步的象征，是人类社会生活得以丰富多彩、充满活力的保障。我们强调的"多元"并非是无限制的"多元"而走向国家的分裂，倡导"多元"时还必须重视"一体"。"一体"是指各民族的发展相互关联，相互补充，相互依存，与整体有不可分割的内在联系和共同的民族利益。② 总之，是多元中的统一，统一中的多元，各种文化应该"各美其美，美人之美，美美与共，天下大同"。

（二）民间文化传承的现实价值

民间文化是民众在长期生活、交往中形成的与民间日常生活息息相关的礼仪、习俗、语言和艺术等文化形态，是相对于上层文化或精英文化而言的一种处于社会底层的文化，主要为广大民众所创造与享用。它是一个特定区域中的广大民众创造并世代相传的文化，是广大民众的生活方式、心理状态、性格特征、思维方式的真实反映，民间文化是过往生活的凭证，有着历史、地理、民俗、宗教、人文、社会、心理、经济、政治等广泛而深刻的内涵和价值。民间文化作为民众的生活样态，满足着人们基本的生存欲望，成为民众的情感合理宣泄、身体感官美好享受、生活理性展演的有效渠道；作为人类文化意识形态结构中最底层的文化，深刻反映着民众生活的和谐诉求，并以一种惯性的力量规范着人们的言行与思想。正如列维－斯特劳斯所言："我们的行动和思想都依照习惯；稍稍偏离风俗就会遇到非常大的困难，其原因更多在于惯

① 冯增俊：《教育人类学》，江苏教育出版社 2001 年版，第 238 页。
② 费孝通主编：《中华民族多元一体格局》，中央民族大学出版社 2003 年版，第 309 页。

性，而不是出于维持某种明确效用的有意识考虑或者需要。"① 基于对祖先共同的依恋中形成的集体意识，具有强烈的凝聚力和向心力，成为一个民族的根。例如，中国许多民族都崇尚龙，龙是一种因部落的兼并而产生的混合图腾。这种虚拟的综合图腾物的形成，既来自社会兼并的现实——来自异兽、异类图腾兼并的社会现实，又借助于心灵的激发，以及群体心理意识的同感和认可。首先是对龙的基形基于一种共识；其次是以此为中心而兼顾八方的一统心理，这些心理因素发生碰撞，似此非此、昂首曲背、奔腾威严、伟大，在各民族中或多或少都留有说不清、道不明的影响，直到今天也如此。浪迹天涯的海外华人，更是喜欢把自己视为龙的传人、龙的子孙。追根究底，这还是数千年来龙民俗心理定式潜移默化传承、影响的结果。②

可见，民族民间文化是一个民族在历史长河中所创造和积累的文明成果，是人类长期发展创造的，承载着丰厚的价值与意义，是一个民族宝贵的民族遗产和精神财富。林语堂认为民族遗产不过是一套道德和心理素质的体系，是活的、能动的东西，表现为在一个新的环境下对生活的某种哲学态度和对生活的反映与贡献。他认为"一个民族的性格仅仅意味着某种精神状态，某种心理和道德上的财富，它们能够在任何境况下显示自身。一个富有生机的民族精神应当促使人们去创造、去生产，它不应该被认为是一种死板的，已经完成了其历史使命，应该被涂上防腐剂保存起来的东西。一个民族的遗产并非博物馆内收藏着的碎片。"③民间文化传承了千百年的、最古老的活态文化，是文化的活化石，作为一种宝贵的民族遗产和精神财富，其传承与发展理应受到人们的重视与关注，不能因为融入世界的现代文明而消失，尤其是在从经济和信息时

---

① ［法］克劳德·列维—斯特劳斯：《历史学和人类学——〈结构人类学〉一书序言》，《哲学译丛》1979 年第 6 期。
② 陈勤建：《中国民俗》，中国民间文艺出版社 1989 年版，第 98 页。
③ 林语堂：《中国人》，学林出版社 1994 年版。

代转向文化竞争时代的今天，文化尤其是民间文化更应成为人们关注的焦点。全球化背景下，人类对文化多样性开始关注。民间文化这种活态文化正是构成当今人类文化多样性的文化生态源。对世界不同民族地区文化多样性的保护传承，成为具有人类文化生态格局互补共生的生存伦理价值。

然而，在全球一体化的浪潮下，在现代化、信息化的作用下，人们的生产方式、生活方式、生存环境发生了重大变化，传统的民间文化正越来越远离我们的生活，民间文化正遭遇着前所未有的生存困境。"在全球经济一体化的浪潮下，在现代化、工业化乃至信息化的作用下，人们的生产方式、生活方式、生存环境发生了重大变化，人类社会由农业社会、工业社会进入后工业社会、信息社会。在城市化和机械化时钟、电子时钟面前，农家小院和晨鸡报晓失去了存在条件；在现代化机械面前，人力的农耕技艺失去了存在条件，手工的生产工艺失去了存在条件；在电影、电视面前，民间戏曲、民间游艺活动及其表演场所受到巨大冲击；在漂亮性感、时尚美艳的歌星面前，说书艺人等民间艺人的生存空间受到挤压。"① 由于民间文化属于民众，而民间与官方在社会存在结构中具有天然的对立关系，民本身就显示出与正统、官方、上层和精英的对立性，民间文化属于正统、官方、上层和精英文化等强势文化主体的"他者"，因而民间文化往往不拥有政治话语权，他们所传承和享用的文化自然也始终处于劣势地位，往往受到忽视甚至排斥，由此导致民间文化的边缘化状况。不仅如此，由于文化传播形式由口传到印刷再至当今的电子的变化，作为以口传身授为主的民间文化，也遭遇了从未有过的生存困境。在当下社会，权力政治通过历史的文本化往往使主流文化、精英文化成为经典，进而忽视非主流的、民间的历史与声音，视民间文化为不登大雅之堂的、粗俗的、浅陋的、下里巴人的东西。

---

① 王文章：《非物质文化遗产概论》，文化艺术出版社 2006 年版，第 117 页。

美国学者林顿指出：文化指的是任何社会的全部生活方式，而不仅仅是被社会公认为更高雅、更令人心旷神怡的那部分生活方式……对社会科学家来说，这些行为只是我们整个文化中的若干组成部分而已。整个文化还包括诸如洗碗、开汽车等世俗行为，而且，对文化研究来说，这些世俗行为与那些在生活中被认为高妙雅致的事物相比，并没有什么高下之分。① 民间文化是人类永恒相伴的文化体系，是一个国家和民族的基层文化，是文化之根，起着奠基性作用。钟敬文将中华民族的传统文化分为三条干流，"第一条是上层文化，从阶级上说，它主要是封建地主阶级所创造和享用的文化。第二条是中层文化的干流，它主要是市民文化。第三条干流是下层文化，即由广大农民及其他劳动人民所创造和传承的文化。中、下层文化就是民俗文化，它虽然属于民族文化的一个部分，但却是重要的、不可忽视的部分。"② 钱穆也曾指出："上层首当注意其学术，下层则当注意其风俗。学术为文化导先路，苟非有学术领导，则文化将无向往，非停滞不前，则迷惑失途。风俗为文化奠深基，苟非能形成风俗，则文化理想仅如空中楼阁，终将烟消而云散。"③ 因此，民族民间文化是一个国家的文化之根，没有民间文化，也就没有精英文化，因为精英文化多由民间文化发展演变而来，民间文化滋养着精英文化。因此，没有民间文化，也就不可能有一个民族、一个国家的文化，丧失了文化的民族或国家就丧失了民族或国家的独特性，丢失了精神根基。

当然，在充分肯定民间文化的重要意义的同时，也必须正视其当今面临的生存困境，但也必须清楚认识民间文化的经久不衰的生命力。实际上，一种文化旧式样的消失，是否就意味着该种文化死亡了，是否还

① ［美］拉尔夫·林顿：《个性的文化背景》，见［美］卡·恩伯：《文化的变异——现代文化人类学通论》，杜杉杉译，辽宁人民出版社 1988 年版，第 20 页。
② 钟敬文：《民俗文化学：梗概与兴起》，中华书局 1996 年版，第 15 页。
③ 钱穆：《中国文化史导论》，商务印书馆 1994 年版。

有新的流变形式发生，因为有历史积淀的群体文化心理并不完全依附于一种固定的样式，而文化样式正是随着活态群体之人文化心理的变化而变化的。因此，在新的时期，最关键的就是怎样通过活态文化来认知和传承我们民族的文化记忆和文化基因。

（三）民间文化蕴含的教育内容与形式适应学生发展的需要

一个地区或民族在长期的历史变迁及特定的人文、地理环境的作用下，都会形成共同的价值观、宗教信仰、语言、思维方式、生活方式等同类文化意识，并经长期历史积淀而形成具有浓郁地方特色、民族特色的文化。民族民间文化是一个民族在长期的发展过程中创造、积淀和传承下来的宝贵的精神财富，有其鲜明的民族特色、独特的价值和丰富的内涵，生存其间的每一个个体总是天然地与本民族文化有着千丝万缕的内在联系。例如民族的习俗是民族文化的一种外化形式，是最能引起人们直观感觉的文化现象，它通过人的行为表现出来，成为一种经常化、普遍性的自然规范。作为一种行为化了的文化形式，习俗制约着人们的言行举止，是一种从思想观念到行为方式，从表层现象到深层心理结构上都影响着人们的无形力量。习俗对人的影响并不是人为的某种强行规定，而是自然而然地把自己的行为纳入习俗规范之中，是通过潜移默化的方式，在不知不觉之中实现的。露丝·本尼迪克特（Ruth Fulton Benedict）认为："个体生活的历史首先是适应由他的社区代代相传下来的生活模式和标准，从他出生之日起，他生活于其中的风俗就在塑造着他的经验和行为，到他能说话时，他就成了自己文化的小小创造物，而当他长成大人并参加这种文化活动时其文化的习俗就是他的习惯，其文化的信仰就是他的信仰，其文化的不可能性就是他的不可能性。"① 民族民间文化构筑了人类的精神家园，任何个人的成长都离不开生活其中的这种文化。

---

① ［美］露丝·本尼迪克特：《文化模式》，何锡章、黄欢译，华夏出版社1987年版，第2页。

儿童的成长是其不断社会化的过程。人种学的研究表明，社会化意味着个人不仅适应着社会及其文化，而且，这种适应过程本身也是受社会文化影响的。① 杜威曾指出，儿童生活是一个整体、一个总体，这个整体或总体是不允许割裂的。因而他强调教育即生活，学校即社会。美国全国科学研究委员会（简称 NRC）曾在 1999 年的报告中提出，从社会心理学、认知心理学以及人类学的研究成果，发现人类所有的学习都发生在具有特定的文化、社会规范及期望的场域中，这些现实的场域强有力地影响着人类的学习与迁移。② 诸多研究已表明，个体一旦疏远了自身存在的文化形态，必然影响其社会化进程。

民间文化是千百年来人类智慧的结晶，是民众社会生活中传承的文化，自人类产生起就是人类教育的重要内容，是课程的天然素材，对民众有着重要的体、智、德、美、劳方面的教育价值。钟敬文先生说："在中国任何一个乡村和市镇里，都可以收集到许多谚语。这些谚语，内容非常复杂，包含着关于天文、气象、人情、职业等知识。它是民众经验的宝库，民众思考的渊源，而且直接间接地，都有相当的教育作用。歌谣至少可以滋养民众的心灵，使他们对人生、事物发生兴趣和理解；传说往往不但给他们以知识，而且注入一种道德的教训。其他，像民间趣事、谚语等，也大都有智慧的或伦理的启发作用。"③ 可见，从一个民族的延续和个体的生存、发展的需要出发，传承民族文化尤为重要。

民间文化作为日常生活的样态，具有趣味性、娱乐性和生活化的特点，它以一种人们喜闻乐见的方式存在于民众生活之中。杜威（John Dewey）曾指出："儿童的世界是一个具有他们个人兴趣的人的世界，

---

① ［奥］茨达齐尔：《教育人类学原理》，李其龙译，上海教育出版社 2001 年版，第 71 页。
② 郑葳、王大为：《超越学习的个体性和社会性之争——活动理论之于现代学习论的影响》，《全球教育展望》2005 年第 1 期。
③ 钟敬文：《民众文艺之教育的意义》，载董晓萍编：《钟敬文教育及文化文存》，南海出版公司 1992 年版，第 9 页。

而不是一个事实和规律的世界。儿童世界的主要特征，不是什么与外界事物相符合这个意义上的真理，而是感情和同情。"① 因而倡导课程回归生活世界，课程文化应一切从当地的文化根上去思考、去创造属于本地文化的课程理论。然而，现今的学校课程常与学生的生活世界、本土文化相割裂，"学校里见到的课程所提供的材料，却是无限地回溯过去，同时从外部无限地伸向空间……儿童的小小的记忆力和知识领域被全人类的长期的多少世纪的历史压得窒息了"②。因此，开发民族民间文化课程资源，建构基于民间文化的课程，是学生发展的需求。它具有培育儿童文化之根，明确其文化归属，促进其产生文化认同与民族认同；培养文化包容意识，养成多元文化态度，发展多样性思维能力；体验生活乐趣，感受生命意义；促进身心和谐发展的重大作用。

（四）学校传承民间文化的重要性

文化是人类的第二天性，文化与人的发展密切联系，人是文化的创造者，也是文化的产物。文化与人的联系直接导致了文化与培养人的社会活动——教育的密切相关。教育是文化的继承者与传递者。杜威指出：一切教育都是通过个人参与人类的社会意识而进行的。这个过程几乎从一出生就在无意识中开始了，它发展个人的能力，熏染人的意识，形成人的习惯，锻炼人的思想。"由于这种不知不觉的教育，个人便逐渐分享人类总结积累下来的智慧和道德财富"，就成为一个固有文化资本的继承者。③对文化的继承与对文化的传递是紧密联系在一起的，继承通过传递而进行。实现文化的传承与传递都离不开教育的作用。人类之所以区别于动物，就在于人类拥有符号的能力，卡西尔把人视为符号

---

① ［美］杜威：《杜威教育名篇之儿童与课程》，赵祥麟、王承绪译，教育科学出版社2006年版，第65页。
② ［美］杜威：《杜威教育名篇之儿童与课程》，赵祥麟、王承绪译，教育科学出版社2006年版，第65页。
③ 赵祥麟、王承绪编译：《杜威教育论著选》，华东师范大学出版社1981年版，第1页。

的动物。而文化就是依赖于符号的使用而产生的现象的综合。文化世界的关键和参与文化世界的方式便是——符号。① 由于符号是超有机体的，并非与生俱来的，它存在于既定的文化空间，独立于个体并从外部作用于个体，所以只有通过社会继承机制或"非遗传的机制"而流传。教育作为其中之一，可以使文化从一个人类有机体转达到另一个人类有机体，使人真正成为文化动物。② 文化经由符号的传递而在每一新生一代身上得到继承，它使每一成员都进入一个由一定信仰、习俗、工具、艺术表达形式等所形成的文化环境，并适应了那种文化。可见，教育是文化的继承者和传递者。

尽管教育的最重要的功能是文化传递，但文化教育学派的代表人物斯普朗格（E. Spranger）认为教育绝非单纯的文化传递，教育的本质就是以爱为根本的文化传递，教育是基于对他人的精神施与之爱，使他人的全部价值受容性及价值形成能力从内部发展起来。③ 教育之为教育，正在它是一个人人格心灵的"唤醒"，这是教育的核心所在。④ 所谓"人格心灵的唤醒"实质上是生命感和价值感的解放，也即教育的本质在于陶冶人性。教育以环绕个人周围的客观文化为材料，使个人心灵获得适当的陶冶。在斯普朗格看来，教育的第一个特征在于摄取各种客观价值，而使于人格的内部发生生命，他将其解释为价值受纳性。教育为受教育者摄取各种文化价值，而使其消化于自己的人格的生命中，以充实其生命的内容。这种教育不在于使人单纯获得死的知识，而是使人通过文化价值的摄取，获得人生的全面体验，进而陶冶自己的人格和灵魂。⑤ 简言之，教育可以为受教育者摄取种种文化价值，并使这些价值

① ［美］怀特：《文化科学》，曹锦清等译，浙江人民出版社 1988 年版，第 37 页。
② 郑金洲：《教育文化学》，人民教育出版社 2000 年版，第 91 页。
③ 转引自邹进：《现代德国文化教育学》，山西教育出版社 1992 年版，第 5 页。
④ 邹进：《现代德国文化教育学》，山西教育出版社 1992 年版，第 73 页。
⑤ 邹进：《现代德国文化教育学》，山西教育出版社 1992 年版，第 70－71 页。

消化在受教育者的人格生命中。所谓教育，是将一个人的爱移植于他人心中的意志，而这意志则在使人的价值受纳性与价值创造性的全体从其自身的内部得到发展。① 教育的任务在于，传递文化，体验文化价值，并培养能创造文化价值的人物。

在斯普朗格看来，教育是为培养个人人格精神而进行的一种文化活动，这种文化活动指向不断发展着的主体的个体生命生成，它的最终目的，是把既有的客观精神（文化）的真正富有价值的内涵分娩于主体之中。② 教育作为一种文化活动，有其一定的活动过程。因此，斯普朗格提出教育是文化过程，包括文化积淀、文化传递和文化的再创造三个有机过程。文化积淀即对以前文化传统的保存，而文化传递是使这种被保存的文化变成新的"文化财"汇入人的生命脉络之中，从而再创造新文化。这是一个从"积淀"到"传递"再到"创造"的无限循环的过程，也是一个由社会文化到个人、由客观到主观再到客观的转化过程。在这个意义上说，教育是一个从客观文化价值到个人的主观精神生活转化过程，也即是个人在接受文化、创造新文化的同时，内在地创造了掌握"文化财"的新人。③ 文化过程不一定全是教育过程，只有处于特定情境下的文化过程才具有教育的性质。即当教育者按照一定的思想观念来实现或操作这个过程时，文化过程才成为教育过程。但教育一定是文化过程。教育是把客观的文化价值内化为个体的精神过程。因此，教育是文化的表现形式，教育是文化的别名。

由此观之，文化与教育具有天然的联系，教育具有传承文化乃至创新文化的重要功能。随着社会的发展和开放，使原有的随境式教育的文化传承方式因文化传承场的变迁而陷入困境，家庭和社区教育的传承机制被打破了，民族民间文化也因此失去了一个重要的传承渠道。因此，

① 转引自邹进：《现代德国文化教育学》，山西教育出版社1992年版，第70页。
② 转引自邹进：《现代德国文化教育学》，山西教育出版社1992年版，第4页。
③ 郑金洲：《教育文化学》，人民教育出版社2000年版，第57页。

当今社会，民族民间文化的传承必须通过有意识、专门化的教育来实现，由自在状态转向自为状态。为此，制度化教育理应承担起民族文化传承的重要使命。

二、研究的方法论基础

方法论是关于方法的理论或学说，也就是关于科学认识活动的体系、形式和方法的原理的学说。① 方法论关注的不是对现有方法合理性确认以后的具体运用，而是对现有方法的核心部分与理论基础的反思、对它的不合理性的发现、对新的方法结构的构建，进而使方法总体发生突破性的变化。② 一般而言，方法体系的整体性变化是通过方法论的转变来实现的。本书主要秉持质的研究范式，从总体上拒绝唯科学主义、基础主义的认识论、工具性推理等方法论基础，其研究的方法论基础主要涉及解释主义、建构论等。

解释主义的认识论。从解释主义的观点来看，人类行动（社会行动）在本质上是有意义的。要理解某一特定的社会行动，研究者必须把握构成该行动的意义。也即为了理解某一行动的意义，人们必须按照行动者正在使用的特定方式来进行解释，将行动的意义置于其所属的意义系统来把握。要达成对行动者意义的理解，一个很重要的途径是通过移情认同。狄尔泰声称要理解人类行动的意义，需要从行动者的内部去把握其主观意识与意图。这样，理解就需要一种对行动者的移情认同，设法进入某一行动者的头脑去理解他（她）在动机、信仰、欲求、思想等方面都在想什么。③ 现象学分析也是解释性理解的有效手段。现象学分析主要关注的是理解日常的主体间性世界（亦称生活世界）是如何

---

① Webster，*Third New International Dictionary*，G. C. Mcrrian Company，1968. p. 1423.

② 叶澜：《教育研究方法论》，上海教育出版社 2001 年版，第 13 页。

③ ［美］诺曼·K. 邓津等主编：《定性研究：方法论基础》，风笑天等译，重庆大学出版社 2007 年版，第 208 页。

建构的。它的目标在于把握我们如何将自己和他人的行动解释为有意义的，并且在社会世界中个人主体间性的沟通之中去重构行动的客观意义的根源。① 除此而外，语言方法的分析也是一个达成理解的方式。人类社会存在着许多用语言玩的游戏，每种游戏都有其自身的规则或标准，以使得游戏对于参与者都是有意义的。因此，人类行动是依靠一种它所属的意义系统才变得有意义。理解的目标正是去理解这种意义系统。②

　　社会建构论。社会建构论认识论的目标在于以各种各样的方法来"超越"再现主义者认识论。建构论者认为，认识不是被动的——不是一种简单的将可感知的材料烙印在自己心智之中的过程——而是主动的，也就是说，精神对这些印象做了加工，至少建立起了一些抽象和概念。③ 在建构论者看来，知识并非是揭示或发现的，更主要是建构或创造的，并且我们并不是孤立地建构我们的解释，而是以一种共有的理解、实践、语言等为背景来开展建构工作。这样一种视角主义反对幼稚的实在论以及经验主义认识论，坚持所有知识主张以及它们的进化都发生在一个对世界进行描述和解释的概念框架中。④ 之所以持这样的主张，是因为在建构主义者看来，由于历史、地域、情境、个人经验等因素是不同的，因此"客观事实"是多元的，研究者不带"倾见"的理解实际上是不可能的，研究者与被研究者之间是一个互为主体的关系，研究结果是由不同主体通过互动而达成的共识。正如伽达默尔（H. Ga-damer）所指出的，"领会"不是主体对客体的认识，而是不同主体之

① ［美］诺曼·K. 邓津等主编：《定性研究：方法论基础》，风笑天等译，重庆大学出版社2007年版，第208页。

② ［美］诺曼·K. 邓津等主编：《定性研究：方法论基础》，风笑天等译，重庆大学出版社2007年版，第209页。

③ ［美］诺曼·K. 邓津等主编：《定性研究：方法论基础》，风笑天等译，重庆大学出版社2007年版，第216页。

④ ［美］诺曼·K. 邓津等主编：《定性研究：方法论基础》，风笑天等译，重庆大学出版社2007年版，第216页。

间"视域的融合"。意义并不是客观地存在于被研究的对象那里，而是存在于研究者和被研究者的关系之中。①

后实证主义。后实证主义是对逻辑实证主义的超越，认为客观实体是存在的，但是其真实性不可能被穷尽。我们所了解的"真实"永远只是客观实体的一部分或一种表象，所谓"研究"就是通过一系列细致、严谨的手段和方法对不尽精确的表象进行"证伪"而逐步接近客观真实。② 后实证主义研究范式可分为"唯物的后实证主义"和"唯心的后实证主义"。前者认为事物是客观存在的，不以人的主观意识而有所改变，持这种看法的人一般采取"文化客位"的路线；后者认为客观事实（特别是被研究者的意义建构）客观地存在于被研究者那里，如果采取"文化主位"的方法便能够找到客观事实。③ 在美国人类学家马文·哈里斯（Marvin Harris）看来，使用"客观的"和"主观的"这两个范畴来研究社会文化现象，常常会得出不恰当的结论或引起混乱。因为一般的唯物论者会断言"客观的"就是科学的，而"主观的"就是非科学的。但是，实际研究中，参与者的思想和行为都从两种不同的角度来考虑：即从参与者本身的角度和从旁观者的角度来考虑。④ 因此，在研究中应区分人类思想和行为的客位观点和主位观点，采用主位研究和客位研究。

三、研究的思路与方法

本书使用的"民族"概念取其狭义之意，主要指各单一民族，特指少数民族。民间文化是广大群众在长期社会生活中所创造、继承和发

---

① 陈向明：《质的研究方法与社会科学研究》，教育科学出版社2000年版，第16页。
② 陈向明：《质的研究方法与社会科学研究》，教育科学出版社2000年版，第15页。
③ 陈向明：《质的研究方法与社会科学研究》，教育科学出版社2000年版，第15页。
④ 夏中建：《文化人类学理论与学派》，中国人民大学出版社1997年版，第250页。

展而成的民族文化。① 民众在长期生活交往中形成的与民间日常生活息息相关的礼俗仪式、生活习惯、语言和艺术等等的集合。"课程资源"是狭义的概念，主要是直接形成课程的因素来源，主要涉及各种地域民族文化资源等非生命形态民族民间文化资源，包括物质文化资源与非物质文化资源；同时也涉及教师、社区有影响的人士等生命形态的民族民间文化资源。

　　本书基于解释认识论、社会建构论、后实证主义等研究方法论，主要从解释人类学的视角来研究民族民间文化课程资源开发现状。解释人类学的代表人物格尔兹在《文化的解释》一书中指出：人类是为自身纺织的网所悬挂的动物，文化就是这样的一些网，因而文化的分析不是寻求规律性的实验科学，而是寻求意义解释的科学。研究文化不是寻求其规律的实验性科学，而是探寻其底蕴的阐释之学，是从高层次的普同化和人类学的细节的往返中借助社会话语而臻至对复杂扭结在一起的符号形式的"理解"。② 他认为，作为由可以解释的记号构成的交叉作用的系统（如果忽略狭义的用法，我本可以称之为符号）制度，文化不是一种引致社会事件、行为、制度或过程的力量；它是一种风俗的情景，在其中社会事件、行为、制度或过程得到可被人理解的——也就是说——描述。因此，格尔兹认为人类学者的工作就是选择一项引起他注意的文化事件，然后以深描（详尽的描述）去充实它并赋予说明性，以便告诉他的读者理解他所描述的文化的意义。本书研究遵循解释人类学理论范式的思路，并运用主位研究和客位研究的方式，对西南地区民族民间文化进行描述，并从教育人类学者的立场上给予意义上的解读，并以叙事研究、田野考察的方法对这些地区学校师生、各级行政人员、家长和社区人士对中小学民族民间文化课程资源开发的态度、观念及中

① 钟敬文：《话说民间文化》，人民日报出版社1990年版，第19页。
② 转引自〔美〕格尔兹：《地方性知识：阐释人类学论文集》，王海龙等译，中央编译出版社2000年版，引言。

小学课程现状叙述与分析，以再现事实并予以阐释。

我国民族民间文化丰富，限于主客观条件限制，不可能对其全面探索。西南地区是我国多民族杂居地区，民族众多，文化多样，民族民间文化课程资源特别是素材性课程资源是丰富多彩的。然而，目前真正缺乏的是对于民间文化课程资源的识别、开发和运用的意识与能力，由此而导致大量有价值的民间课程资源的闲置与浪费甚至被埋没，不能及时地加工、转化和进入实际的中小学课程。因此，加强对西南地区民族民间课程资源问题的研究，因地制宜地开发和利用现存的各种民间课程资源成为当前迫切关注的问题。为此，本书欲以西南地区为个案，以苗族、羌族、土家族、纳西族等民族民间文化为样本，探讨多元文化视野下西南地区民族民间文化课程资源开发问题，力图以管窥豹，以点带面探讨民族民间文化课程资源开发问题。一方面充分发掘民族民间文化的教育价值并将其纳入现行学校课程中，以丰富西南地区学校课程内容并增强课程的适切性；另一方面也力图传承和发展民族民间优秀文化。

为达到研究目的，在研究过程中坚持科学发展观，以邓小平教育理论为指导，全面贯彻执行中央的全面推进素质教育的决定以及发展民族地区教育的各项政策措施，落实《基础教育新课程改革纲要（试行）》，树立为民族教育服务的理念，从西南地区的政治、经济、教育、宗教信仰、民风民俗、文化传统等实际情况出发，深入西南地区进行民族民间文化课程资源开发的现状调查，分析西南地区民族民间文化课程资源开发存在的问题，在此基础上从民族学、社会学、教育学、文化学等角度对这些问题进行研究，有针对性地在理论与实践上研究西南地区民族民间文化课程资源开发的基本理念、范围与内容、原则及策略，以深化西南地区基础教育课程改革。

在研究中主要采用个案研究的方式，之所以如此，是因为"人类学者将其精力集中于一种不同于过去的整体观，他们不再提出放之四海而皆准的大理论，而是把注意力转向某一具体生活方式的充分表达……它奠定了 20 世纪民族志研究的基础。"①

　　本书坚持量的研究与质的研究结合的原则，而以质的研究范式为主。关于质的研究，我国学者陈向明认为质的研究具有三个方面的特性：一方面，它注重对研究对象作后实证的、经验主义的考察和分析，强调的是自然主义的传统，注重对研究结果的"真实性"和"可靠性"进行探究，另一方面，它要求研究者对研究对象进行"解释性理解"，强调的是阐释主义的传统，关注研究者与被研究者之间的主体间性和"视域融合"。而与此同时，它又意识到任何研究都受到一定政治、文化性别和社会阶层的影响，注意研究中的权力关系以及研究对知识建构和社会改革的重要作用。因此，它同时又具有一种后现代的批判意识。② 本书以此为开展研究的基本指导思想，主要采用文献研究、人种志研究、叙事研究等方法。

　　文献研究：西南地区拥有丰富的民族民间文化，随着对传承民间文化、非物质文化遗产的重视，近年来收集并整理了大量的民间文化，这为本书提供了大量的文献资料。同时，在西南地区的一些地区和学校开展了大量的民族民间文化进校园的实践探索，搜集这些相关文献能为本书提供理论论证的依据和现实基础。同时对现行教材进行内容分析，教案、教师日志等资料的研究也有赖于文献研究。因此，文献研究依然是本书的一种重要研究方法。

　　人种志研究：课程当回归生活，步入课程研究的本真阶段。人种志研究一般是对一群人或一个种族的人的生活方式的描述，旨在阐明他们的信仰、价值观、观点等，它试图以局内人的身份和观点，用局内人的语言与意义体系来解释一切，为此要求走出关闭着的书斋，走向日常生活，走入学校日常情境，即进入研究现场。研究者通过深入西南地区的

---

① ［美］乔治・E. 马尔库塞等：《作为文化批判的人类学——一个人文学科的实验时代》，王铭铭等译，生活・读书・新知三联书店 1998 年版，第 44 页。

② 陈向明：《质的研究方法与社会科学研究》，教育科学出版社 2000 年版，第 13 页。

云南、贵州、四川、重庆等地进行实地观察、深度访谈等方法，在自然环境下对这些地区社会及学校正在发生的事情进行观看、倾听和感受，了解受访者的所思所想和情绪反应，了解他们生活中曾经发生的事情以及他们的行为所隐含的意义。实物是作为特定文化中特定人群所持观念的物化形式的存在，包括所有与研究有关的照片、图片、音像和物品资料，在研究中注意进行这些实物收集，并从中解读其意义。

关注实践，在当今的中国教育学界已经得到了普遍的认可。有学者认为，"有必要把人类学和社会学研究以及其他研究（他们已经在描述日常生活相互作用程序方面做出了令人瞩目的成果）的研究方法，以及在这些研究方法基础上所发展起来的具有描述性的叙事研究方法引入教育研究，具体来说，是引入到对教育经验的关注从而进一步对日常教育实践的观察上来。我们需要通过研究那些作为教育使用者或实践者的个体和群体，探索塑造教育的思想和实践是如何发生和进行的，研究的目的是把握教育实践中的弹性和细节，使日常教育实践获得重新的理解，至少在那些我们掌握了阐释教育所必需的领域里，研究本身才会不断地使教育发展变得日益丰富而多彩。"[①]

实地研究：研究者在 2009 至 2011 年先后多次深入四川省北川羌族自治县、重庆市石柱土家族自治县和黔江区、贵州省黔东南苗族侗族自治州、云南省丽江纳西族等地区，运用访谈法、参与观察法、问卷法等方法对上述地区的教育行政部门及相关政府部门、学校、社区进行实地调查。

---

① 丁钢：《教育与日常实践》，《教育研究》2004 年第 2 期。

第一章

民族民间文化与课程资源开发

教育是一个从客观文化价值到个人的主观精神生活转化过程，也即是个人在接受文化、创造新文化的同时，内在地创造了掌握"文化财"的新人。

——斯普朗格

文化是人类的第二天性，文化与人的发展密切联系，人是文化的创造者，也是文化的产物。文化与人的联系直接导致了文化与培养人的社会活动——教育的密切相关。我国人民在长期的社会活动中积累并发展了丰富的民间文化资源，蕴含着丰富的教育主题和多方面的教育价值，成为学校课程取之不竭的重要资源。

一、文化与民族民间文化

（一）文化

"文"通"纹"，许慎《说文解字》云："文，错画也。象交文。今字作纹。""文"的本义，是指相互交错的"纹理"。后又引申出多种含义：①各种象征符号，进而具体化为文物典籍、礼乐制度；②由伦理之说导出彩画、装饰、人为修养之义；③在前两层意义上，更导出美、善、德行之义。① 以"文饰"、"纹理"来理解的"文"，意味着"文"是由感性材料构成的形式。在《易·系辞》中有"观鸟兽之文与地之宜"及"物相杂，故曰文"的记载。"文"指人的五官可以感觉到的声

---

① 张岱年、方克立：《中国文化概论》，北京师范大学出版社 1994 年版，第 1 页。

音、色彩、线条，具有象征符号的含义。这在古代典籍中有明确的记载。《乐记》云："声成文，谓之音。"《周礼·天官》云："画绘之事，青与赤谓之文。"① 由此观之，"文"为"形式"的思想。正是基于此，才有了"文质"相对也即内容与形式关系的经典命题。如《论语》中有"质胜文则野，文胜质则史，文质彬彬，然后君子"② 的记载，表明了儒家关于质实与文饰高度统一的思想；而道家则认为"文灭质，博溺心"③，因而主张质素而摒弃文饰；墨家在文质关系上则是"蔽于用而不知文"④。不仅如此，在古代典籍中，关于"文"的意义还从"文饰"进而引申出了情感、人格及修养的含义。"情而文立，所以为至痛极也"⑤，在这里强调了人的情感作用。"文之以礼乐，可以为成人矣"⑥，"性者本始材朴也，伪者文理隆昌"⑦，表明了人的修养习得、教化与"文"的密切关系。

"化"的古字是"匕"。《说文》的解释是："匕，变也。"徐灏注曰："匕化古今字。"在《易·系辞》中有"知变化之道。"⑧ "化"的本义，是改易、化育、生成、造化的意思。指事物形态或性质的改变，亦引申为教行迁善之义。⑨ "化"与人的教化、教育密切相关。荀子从其"性恶论"出发，主张通过"化性起伪"使人从善；《学记》中提出"君子如欲化民成俗，其必由学乎"，此处的"化"主要是就教育、教化而言。可见，"化"是教化迁善，引申为化育。

在我国，"文"与"化"并用，构成"文化"范畴，最早见于

---

① 郑金洲：《教育文化学》，人民教育出版社 2000 年版，第 32 页。

② 《论语·雍也》。

③ 《庄子·缮性》。

④ 《荀子·解蔽》。

⑤ 《荀子·礼论》。

⑥ 《论语·宪问》。

⑦ 《荀子·礼论》。

⑧ 陆扬、王毅：《文化研究导论》，复旦大学出版社 2007 年版，第 2 页。

⑨ 张岱年、方克立主编：《中国文化概论》，北京师范大学出版社 1994 年版，第 2 页。

《易·贲卦·象传》中，"（刚柔相错），天文也。文明以止，人文也。观乎天文，以察时变；观乎人文，以化成天下"。著名学者张岱年指出，"这段话里的'文'，即从纹理之义演化而来。日月往来交错文饰于天，即'天文'，亦即天道自然规律。同样，'人文'，指人伦社会规律，即社会生活中人与人之间纵横交织的关系，如君臣、父子、夫妇、兄弟、朋友，构成复杂网络，具有纹理表象。这段话说，治国者须观察天文，以明了时序之变化，又须观察人文，使天下之人均能遵从文明礼仪，行为止其所当止。在这里，'人文'与'化成天下'紧密联系，'以文教化'的思想十分明确。"①

文化"culture"一词的词源来自于拉丁语 colere，原意是开垦土地以及收获农作物、树木和水果。colere 还衍生出了另外一个词"cultus"，指对于神的敬仰和膜拜，这种同源关系使 culture 在精神意义上有了延伸。16 世纪左右，"文化"的真正转义——才智、举止的培养与锻炼，才引进到语言中来，开始摆脱"种植"等本义。之后逐步引申出对人的性情的陶冶及品德的培养。

由此观之，在历史上中西方对文化的理解并没有本质的区别，都蕴含培养和发展之意，都是人与自然、人与社会的关系，是人的存在方式。"由文化的角度观之，诸种生活价值就是被教化的自然；在这里，这些价值并没有那种孤立的涵义，似乎是从幸福、联盟、美丽等高高在上的理念出发来衡量它们，相反，这些生活价值是我们称之为自然的这一基础的进一步发展，它们超越了自然的力量及其理念上的内容由此而变成了文化。"② 关于文化的定义最早由泰勒（Edward B. Tylor）1871 年在《原始文化》一书中提出："文化或文明，就其广泛的民族学意义来讲，是一复合整体，包括知识、信仰、艺术、道德、法律、习俗以及作

---

① 张岱年、方克立主编：《中国文化概论》，北京师范大学出版社 1994 年版，第 2 页。
② ［德］西美尔：《货币哲学》，陈戎女等译，华夏出版社 2002 年版，第 361 页。

为一个社会的成员的人所习得的其他一切能力和习惯。"① 但是，这一定义因过于宽泛和缺乏明确的界限，并不为社会学家普遍接受。后来A. L. 克罗伯和 C. 克鲁克洪（Alfred L. Kroeber and Clyde Kluckhohn）总结了大多数社会科学家赞同的关于文化的表述：文化有明确而含蓄的、通过象征符号所获得和传递的行为模式所构成，那些象征符号则存在于人类群体显著的成就之中，包括人类自身在人造物中的体现；构成文化核心的则是那些传统的观念，尤其是其附属的价值。这一总结中，强调了族群生活中那些无形的、象征性的、观念性的内容是文化最为重要的方面。这之后，关于什么是文化，人们从自己的理解出发，提出了不同的观点，迄今各种定义早已逾百。据统计，1871—1951 年间，理论界关于文化的定义多达 164 种，以后又有许多新的提法，所以有些人统计认为，已出现的文化定义有二百余种或上千种。② 其中较有影响的观点：克利福德·格尔茨（Clifford Geertz）在《深度描述：走向一种文化诠释理论》一文中提出："我信守的文化概念……在本质上是一个符号学概念。"③ 法国人类学家 C. 列维斯特劳斯（Claude Levi – Strauss）把文化看作是一组行为模式，在一定时期流行于一群人中，应易于与其他人群之行为模式相区别，并先射出清楚的不连续性。④ 美国人类学家墨菲（Robert F. Murbhy）认为，"文化是知识和工具的聚集体，我们以这些知识和工具适应于自然环境；文化是一套规则，凭这些规则我们相互联系；文化是知识、信念、准则的宝库，据此我们力图理解宇宙以及人类在宇宙中的位置。"⑤ 英国学者雷蒙·威廉斯（Raymond Williams）

① 转引自夏建中：《文化人类学理论学派》，中国人民大学出版社 1997 年版，第 20 页。
② 邵汉明：《中国文化研究二十年》，人民出版社 2003 年版，第 10 页。
③ C. Geertz, *The Interpretation of Cultures*, New York: Basic Books, 1973, p. 5.
④ 李鹏程：《当代西方文化研究新词典》，吉林人民出版社 2003 年版，第 307 页。
⑤ ［美］墨菲：《文化与社会人类学引论》，王卓君译，商务印书馆 1991 年版，第 33 页。

将"文化"的词义分为三类：①独立、抽象的名词——用来描述 18 世纪以来思想、精神与美学发展的一般过程；②独立的名词——不管在广义或是狭义方面，用来表示一种特殊的生活方式；③独立抽象的名词——用来描述关于知性的作品与活动，尤其是艺术方面的。① 布罗尼斯拉夫·马林诺夫斯基（Bronislaw Kasper Malinowski）则认为文化是人类生活的手段。人类的目的在于生活，这是生物界的普遍原则，文化就是人类用以达到这个目的的手段。苏联科学院院士尼·瓦·贡恰连科提出："文化是人类在物质和精神生产领域中进行创造性活动的综合，是这一活动的结果，是传播和使用物质和精神方面有重大价值的东西的方式，也是人在组织人类向前发展的社会的相互关系方面所取得的成果。"② 按他的说法，文化既是整体，又是部分；既是内容，又是形式；既是活动方式，又是活动过程与结果。

　　在世界教育百科全书中对文化做出的界定是：文化指借助符号获得并流传的各种明确的和模糊的行为模式，它构成了人类群体的各项成果，包括物化的成就；文化的基本核心是传统（即经过历史的演变和选择而保留下来的）观念，尤其是附属于观念的价值；文化系统一方面是行为产品，另一方面又是构成远期行为的必要条件。③ 本尼迪克特（Ruth Benedict）认为，文化是通过某个民族的活动而表现出来的一种思维和行动方式，一种使这个民族不同于其他任何民族的方式。④ 格尔兹（Clifford Geetz）认为文化是一种体现于符号中的意义的历史性的传承模式，是一种以符号形式表达的概念的传承体系，由此人们能够交

① ［英］雷蒙·威廉斯：《关键词——文化与社会的词汇》，刘建基译，三联书店 2005 年版，第 106 页。

② ［苏］尼·瓦·贡恰连科：《精神文化：进步的源泉和动力》，戴世吉等译，求实出版社 1988 年版，第 12 页。

③ 《世界教育百科全书》，贵州人民出版社 1990 年版，第 523 页。

④ 转引自［法］维克多埃尔：《文化概念》，康新文、晓文译，上海人民出版社 1988 年版，第 5 页。

流、保存和发展他们的生活知识和生活态度。① 斯卡平（R. Scupin）将文化视为生活方式，他认为，文化是"一个特定社会中代代相传的一种共享的生活方式，这种生活方式包括技术、价值观念、信仰以及规范"。这是目前"许多人类学家愿意接受的文化概念"。② 在人类学视野中，生活方式成为文化定义中最为重要的一个基质。

我国学者也对文化的概念进行界定。梁漱溟说文化"不过是那一民族的生活的样式罢了"。③ 梁启超在《中国文化史目录》中列出：朝代、种族、政治、法律、教育、交通、国际关系、饮食、服饰、宅居、考工、农事等都属于文化。蔡元培提出，文化是人生发展的状况，④ 列举了衣食住行、医疗卫生、政治、经济、道德、教育、科技等内容。冯友兰把文化看作是人类活动的总和体，物质文化和精神文化都属于文化，还有历史、艺术、哲学、科学等。他谈到所谓"文化""民族性"，都是空的抽象的字眼，不能离开具体的东西而独立。中国文化就是中国之历史、艺术、哲学……之合体；除此之外，并没有别的东西，可以单独叫做中国文化。⑤ 文化是人类在处理任何世界关系中所采取的精神生活与实践活动的方式及其所创造出来的物质和精神成果的总和。⑥ 张岱年等认为，凡是超越本能的、人类有意识地作用于自然界和社会的一切活动及其结果，都属于文化；或者说，"自然的人化"即是文化。⑦ 并将文化划分为广义的和狭义的两类。广义的文化着眼于人类与一般动物、人类社会与自然界的本质区别，着眼于人类卓立于自然的独特生存方式，

①　转引自［美］约翰·R.霍尔、玛丽·乔·尼兹：《文化：社会学的视野》，周宪、许钧译，商务印书馆2004年版，第20页。

②　参见庄孔韶主编：《人类学通论》，山西教育出版社2003年版，第21页。

③　梁漱溟：《东西文化及其哲学——中国现代学术经典·梁漱溟卷》，河北教育出版社1996年版，第130页。

④　蔡元培：《何谓文化》，北京大学出版社1963年版，第113页。

⑤　冯友兰：《论"比较中西"》，北京大学出版社1984年版，第43页。

⑥　顾明远：《民族文化传统与教育现代化》，北京师范大学出版社1998年版，第5页。

⑦　张岱年、方克立主编：《中国文化概论》，北京师范大学出版社1994年版，第4页。

涵盖了人类社会——历史的全部内容。狭义的文化排除人类社会——历史生活中关于物质创造活动及其结果的部分，专注于精神创造活动及其结果。林耀华也认为文化有广义与狭义之分，广义的文化是指人类社会历史实践过程中所创造的物质财富和精神财富的总和。狭义是指社会的意识形态，以及与之相适应的制度和组织机构。① 李耀宗将广义的"文化"界定为群体的人的社会活动方式，以及由此创造的一切物态、非物态产品的总和。② 尽管定义诸多，但所有这些定义均未突破泰勒经典定义的框架。因此，本书主要从文化人类学的视角来理解文化，因而更倾向于从生活方式的层面运用这一概念，即将文化视作一种广义的文化，不剔出"物"的成分，视文化由实物、行为、信仰和态度组成。

（二）民族

"民族"的英文为 nation。关于民族的概念，学术界普遍采用斯大林对民族所下的定义，1913 年他在《马克思主义和民族问题》一文中指出，"民族是人们在历史上形成的一个有共同语言、共同地域、共同经济生活以及表现在共同文化上的共同心理素质的稳定的共同体。"③ 民族的本质内涵，在于区别"我群（自己人）"（in‐group）与"他群（他人）"（out‐group）。它可以通过具有相当稳定性的一系列文化特征加以展开和维系，并为其成员们的族体意识所自觉。民族特征一般存在于该民族成员共同创造的文化和他们所拥有的共同的自我意识之中。构成民族特征的既有物质基础方面的因素，也有精神、情感、心理等诸方面的内容。④ 受诸多文化存在前提的特殊影响，中国各民族的历史发展，以至文化构成具有"多元一体"的鲜明格局。其中，"多元"意义

---

① 　林耀华：《民族学通论》，中央民族大学出版社 1997 年版，第 384 页。
② 　李耀宗：《中国少数民族民间文化的界定与分类》，《中南民族大学学报（人文社科版）》2005 年第 3 期。
③ 　中共中央马恩列斯著作编译局编：《斯大林选集》（上卷），人民出版社 1979 年版，第 64 页。
④ 　孙秋云：《文化人类学教程》，民族出版社 2007 年版，第 65 页。

上的民族属狭义，指各具特征的 56 个民族。"一体"意义上的民族属广义，乃包括汉族在内的各民族的总称——中华民族。在我国关于"民族"一词的界定一般须兼取广、狭两义，既立足中华"大民族"的共性特征，又立足中华各单一民族的个性特征。① 而本书关于"民族"的概念界定采用狭义理解，特指少数民族。

（三）民间文化的内涵与特点

1. 民间文化的内涵

民间文化的英文 folklore，由英国博物学家汤姆斯于 1846 年提出，他将撒克逊语的 folk（民众、民间）和 lore（知识、学问）合成新词 folklore，意为民众（间）的知识。从 folklore 一词诞生至今，关于什么是 folk，什么是 lore，一直颇存争议。

关于"民间"概念，不同的学者有不同的理解。大致有这样两类观点，一是将"民间"从人群的范畴来理解，认为民间就是"民"或"民众"的意义。周作人认为，"民间"的意义，本指多数不文的民众。② 这里的"民间"包含两义：一是生活于底层社会空间的"民众"；二是民众的生活领域及精神世界。关于"民"，有的将其理解为是野蛮人或未开化的人，著名文化人类学者爱德华·泰勒（Edward Tylor）认为"民"指那些至今仍生活在非文明的环境当中的人。而另一些学者则将"民"理解为乡民或农民，如苏格兰的安德鲁·兰（Andrew Lang）和印第安纳大学的理查德·多尔逊（Richard M. Dorson）等均持此种观点。美国学者阿兰·邓迪斯（Alan Dundes）则认为，"民"并非仅指乡民或农民群体，而是几乎与群体同义。"民众"这个词，可以指"任何民众中的某一个集团"，这个集团中的人，至少都有某种共同的因素。无论它是什么样的连结因素，或许是一种共同的职务、语言或宗教，都

---

① 李耀宗：《中国少数民族民间文化的界定与分类》，《中南民族大学学报（人文社科版）》2005 年第 3 期。

② 周作人：《中国歌谣的价值》，《歌谣》1 卷 6 号，1923 年 1 月 21 日。

没有关系，重要的是，这个不管因何种原因组成的集团，都有一些它们自己的传统。……集团中的某一个成员，不一定认识所有其他成员，但是他会懂得属于这个集团的核心传统，这些传统使该集团有一种集体一致的感觉。①

　　另一种观点则将"民间"侧重于从空间的范畴来理解。持这种观点的学者认为，"'民间'一词包含了一种社会的观念，它所指称的是一个有别于'官府'或'国家'的'社会'。正是在这个社会空间里，民众依其熟悉的方式生活，追求他们各自不同的利益，彼此结成这样或那样的社会组织，如家庭、宗教、行会、村社、宗教会社、秘密会社、商品交换场所、中介性社会组织以及一种不在政府直接控制之下的社会空间与秩序等"。② 侧重于从空间范畴来理解的"民间"，这实质是要给正统、官方、精英和上层树立一个对立面，或者说"民"本身就显示出与正统、官方、精英和上层的对立性。③ 民间是指一种与国家权力中心相对立的概念，是指在民族发展过程中，处于社会下层的被统治地位的社会空间。④

　　我们认为，民间意味着民众之意，民间之民并非仅指乡民或农民群体，而是城乡所有的民众群体。当然，仅将民间理解为只是"民"或"民众"，具有片面性。"民间"并非单纯人群的范畴，而是指普通民众生活和活动于其中的广大的社会空间，是一个独立于官方、正统、精英和上层社会的底层社会空间。

　　民间文化是相对于上层文化或精英文化的一种处于社会底层的文化形态，是一个特定区域内祖祖辈辈共创和共享的文化传统。**1989** 年 11

① ［美］阿兰·邓迪斯编：《世界民俗学》，陈建宪、彭海斌译，上海文艺出版社 1990 年版，第 2 - 3 页。
② 胡平仁：《社会学的思维方式》，《法制与社会发展》2006 年第 6 期。
③ 万建忠：《中国民间文化》，北京师范大学出版社 2011 年版，第 3 - 4 页。
④ 黄永林：《中国民间文化与新时期小说》，人民出版社 2007 年版，第 9 期。

月，联合国教科文组织第 25 届大会通过了《关于保护民间传统文化的建议案》，正式生成 "Traditional culture and folklore" 这个概念，这个概念被翻译成 "民间文化和传统文化"。在该建议案中明确指出："传统的民间文化，是指来自某一文化社区的全部创造，这些创造以传统为依据、由某一群体或一些个体所表达并确认为是符合社区期望的，作为其文化和社会特性的表达形式、准则和价值通过模仿或其他方式口头相传。它的形式包括：语言、文学、音乐、舞蹈、游戏、神话、礼仪、习惯、手工艺、建筑艺术及其其他艺术。除此之外，还包括传统形式的联络和信息。"① 我国学者钟敬文指出，民间文化是广大群众在长期社会生活中所创造、继承和发展而成的民族文化。它的范围很广泛，包括我们常说的物质文化、精神文化以及社会组织（如家庭、村落及各种形式的社会团体）。② 民间文化是民众在长期生活交往中形成的与民间日常生活息息相关的礼俗仪式、生活习惯、语言和艺术等等的集合。③

　　本书中的民族民间文化的概念是就少数民族的民间文化而言，而中国少数民族特殊的历史、人文以至地理背景，使其民间文化普遍比汉族更为异彩纷呈。聚居偏远山寨、牧村的少数民族群众，男女老幼都能歌善舞，或身怀其他技艺，少有或没有与 "民间" 对应的专业作家、艺术家。就连身属 "官方" 的山官、头人、寨老等等，在行政时，也常涉足乃至融入 "民间" 的文化海洋，使用习俗性仪典、歌谣式文告、乡规类法令等。在这里，许多文化事像笼罩着极为浓厚的全民、全社会色彩，实难剥离出 "非民间" 来。总而言之，中国少数民族所涉 "民族" 和 "民间"，成了 "传统" 的特殊概念。对他们来说，"民间文化" 与 "传统文化" 近乎等义词。因此，界定 "民族、民间" 无须过分拘泥词语藩篱，不妨立足 "传统"，而虚化其词面。换言之，凡主要在中

① 　转引自刘红缨、王健民：《世界遗产概论》，中国旅游出版社 2005 年版，第 154 页。
② 　钟敬文：《话说民间文化》，人民日报出版社 1990 年版，第 19 页。
③ 　王光东等：《20 世纪中国文学与民间文化》，复旦大学出版社 2007 年版，第 1 页。

国少数民族民众生活圈内经久传承，并被其较广社会面奉为一统的文化事象，都可视作"中国少数民族民间文化"。① 民间文化既包括有形的物质文化，如民居、雕刻、设施、工具、器械、服饰等；又包括无形的口头的非物质文化，如口承文学、环境知识、生产技术、人生仪式、节日庆典、民间信仰、组织制度、技艺技能等。

概言之，民族民间文化的所指，基于文化的民族性与文化的民间性，其内涵是指由某一特定民族或一定区域的人群世代相传，留存于民间的，反映该民族或该区域人群历史渊源、生活习俗、心理特征，及其所赖以生存的自然环境、群体特征、宗教信仰等诸多内容的文化艺术表现形式的总和。具体而言，包括：手工艺生产技艺及其制品，在民族民间流传的诗歌、音乐、歌舞、戏曲、曲艺、谣谚、皮影、剪纸、绘画等艺术表现形式，反映某一民族或区域习惯风俗的礼仪、节日、庆典活动、游艺活动、民族体育活动、饮食、民居、服饰、器具、工具、建筑物、设施、标识及特定的自然场所，在一定区域或群体中流行的语言、文字，传统医药知识，有价值的手稿、经卷、碑碣、楹联等。②

（1）民间文化是处于社会底层的文化

钟敬文指出：一个民族的文化是全民族上、中、下层文化的综合体。具体一点讲，中华民族除了上层文化或精英文化外，还有别的文化，如有大量的通俗经，即城市市民享用的一种文化。此外，中国是一个古老的农业国家，所以在上层文化和通俗文化之外，还有一种被更广泛地创作和传播的文化，即农民文化、口头文化。这三层文化都是中华民族的文化财富。③ 民间文化是相对于官方文化、上层文化而言的，为

① 李耀宗：《中国少数民族民间文化的界定与分类》，《中南民族大学学报（人文社科版）》2005 年第 3 期。
② 李平凡：《浅谈民族历史文化的保护》，载《贵州民族文化保护与发展论文集》，贵州大学出版社 2008 年版，第 37 – 40 页。
③ 钟敬文：《民俗学对文艺学发展的作用》，《文艺研究》2001 年第 1 期。

社会底层、平民的、大众的文化，是底层民众所代表的生活文化，是复杂社会中具有地方社区或地域性特色的文化模式。相对于以文字符号为载体、以书面语言为呈现方式、属于思想观念与意识形态层面的上层文化而言，民间文化则主要以口头语言为呈现方式，即称之为说话的文化，甚至为行为的文化。说话文化的至高境界，有时是不说话，而代之以行为的表达。这些行为事件，在民族长期的社会历史发展中被赋予了稳定的民俗含义，已产生了特定的象征性，被民族群体所认同，因此成了一种有意义的文化符号。① 由民间滋生的民间文化，由民间的风土人情、风俗习惯、思维方式和道德观念等组成，是民众自己叙述的知识，是民众对于自己的思想、观念和感情的展演。

（2）民间文化是与生活融入一体的文化

英国威廉斯（Reymond Williams）在分析文化时认为，文化是指对一种特殊生活方式的描述，这种描述不仅表现艺术和学问中的某些价值和意义，而且也表现制度和日常行为中的某些意义和价值。② 民间文化是在人的生存本能及生活本身中的文化，其与民间生活几乎就是同义语。③ "民间"意味着两层含义，一是生活于基层社会空间的民众，二是民众的生活领域及精神世界。

在某种意义上，民间文化与民间生活几乎是同义语，是一个地域的人最基本的生存方式。民间文化产生于人类的社会生活，与人们的现实生活糅为一体，成为具有传统意义的社会生活方式、群体生活习惯的一个组成部分。人们的衣食住行、婚丧嫁娶、岁时节日等民俗文化事象，就是民众生活的主要内容。人们的这些生活充溢着身体与精神的快感，能够给参与者带来身体与精神的欢愉，民间文化是出自生命本能的抒

---

① 董晓萍：《说话的文化：民俗传统与现代生活》，中华书局 2002 年版，第 1 页。
② ［英］雷蒙德·威廉斯：《文化分析》，见罗钢、刘象愚主编：《文化研究读本》，中国社会科学出版社 2000 年版。
③ 万建忠：《中国民间文化》，北京师范大学出版社 2011 年版，第 10 页。

发，其快感在于本能的需要。生命需要歌唱，需要听和说，需要哭和喊，需要各种民间仪式活动，这是民间文化产生的原动力。民间文化作为一种生存方式体现的是一个个具体的民间文化事象，这种事象指某一次具体的完整的文化形态。"事"指事件、事情，是一个过程，有一定的时间长度；"象"指现象，有可观可感的表现形式，有一个具体的空间维度。民间文化事象绝不是抽象的，而是有具体的时间、地点和参与者，是日常生活。①

不过，与一般的生活事象相比，民间文化事象并非仅停留于外在的生活方式，外表的生活方式是民间文化意识内涵的物化的表现，人们的思想观念、传统习惯、道德规范、社会心理和思维方式等都内隐于民间文化之中，体现出鲜明的文化意识。民间文化作为一种文化意识并非如其他文化意识形态一样，是一种纯粹的文化意识形态，与生活保持距离相对而存在，而是与生活保持密切关联。民间文化意识不是概念的、抽象的，也不是储存在封闭的殿堂、图书馆之中，而是具体的、实在的，展现于自然的生活场域及各种的生活活动之中。尽管民众的语汇中没有"信仰"一词，但却有着丰富的、具体的祭拜仪式；他们讲述的民间故事不会出现"道德"、"伦理"等概念，却不乏教化功能；在一个具体的民俗仪式场合中确立着人的独立、主体性、平等对话等观念。在民间文化领域，保持"思"与"想"的唯一语言领域就是民间生活本身。民间文化以内涵的文化意识和外表的生活方式形成它的双重复合，体现出文化意识和生活特征交融的双重性，这是一种文化型的生活，生活化的文化。可见，民间文化从其产生起，就是集文化意识与生活样式于一身的独特社会存在。②

民间文化的传承与发展常常是伴随物质生产与生活而进行的。民间社会中的传统、习俗、习惯、观念、经验、情感等，往往是自在地、富

① 万建忠：《中国民间文化》，北京师范大学出版社 2011 年版，第 10 页。
② 陈勤建：《中国民俗》，中国民间文艺出版社 1989 年版，第 31 页。

有节律地通过人们的衣食住行、婚丧嫁娶、仪式节日等形式表现出来的，像"风"一样，自然地生成、自然流传与衰减，正因如此，民间文化又有"风俗"的称谓。民众的活动基本上是无意识或下意识的，他们在创作、表演和传播民间文化时，实际上是在经历一种独特的生活。民间文化的内在基因和基本图式确定为重复性、连续性和相对稳定性；呈现为经验主义的传承趋势，在社会生活的自然延续中自在地运行；表现为鲜明的自然主义状态，紧紧依附于自然的生存环境，由生存本能、血缘关系和天然情感所维系。①

民间文化是民众的生活文化，不论是物质的活动还是精神的活动，都是民众生存最需要的也是最基本的活动，是说和听的活动，而不是思和想的活动。② 总之，民间文化是没有脱离生活的文化。民间文化滋生于本真状态的具体的生活空间，其发生和传承就是生活本身，其意义和作用也在于生活本身。③

（3）民间文化是传统文化

"传统"（tradition）一词源自拉丁文的 traditum，其原本的意义是从过去延传到现在的事物。传统具有三个基本的含义：传统是在不停地传递过程中保留下来的一些事情；传统被作为文化的原料，我们把它们存入民俗存储库中；传统是社会群体的一些代表性的事情（建筑在群体成员或局外人的选择之上）。④ "所谓传统，不外是历史上形成的、具有稳定组织结构和思想要素的、前后相继的、至今仍然影响着人们的特定的思维方式、价值观念、审美情趣、道德风尚等深层文化的社会心理和

---

① 杨威：《中国传统日常生活世界的文化透视·总序》，人民出版社 2005 年版，第 4 页。
② 万建忠：《中国民间文化》，北京师范大学出版社 2011 年版，第 9 页。
③ 万建忠：《中国民间文化》，北京师范大学出版社 2011 年版，第 9 页。
④ ［芬兰］劳里·杭柯：《史诗与认同表达》，孟慧英译，《民族文学研究》2001年第 2 期。

行为习惯。"① 传统是围绕人类的不同活动领域而形成的代代相传的行事方式，是一种对社会行为具有规范作用和道德感召力的文化力量。传统文化是历史的结晶，中国传统文化是我们先辈传承下来的丰厚遗产，其所蕴含的思维方式、价值观念、行为准则具有强烈的历史性、遗传性。传统文化作为历史结晶，并非只是博物馆里的陈列品，缺乏生命力，而是具有鲜活的现实性、变异性，一直影响着当下的中国人的思想和生活方式。

民间文化是一种传统文化，在传统文化中，民间文化占据的比重和产生的效用相当大。美国人类学家雷菲尔德将传统分为大传统和小传统。他认为，大传统是社会中占优势的文化模式，主要存在于都市文明之中。大传统的文化系统显示出一种稳定、成熟、恢弘的气势，这种传统很难被别的文化冲断，生活于其中的人，传统性根深蒂固，一般不容易发生剧烈变化。小传统是与大传统相对的一种传统形式，它更多地表现为民间传统，它不像大传统那样，具有广泛的范围、持久的时代、恒固的文化基因和系统的文化体系，小传统多在一种自发散漫的状态下运动，当别的文化冲击时，小传统的文化结构就会重组，形成一种新的文化体系。② 小传统直接与民间文化相关，大传统与民间文化看似无关，实际上是由许多以前属于小传统的物质后来经过不断的选择而成为维系民族发展的根脉和民族识别的依据。因此，传统文化与民间文化密切关联。

民间文化的早期形态都是偶然的民众的个人文化事象，当这些个人文化事象经过一段时间的沉淀，被越来越多的民众所接受，成为群体习惯性的生活方式后，个体的行为泛化为集体行为，经过一番抉择与扬弃，从而拥有了共同的观念和价值观，遵循着共同的规范与制度。当每个人的"自我"文化观聚合以后显现出来的共性就成为本地文化传统

---

① 张岱年、方克立主编：《中国文化概论》，北京师范大学出版社 1994 年版，第286 页。

② 李鹏程：《当代西方文化研究新词典》，吉林人民出版社 2003 年版，第 41 页。

而得以延续。因此，无论从时间上，还是在内容上，由局部或个人行为构成的民间文化具有传统的特性。这种共同的传统使得生活在同一区域内的人们具有很大的同质性，并凝聚成坚实的整体。当然，这种大家共同遵守的生活惯制并非一朝形成就亘古不变，而是不断经历抉择与扬弃以便与时俱进，随时代发展而发展。传统也是人类在历史长河中创造性的想象积淀。正如美国学者理查德·鲍曼所说，传统不再被视为一种文化文化形态过去所固有的特性，而是被理解成一种处于现在、关于现在并与意味深长的过去相联结的弥散的、象征的和阐释的建构。① 因此，作为传统文化，民间文化并非被动地传递，而是在社会和民众的剔择中完成从个体到群体，从历史到现实的转换。

2. 民间文化的特点

（1）稳定性

民间文化一旦形成就具有较强的稳定性，以口头或模仿等形式代代相传。"而这种代代相传的东西变化甚微，实际上在相当长的时间内明显地保持着原样。"② 民间文化的稳定性体现在其结构及流传的过程中。当然，民间文化的这种稳定性只具有相对意义，并非所有的民间文化始终保持不变，处于稳定的状态之中。实际上，某些民间文化异常的稳固，往往成为一个民族的标志、身份的象征；而一些民间文化在一定的时空内较为稳定，一旦离开这个特殊的环境，会发生根本的变化。

（2）模式化

民间文化的模式性意味着其文化事象在内容和形式方面彼此类似的性质。③ 即民间文化具有相对稳定的结构、形式和内容，能够为人们所认知，并且在生活中反复地呈现、实践和表演。民间文化是群众在共同需要、共同心理的基础上，所形成的和不断给予陶炼的结果。它是一种

---

① 转引自林继富等：《解释民俗学》，华中师范大学出版社 2006 年版，第 40 页。

② ［美］希尔斯：《论传统》，傅铿等译，上海人民出版社 1991 年版，第 23 页。

③ 钟敬文：《民俗文化学：梗概与兴起》，中华书局 1996 年版，第 10 页。

模式化的文化事象。① 从结构上，任何民间文化事象都是由一系列的文化因素按照一定的顺序构成的模式。例如，民间节日习俗总是在固定的时间，在特定的地区，展开相应的风俗活动。中国传统端午节总是在每年的五月初五举行，吃粽子、喝雄黄酒、赛龙舟、挂艾草菖蒲等构成为这一天各地民众模式化活动的整体内容。诸多的活动内容早已被程式化和固定化，而且每逢节日到来，这些行为、言语和心理等会再一次重复上演。一种民俗包含着特有的民俗模式，在现实生活中，民俗模式往往表现为一套完整的表演程式。也就是说，人们通过生活中的耳濡目染、切身体会、观察模仿等获得对某项民俗内容、结构及诸多要素的认识，进而付诸实践，这种生活的"表演"即是对民俗模式的再现。即当某种活动方式变成一种约定俗成的规矩，形成较为稳定的模式的时候，具有相对稳定性的民俗事象就会在民众生活中反复地重演。② 这种模式化也体现在口头创作的民间文学中，诸多民间文学作品如《田螺姑娘》等，无论其流传的时间和空间如何变化，但都具有较为稳固的结构类型和情节母题。民间文化的模式是无形的和非物质的，它看不见，摸不着，只有通过感觉和体验去认识这种民族的深层心理结构，但它作为民众的思维惯制和言行规范，构成区域文化的重要传统。

当然，谈类型不等于否认变异。类型文化在结构上，是一种同中有异，或大同小异的文化。类型化简化了民众识别、传习与操作这种文化的难度，提高了它在人脑传递中的信息贮量和在时空蔓延中的关联程度。变异是对于类型文化的适应性生态调整。③

（3）传承性与扩布性

民间文化是一个自控的独立系统，具有相对独立性，正因为民间文化具有相对稳定性和模式化，因此作为一种活态的生活文化现象能以相

① 钟敬文：《民俗文化学：梗概与兴起》，中华书局 1996 年版，第 10 页。
② 林继富等：《解释民俗学》，华中师范大学出版社 2006 年版，第 82 页。
③ 钟敬文：《民俗文化学：梗概与兴起》，中华书局 1996 年版，第 11 页。

对稳固的形态被不同的民众继承和传习，从而得以代代相承。民间文化不仅在时间传衍上具有连续性，体现为纵向传承，这种文化还具有在空间伸展上的蔓延性，即扩布性。如除夕辞岁的年末祭祀和吃团圆饭，正月十五的元宵灯会和吃元宵，三月清明节的祭祖扫墓和踏青郊游，五月初五端午节的赛龙舟及吃粽子，八月十五中秋节的赏月和吃月饼等等，皆是传袭了千年以上的岁时习俗，并在不同的区域蔓延。不论各代各地有多少差异，标志该节日的主要内容和形式却始终被承袭下来。

实际上，一切文化都具有传承性和扩布性。但民间文化的传承具有自己的独特性，其传播媒介主要依靠口头语言和实物载体。口语传播的民间故事、民间传说、民间歌谣等，不但从横向上能产生出许多"异文"，而且在纵向上也能不靠文字记录，却以大同小异，或小异大同的形式流传许多世代，这与通过书面语言等传播媒介的上层文化传承极其不同。作为活态的生活模式的民间文化，其传承本身就是一种实践，更多地依靠非正规教育通过模仿、重复而传承，一种民俗在需要它的环境下可以像风的流动那样无阻碍地流传。

（4）区域性或族群性

任何民间文化都不可能脱离赖以生存的生态环境、文化环境，不同地区、不同民族具有形式各异的民间文化，体现着某个地区或某个民族的生活方式、处世态度、价值观念和思维方式乡土性或本土性和民族性。民间有"十里不同风，百里不同俗"的说法。《晏子春秋·内篇向上》中指出："古者百里而异习，千里而异俗。"如我国苗族多生活在西南偏远的山区，特殊的地理环境决定了其独特的民居文化，其建筑多是依山而建的吊脚楼，相异于平原地区的建筑文化。

（5）生活性

民间文化既是一种文化，也是一种生活，是人类生活中生生不息的文化事象，是人类永恒的伴生物。民间文化存在于任何人群生活的地方，它既是文化生活也是生活文化。民间文化"是一个国家或民族中广大人民（主要是劳动人民）所创造、享用和传承的生活文化"。① 民间文化产生的原动力是人类的社会生活，没有人类的社会生活便不可能有民间文化的产生和形成。不仅如此，民间文化本身与人们的现实生活糅为一体，成为具有传统意义的社会生活方式、群体生活习惯的一个组成部分。人们的衣食住行、婚丧嫁娶、岁时节日等民俗文化事象，就是民众生活的主要内容。民间文化的传承与发展也是伴随物质生产与生活而进行的。"人民生活在民俗当中，就像鱼类生活在水里一样。"② 可见，民间文化具有鲜明的生活性特点，正如钟敬文所言：民间文化是在人的生存本能及生活本身中的文化，其与民间生活几乎就是同义语。③

（6）活态性

民间文化本身就是动态存在的。就民间文化的存在形态而言，具有活态性。尽管民间文化有物的因素，物质的载体，但其价值、技艺等并非通过物质形态体现出来，它更多属于人类行为活动的范畴，有的需要借助于行动才能展现出来，有的需要通过精湛的技艺才能被呈现与传承。民间文化的表现、传承需要语言和行为，体现为一个动态的过程。就具体的民间文化类型而言，民间音乐、舞蹈、戏剧等民间表演艺术类型都是在动态的表现中完成的；图腾崇拜、民俗活动、节庆等仪式的表现也都是动态的过程；民间技艺也是在动态的过程中得以体现。民间文化尤其是非物质文化遗产的传承过去主要以口耳相传的方式实现，有赖于传承人存续与实际参与，具有明显的活态性特点。民间文化重视其反映出来的民族的情感及表达方式、传统文化根源、智慧、思维方式、价值观等意义或价值，体现出活态性。总之，民间文化从其存在形态、价

---

① 钟敬文：《新的驿程之民俗学及其作用》，中国民间文艺出版社 1987 年版，第399 页。

② 钟敬文：《新的驿程之民俗学及其作用》，中国民间文艺出版社 1987 年版，第444 页。

③ 万建忠：《中国民间文化》，北京师范大学出版社 2011 年版，第 10 页。

值与特性等方面具有活态性特点，正如有学者所指出的，民族（社群）民间文化的存在必须依靠传承主体（社群民众）的实际参与，体现为特定时空下一种立体复合的能动活动，如果离开这种活动，其生命便无法实现。发展地看，还指它的变化。一切现在的非物质文化事项，都需要在与自然、现实、历史的互动中，不断生发、变异和创新，这也是注定它处于永不停息的运变之中。总之，特定的价值观、生存形态以及变化品格，造就了非物质文化的活态特性。①

（四）民间文化与其他相关概念的辨析

1. 民间文化与非物质文化遗产

民间文化与非物质文化密切关联。"非物质文化遗产"这一概念由"民间创作"（民间文化传统）演化而来。1989 年联合国教科文组织颁布的《保护民间创作建议案》中将民间传统文化定义为："是指来自某一文化社区的全部创作，这些创作以传统为依据，由某一群体或一些个体所表达并被认为是符合社区期望的作为其文化和社会特性的表达方式；其准则和价值通过模仿或其他方式口头相传。它的形式包括：语言、文学、音乐、舞蹈、游戏、神话、礼仪、习惯、手工艺、建筑术及其他艺术。"② 1998 年该组织在《世界文化发展报告》中将文化遗产分为"可接触性遗产"与"非可接触性遗产"，并在《保护民间文学艺术表达形式，防止不正当利用及其他侵害行为的国内法定示范法条》中进一步明确指出，民间文化表达形式包括：口头表达形式，诸如民间故事、民间诗歌及民间谜语；音乐表达形式，诸如民歌及器乐；活动表达形式，诸如民间舞蹈、民间游戏、民间宗教仪式；有形表达形式，诸如民间艺术品、乐器、建筑艺术形式等。其中的有形表达方式是通过文字

---

① 贺学君：《关于非物质文化遗产保护的理论思考》，《江西社会科学》2005 年第
　　2 期。

② 转引自王文章：《非物质文化遗产概论》，教育科学出版社 2013 年版，第 36
　　页。

或物质遗存可观可感的文化形态，属于"可接触性文化遗产"。而口头、音乐、活动表达形式属于"不可接触性遗产"，也即"口头与非物质文化遗产"。由此可见，民间文化囊括了可接触性文化遗产与不可接触性文化遗产。2003 年联合国教科文组织通过的《保护非物质文化遗产公约》确定了非物质文化遗产概念，将其定义为"指被各群体、团体，有时为个人视为其文化遗产的各种实践、表演、表现形式、知识和技能及其有关的工具、实物、工艺品和文化场所。它们是来自某一文化社区的全部创作，这些创作以传统为依据，由某一群体或一些个体所表达并被认为是符合社区期望的作为其文化和社会特性的表达形式；其准则和价值通过模仿或其他方式口头相传"①。这一定义基本属于民间文化的范畴。都具有在社区中生存，以口传心授的方式所集体创作、世代传承和集体享用的特性。可见，两个概念在内涵上具有较多的重叠性。

民间文化与非物质文化的区别也是明显的。民间文化强调文化来源的主体和生存空间，其创作者与传承者为不识字的下层民众，是下层民众的文化，与上层文化、精英文化等相对；而"非物质文化遗产"的创作主体既可是下层民众，也可是上层人士与官方人员，既包括下层文化，也涉及上层文化与官方文化，一些非物质文化不属于民间，只在上层社会中流传，为上层人士所享用，这些非物质文化不属于民间文化。民间文化囊括了可接触性文化遗产与不可接触性文化遗产，非物质文化遗产为不可接触性遗产，民间文化中可触可感的物态文化形式则不包括其中。民间文化与非物质文化遗产两个概念具有差别性的重叠性。本书中所论及的民间文化是涵括了创作、传承于民间的非物质文化遗产。

2. 民间文化与民俗

自有人类以来，民俗就伴随着其产生并发展。在我国，关于民俗的记载最早见于商代的甲骨文，在这些甲骨文中记载了很多当时生产生活

---

① 转引自王文章：《非物质文化遗产概论》，教育科学出版社 2013 年版，第 44 页。

的习俗。民俗一词中的"俗"字最早见于周朝中期恭王五年所制的《卫鼎》（甲）的金文中，之后在先秦诸子百家的典籍中，"民俗"一词更是随处可见。民俗成为教化民众的一种重要手段。如《礼记·衣》有云："故君民者，章好以示民俗，慎恶以御民之淫，则民不惑矣。"

早期文化人类学学者认为民俗主要意指大众古俗，即古代的遗留物。随着人们对文化认识的深入，关于民俗的概念内涵不断丰富，不同的学者从不同的角度界定民俗的概念。1846 年英国学者威廉·汤姆斯（W. J. Thomas）首创撒克逊语合成词 Folklore① 来指代"民俗"或"民俗学"，用以替代"大众古俗（Popular Antiquities）"的称呼，民俗意指民众知识，包括民间的知识和民众的智慧。② 美国人类学者威廉·巴斯科姆（William R. Bascom）认为：在人类学中，民俗常常指神话、传说、民间故事、谚语、韵文和其他以口头语言为媒介的艺术形式。③ 其将民俗界定在语言艺术范围之内。也有学者将民俗视为民间文化中的一个部分，与民间文学、民间艺术并列。更多的学者从生活文化的视角将民俗界定为民间风俗，指一个国家或民族中广大民众所创造、享用和传承的生活文化。"民俗是具有普遍模式的生活文化。"④ 民俗是人民群众在社会生活中世代传承、相沿成习的生活模式，它是一个社会群体在语言、行为和心理上的集体习惯。民俗的内容包括：物质民俗、物质生活民俗、社会组织民俗、岁时节日民俗、人生仪礼等。民俗学家理查德·多尔逊（Rchard M. Dorson）教授在其著作《民俗与仿俗》中认为民俗就是传统的民间文化。我国民俗学家钟敬文认为民俗是世间广泛流传的

---

① 威廉·汤姆斯 1846 年 8 月 12 日写给《雅典娜之坛》的信中首次使用 Folklore 一词，登在《雅典娜之坛》周刊第 982 期。
② 林惠样：《民俗学》，商务印书馆 1945 年版，第 1 页。
③ William R. Bascom, *Standard Dictionary of Folklore, Mythology, and Legend*, New York, 1971, p. 398.
④ 高丙中：《民俗文化与民俗生活》，中国社会科学出版社 1994 年版，第 144 页。

各种风俗习尚的总称。① 民俗是指一个国家或民族在自己的历史发展过程中逐渐形成、反复出现、并代代相习的生活文化事象。② 它是沟通民众物质生活和精神生活、联系传统与现实、反映民间社区的和集体的人群意愿，并主要通过人作为载体进行世代相习和传承的生生不息的文化现象。③ 由此可见，民俗概念内涵已极大丰富与拓展，其与民间文化具有相近的意义，几乎等同于民间文化意蕴。

关于民俗与民间文化的关系，钟敬文在《民俗文化学：梗概与兴起》中这样阐述道："从 30 年代起，我就注意到广大民众自己所创造、享用和继承的文化，并且创用了'民间文化'这个新术语。我曾经为一个教育刊物编辑了'民间风俗文化专号'，计划刊行过一系列的民间文化丛书。我甚至拟用这个名词去代替'民俗'一词，而把民俗学称为'民间文化学'。现在考虑起来，当时那想法是合适的。几十年来，学界民俗学的范围在不断扩大，以至于使它包括民间文化的全部事象在内。近来有些美籍华裔的同行，也赞成用'民间文化学'代替'民俗学'术语的想法。而近年来我正在不断从整个民族文化的角度来考察并谈论民间各种文化事象（如民间工艺、民间艺术、民间科技和民间组织等）。"④ 仲富兰也持这一观点，认为民俗文化，是一个被包容在特定的民族文化里的民间文化。"⑤ 本书中所论及的民间文化与民俗概念的意义等同，不加专门区分。

二、课程资源与课程资源开发

（一）课程资源的内涵

关于课程资源的认识还不统一，因此课程资源是什么是必须首先得

---

① 钟敬文：《民俗文化学：梗概与兴起》，中华书局 1996 年版，第 9 页。
② 王献忠：《中国民俗文化与现代文明》，中国书店 1991 年版，第 15 页。
③ 仲富兰：《中国民俗文化学导论》，浙江人民出版社 1998 年版，第 30－31 页。
④ 钟敬文：《民俗文化学：梗概与兴起》，中华书局 1996 年版，第 37－38 页。
⑤ 仲富兰：《中国民俗文化学导论》，浙江人民出版社 1998 年版，第 187 页。

以澄清和明确的一个理论问题，它是强化课程资源意识，提高课程资源开发与利用水平的理论前提。最早提及课程资源（curriculum resources）这一概念的当属被誉为"现代课程论之父"的美国课程论专家拉尔夫·泰勒（R. Tyler），他早在 1949 年就曾论述过课程资源，并在《课程与教学的基本原理》一书中提出了要最大限度地利用学校的资源、加强校外课程以及帮助学生与学校以外的环境打交道等观点。这之后学者们从不同的研究角度出发，基于不同的课程概念，对课程资源的概念进行了各不相同的界定。

课程资源的概念有广义与狭义之分。广义的课程资源指有利于实现课程目标的各种因素，狭义的课程资源仅指形成课程的直接因素来源。①

课程资源是课程设计、实施和评价等整个课程编制过程中可资利用的一切人力、物力和自然资源的总和。包括教材以及学校、家庭和社会中所有有助于提高学生素质的各种资源。课程资源既是知识、信息和经验的载体，也是课程实施的媒介。②

课程资源是指满足课程活动所需要的思想、知识、人力、物力等，课程资源是与课程目标、内容、实施和评价有密切联系的课程外部系统。③

课程资源是为设计课程和制定教学计划服务的各种可资利用的途径和方法。④

概而言之，学者们对课程资源的界定要么从广义的角度把握，要么从狭义的角度来理解。本书中，基于民族地区社会发展及文化特点尤其

---

① 吴刚平：《课程资源的理论构想》，《教育研究》2001 年第 9 期，第 59 页。
② 徐继存、段兆兵、陈琼：《论课程资源及其开发与利用》，《学科教育》2002 年第 2 期。
③ 范兆雄：《课程资源的层面与开发》，《教育评论》2002 年第 4 期。
④ 顾明远：《教育大辞典（增订合编本）》，上海教育出版社1998 年版，第902 页。

是现存的课程资源的实际，所使用的课程资源是狭义的课程资源概念，即形成课程的直接因素来源，尤其是直接生成课程内容的素材性资源。同时，本书综合学术界对民间文化及课程资源等相关概念的定义，立足于少数民族特有的文化基础上，尝试性地将"民间文化课程资源"定义为：各少数民族在长期的历史发展中经传承、积累的可直接形成课程的共有的人文精神及其物质体现的总和，包括民族历史文化、民俗宗教、传统工艺、文学艺术、生产生活经验，等等。

（二）课程资源开发

《牛津英语词典》把"开发"解释为"一项计划、方案的具体细节的确定或小说情节的完全展开"。按日常用法，"开发"既包括一项制定好了的计划，也包括这项计划中具体内容的确定。

课程资源开发实质上就是一个转化的过程，是将"可能涉及课程活动的各种可以利用的资源进行加工整理和合理利用，突出其在课程中的特殊功能，以形成系统化的资源库"[1] 的过程，旨在利于教师与学生的互动，提高教育教学的质量。课程资源开发与利用，就是指依照一定的价值准则，对潜在课程资源进行选择、分类、整理，并以一定的方式把它们纳入课程教学活动的过程。[2]

实际上，并不是所有的资源都是课程资源，只有那些真正进入课程，与教育教学活动联系起来的资源，才是现实的课程资源。所谓课程资源的开发，实质上就是探寻一切有可能进入课程，能够与教育教学活动联系起来的资源；所谓课程资源的利用，实质上就是充分挖掘被开发出来的课程资源的教育教学价值。所以，课程资源的开发与利用是密切联系在一起的，开发是利用的前提，利用是开发的目的，而开发的过程

---

[1]　周广强：《教师专业能力的培养与训练》，首都师范大学出版社 2007 年版，第116 页。

[2]　李定仁、董仁忠：《东乡族小学课程资源开发与利用的调查研究》，《西北师大学报（社会科学版）》2003 年第 1 期。

也包含着一定的利用，在利用的过程中也会促进进一步的开发。①

三、民间文化课程资源的内涵、特点

1. 民间文化课程资源的内涵

民族民间文化课程资源开发即是探寻一切有可能进入课程内容、能够与教育教学活动联系起来的民族文化课程资源，并通过对课程资源进行规划、设计、评价、更新等一系列措施来挖掘民族文化资源的潜能，最大限度地对其利用使其成为支持学习者学习的有效形式。

2. 民族民间文化课程资源的特点

民族民间文化课程资源的特定内涵决定了其特点，即目标指向性、丰富性、多元性、价值潜隐性等。

（1）目标指向性

民族民间文化课程资源应具有目标指向性，保证多元文化课程目标实现。多元文化视野下课程目标追求的是教育的公平与社会正义，教育的民主与平等，培养学生对本民族文化与异质文化的认识、理解、容忍、接纳与尊重的态度与情感，多元文化视野下民间文化课程资源的开发应以此课程价值为导引，体现民主精神。

（2）丰富多样性

关于课程资源的类型，人们根据不同的标准进行类别的划分和品种的甄别。类型的多样化区分，一方面说明人们对课程资源认识的深度和广度，另一方面说明课程资源具有丰富多样性。课程资源的多样性不仅表现在品种的多样性上，也表现在资源价值的多样性上。当今课程开发注重学生科学世界与生活世界的有机统一，强调把自然、社会、文化和学生个体作为四大支柱，这样课程意味着向自然开放、向生活开放、向文化开放、向学生个体的经验开放。在这种情况下，课程资源的范围大

---

① 　徐继存、段兆兵等：《论课程资源及其开发与利用》，《学科教育》2002 年第 2 期。

大拓展,教材并非是唯一的课程资源。民族地区独特生态环境使这里具有丰富多彩的地方课程资源,既有来自于自然界的,也有来自社会的和文化的;既有显形的,也有隐形的;既有校内的,也有校外的;既有人力的,也有物力的;既有文字的和实物的,也有活动的和信息化的,等等。一切直接形成课程的地域性因素,都成为地方课程资源。

(3)价值潜在性

西南民族地区有着丰富多彩的文化,它具有转化为学校课程或支持课程实施的可能性,但并不是所有的资源都是课程资源,地方所具有的文化资源并非都以现成的、完好的资源状态存在,这些文化资源未经教育学深加工,只能是"准资源"或"被选材料",一种潜在的课程资源,还不能直接纳入多元文化课程。只有当这些潜在的课程资源变成鲜活的、动态的,与教师的教和学生的学融为一体,并被利用和转化成为课程的重要组成部分时,才是现实的课程资源,才具有有利于课程目标实现的价值。通常情况下,地方课程资源中的教育性因素与非教育性因素是交织在一起的,需要经过筛选或转化,才可能成为学校课程或有利于课程实施的基本条件。因而多元文化视野下重庆市地方课程资源的教育价值有间接性、潜在性的特点,它有待于人们探寻那些有可能进入多元文化课程,能够与多元文化教育教学活动联系起来的资源,并充分挖掘这些被开发出来的课程资源的教育教学价值。从这种意义上看,一切可能的课程资源都具有价值潜在性的特点。

(4)差异性

任何可能的课程资源会因地域、文化传统、学校以及师生各自的差异而不同。不同的地域,可资开发与利用的课程资源不同,其构成形式和表现形态各异;不同的文化背景下,人们的价值观念、道德意识、风俗习惯、宗教信仰等具有独特性,相应的课程资源各具特色;学校性质、规模、位置、传统以及教师素质和办学水平不同,学校和教师可以开发与利用的课程资源自然有差异;学生个体的家庭背景、智力水平、生活经历不同，可供开发与利用的课程资源必然也是千差万别。即使同一资源对于不同课程也有不同的用途和价值，表现出多质性的特点。

（5）动态生成性

资源从本义上讲是某种物质的天然来源，是本来就具有的，蕴藏于客观世界的资源海洋之中，但在没有纳入学校的课程之前，还算不上是课程资源，至多只能算得上潜在的课程资源，只有当学校启动了地方课程资源的开发活动，只有当学生通过开展社会实践活动深入被开发的课程资源之中时，地方课程资源才开始具有课程资源的特性。也即地方课程资源并非静态存在，而是在与课程开发主体交互作用中生成的，具有动态生成性。学校、教师、学生、社区人士等在与课程资源的相互作用中主动建构新知识，从而使课程资源具有课程价值。因此课程资源与课程之间是动态生成的关系，而非仅仅是课程前提。课程资源具有动态生成性特点，并在课程运行中，在与多重课程开发主体不断对话、交往、超越中，富有生命意义和课程价值。

（6）实践体验性

与其他课程资源不同，地方课程资源具有很鲜明的实践体验性。地方课程资源广泛存在于校外的自然、社会环境之中，学习者身临其境，以客观事物为载体，通过亲身实践体验，获得客观事物的最基本、最原始的信息，亲自进行综合性的学习活动，从而建立符合客观事物属性的经验和知识结构，具有较强的"原创性"。

第二章

民族民间文化的文化学分析

故君民者，章好以示民俗，慎恶以御民之淫，则民不惑矣。

——《礼记》

相对于上层文化或精英文化的民间文化是广大群众在长期社会生活中所创造、继承和发展而成的民族文化，是一个特定区域内祖祖辈辈共创和共享的文化传统，其种类繁多，分析视角多元，对其从文化学的角度分析定位，才能准确把握其丰富的内涵，探寻其内蕴的课程意义。

一、生态学视角下的民族民间文化

"生态"作为生物学领域的术语，是指生物在一定的自然环境下生存和发展的状态。所谓生态系统按英国生态学家坦斯勒（A. G. Tansley）的解释，是指包括整个生物群落及其所在的环境物理化学因素（气候、土壤因素等），它们是一个自然系统的整体，因为它是以一个特定的生物群落及其所在的环境为基础的。[1] 随着生态学的发展，生态学的思想和方法为许多学科所借鉴。20 世纪 50 年代后，人类学家借用生态学的研究视角及方法开始对文化进行研究。1955 年，美国学者斯图尔德（Julian Steward）提出了"文化生态学"的概念，以研究那些不同地方特色的特殊的文化形态和文化模式。斯图尔德认为，环境与文化皆非既定的，而是互相界定的，环境在人类事物中的作用是积极的，而不仅仅

---

① 余谋昌：《生态哲学》，陕西人民教育出版社 2000 年版，第 19 - 20 页。

是限制或选择。文化和环境是相互作用的。① 正因为如此，文化生态学主要从人类生存的整个自然环境和社会环境中的各种因素的交互作用来研究文化的产生、发展和变化规律。在文化人类学者看来，人类是一定环境中总生命网的一部分，并与物种群的生成体构成一个生物层的亚社会层，这个层次通常被称为群落。如果在这个总生命网中引进超有机体的文化因素，那么，在生物层之上就建立起了一个文化层。这两个层次之间交互影响、交互作用，在生态上有一种共存关系。② 文化不仅是人类文明进化的结果，也是人类与外部环境相适应和协调的手段和途径，因而文化的性质和特征与人类的生态环境密切相关。③ 可见，文化的发展有赖于一个有机的生态环境。因此，文化生态学主张把文化放到整个生态环境中去考察，以寻求不同区域、不同民族文化发展的特殊形态和模式。

二、民族民间文化的类别

分类，就是把人、事物、概念、关系、力量等划分到不同类别中。它对于人类思考和认识这个世界，了解自己的生活空间以及生活其中的活动来说至关重要。④ 关于民间文化的分类是本书的认识起点，民间文化课程资源的开发有赖于对民间文化的合理而科学的分类。

关于"文化"分类，文化学界众说纷纭，莫衷一是。文化依据不同的标准可分为各种类型。从外在形式上可分为行为、物化、心理或观念三大类；从内容上可分为技术（物质）文化、社会文化、精神文化；从社会价值可分为政治的、军事的、宗教的等等。总之，关于文化的类

① ［美］唐纳德·L. 哈迪斯蒂：《生态人类学》，郭凡等译，文物出版社 2002 年版，第 5 页。
② 司马云杰：《文化社会学》，中国社会科学出版社 2001 年版，第 153－154 页。
③ 唐家路：《民间艺术的文化生态论》，清华大学出版社 2006 年版，第 7 页。
④ ［英］奈杰尔·拉波特、乔安娜·奥弗林：《社会文化人类学关键概念》，鲍雯妍等译，华夏出版社 2005 年版，第 27 页。

别或作精神、物质两分说，或作物质、制度、精神三分说，或作物质、制度、精神、行为四分说，或作物质、社会关系、精神、艺术、语言符号、习俗六分说，如此等等，不一而足。

民族民间文化作为文化的下位概念，其分类主要沿习文化的分类标准，但也有其自身的特殊性。关于民间文化分类也因分类标准及学者自身的学术理解的不同而各不相同，并各具优劣，有其各自的合理性与局限性。关于民间文化的分类，最早可推及英国民俗学者高莫，他在《民俗学概论》中将民间文化分为：观念和信仰、旧传风俗、旧传的叙事诗、民间成语等四类。这些民间文化事象主要体现在精神、行为和口头上，反映了民间文化的主要内容。但这一分类存有一些局限，一是对民间文化中"民"的理解局限于古民，视民间文化为原始文化的遗留物；二是该分类忽略了物质形态的民间文化内容。法国民间文化学者山狄夫关于民间文化的理解不囿于原始文化遗留物，而是纳入现在的视野中，无论旧时传统还是现今发展都囊括其中，扩大了民间文化的内涵与外延，在此基础上将民间文化分为三大类：即物质生活，包括经济的物质（土地或城市、食物、居住等）、生活的方法（劳动）、盈利与财富等；精神生活，包括语言、民间知识及其应用、民间智慧、美学、神秘观念及活动等；社会生活，包括血缘关系、地缘共同体、特殊联盟（经济的、政治的、竞技的等）。① 日本柳田国男从民间文化承担者群体的角度则将其分为有形文化（包括住、食、衣、生活资料的取得，以及交通、劳动、社会组织、婚姻、诞生、死亡、节日活动及祭礼等）、语言艺术（故事、传说、民谣、谚语等）和心理现象（包括知识、生活技术、生活目的等）三类，这一分类的独到之处在于将民间文化分为物质、行为、精神和语言等方面，但局限性则在于将民间文化的三类分属旅人、寄居者和土著人等不同的承担群体，忽略了民间文化的共通性和

① 参见林继富、王丹：《解释民俗学》，华中师范大学出版社2006年版，第103页。

共享性。美国的多尔逊（R. M. Dorson）则将民俗分为四大类：①口头民俗，包括叙事民俗、民歌与民间诗歌、谚语和谜语等等；②物质民俗，包括饮食、服饰、建筑及各种民间手工制作的家具、用具等；③民间社会风俗，包括人生礼仪、民间信仰、宗教、节日庆典、游戏及其他娱乐活动等；④民间表演艺术，包括民间戏剧、仪式性的舞蹈、音乐等等。① 这一分类方法虽仍有交叉重叠的问题，但将表演艺术单列为一类，有其独到之处。

我国关于民间文化的分类标准与方法也是分歧众多，莫衷一是。有的分类主要从民俗的学科分类体系考虑，有的分类既考虑民间文化的学科分类体系，又兼及民间文化的地域性与民族性特点。著名民俗学者钟敬文将民间文化分为四类：物质民俗，包括生产、商贸、饮食、服饰、居住、交通和医药保健等；社会民俗，包括社会组织（如血缘组织、地缘组织、业缘组织等）、社会制度（习惯法、人生仪礼等）、岁时节日及民间娱乐习俗等；精神民俗，包括民间信仰、民间巫术、民间哲学伦理观念以及民间艺术等；语言民俗，即民间语言和民间文学两大部分。这一分类方法细致而全面。近年来，乌丙安等学者则基于方便普查与搜集民间文化的角度，将民间文化分为生产贸易、衣食住行、社会家庭、家庭人生仪礼、生态科技、信仰、岁时节令、语言文字、民间游乐、民间艺术等十大类。② 这一分类更加全面而具体。这些分类都有其合理性，也有其难以克服的交叉重叠之弊端。

民间文化是复杂的种、属交织概念，严格地说，它是难以截然分割成块儿的。我们对谱系性的民间文化进行人为划分，只是出于研究方便的需要，为了使所分析的民间文化能得以清晰地阐明，我们不能不在某种程度上对其予以分类。本书主要依据钟敬文的分类方法，从内容上对民间文化予以划分，将民间文化视为由物质、精神、社会、语言艺术这

---

① R. M. Dorson, *Folklore and Folklife*, University of Chicago Press, 1972, p. 2.
② 乌丙安等：《中国民间文化分类》，《中国民族》2003 年第 5 期。

几个文化"元"组成。文化是一个民族应付物质的、社会的和精神的环境的结果。物质文化是适应物质环境的结果，它以物质形态或物化形式存在，具有外显性，包括衣食住行及相关的领域；社会文化是调适人与人之间的关系，应付社会环境的结果，它以人的行为及与之相关的各种活动的形式存在，具有亚内隐性，它往往表现为各种风俗习惯；深层文化是以人的意识形态而存在的一种精神文化，精神文化是应付精神环境的产物，具有内隐性，包括人们的世界观、自然观、宗法观、婚姻观等等。除此而外，从中国少数民族的特殊背景出发，有必要突出地位独特的"民间人才"，[①] 而将"人才文化"纳入民间文化类属中。因而，本书中的民族民间文化分为物质文化、精神文化、社会文化、语言艺术、人才文化等几个分支。当然，上述分类只是大体归类，其间难免遗漏、重叠交叉。比如"物质"、"行为"都蕴涵"精神"，而"人才"更广涉其余诸类。只是这样的分类从类别角度、形态程度方面更能反映"民族民间文化"的基本框架。

（一）物质文化

民众生活中具体可感、可见的居住、服饰、饮食、生产、工艺制作等文化事象是人们适应物质环境的结果，作为一种物质文化，不仅仅以一种传承物而存在，更为重要的是在这些传承物中承载着人们丰富的知识经验，并积淀了深刻的文化内涵。民间物质文化是民众独特的价值规范和思维方式的反映。

1. 民居文化

民居文化是民众的居住方式以及在建筑房屋的活动中表现出来的风俗习惯，主要包括居室类型、建房仪式和居住信仰等部分。受生活地域环境影响，不同地区居住类型、房屋样式各不相同，居住风俗也迥然不同。西南地区民居的居住类型主要有干栏式和平房两大类，平房最为通

---

① 李耀宗：《中国少数民族民间文化的界定与分类》，《中南民族大学学报（人文社科版）》2005 年第 3 期。

行，遍及各族，多为木石结构，以土墙、砖墙、泥墙居多。最具特色的是干栏式建筑，俗称"吊脚楼"。苗族、土家族、瑶族等少数民族一般多生活在偏僻的山乡，居住在山腰，聚族而居，寨子依山傍水，寨前有河，寨后有山，这样的地理特点决定了房屋建筑多半是曲槛回廊的吊脚楼和吊脚半边楼，鳞次栉比的吊脚楼，一栋紧挨着一栋从山脚一直蜿蜒盘旋到山顶。它历经岁月的冲刷和洗礼却坚固如昔，散发出古老幽深的韵味。

居住文化最鲜明的表现就是它的空间性，这种空间性体现了居住空间和文化空间的聚合，具有浓郁的地域文化色彩。如西南地区的干栏式吊脚楼依山就势而建，后部与山坡相接，前部木柱架空，贴壁凌空。吊脚楼楼层一般分为里、外两部分，靠里为实，屋面为地；靠外为虚，屋面为楼。楼底架空，底楼圈养，楼上住人，构成以生产为中心的底层、以生活为中心的楼层和以贮藏为中心的顶层等层层延伸的空间系列。这种干栏式建筑是对其历史、生活的写意性记录，透过这些建筑能解读出人们的独特生存理念、心理特点等。从房屋的选址看，依山或依崖而建，不仅是因地制宜的需要，更是为了有效抵御外来入侵的需要，同时这样选址也有利于把所有的平地都用来种植粮食，确保在平地极少的山区能够继续开展原来的农业模式。总之，村落的选址，很注重观察的视野和必要的隐蔽以及劳作的便利三个因素的兼顾和统一。河流是农业生产的基础资源，又是交通运输的便捷通道，因而人们对河流有一种特殊的依恋，崇尚一种"依山傍水"的建筑理念。从建筑格局来看，依形就势的建筑群，所共同堆出的"布局"实效，是一种缺乏秩序的簇拥。这种簇拥没有中心的标志，只有对大山和田土的双重依恋。这样的格局，显然有流连田土和方便逃遁的居住群体的心理背景。[①] 从房屋的建筑方式看，吊脚楼前部悬空，有一种危险的凌空感，但内中却有世人少

---

① 麻勇斌：《贵州苗族建筑文化活体解析》，贵州人民出版社 2005 年版，第 34 页。

知的安全感，被拟人化了房屋，在崖间的姿势是坐着的，十分的稳固。这种稳坐崖间的姿势折射出一种特殊的生存经验和一种处身高崖不惊心的境界。从对空间的实际利用看，生存经验主导着利用的旨趣。如饲养牲畜的底层和进入房间狭长而拐弯的过道，都是有效抵抗外来侵袭和便于从容脱逃的山地生存经验的表述。

民间建筑房屋的仪式是繁琐而严肃的。建房破土前或破土时举行看风水、祭祀等仪式，房子梁木的选择、房屋建成举行的上梁仪式以及土木或砖木结构房子的"合龙口"等集中展示了民间建筑知识。

2. 服饰文化

服饰文化是人们在穿戴、装饰等方面形成的礼仪风俗、行为习惯等，主要包括服饰的形制、用色、工艺、组件和穿着打扮以及与此相关的一系列服饰禁忌。不同的自然环境、不同的社会形态和不同的民族文化传统，均使服饰具有独特的样式与风格，也承载着特殊的民族民间文化内涵。如苗族服饰，男装简朴，主要有对襟大褂和左衽长衫两大类，头包青布头帕，下装为宽脚裤。女装有朴素大方的便装和精致豪华的盛装。盛装为大袖开领胸前交叉"乌摆"。乌摆由数十块不同花纹、不同样式的挑花图案精缀而成，沿托肩处横镶长方形图案，衣边镶宽约寸许花边，缀满各式银片，下装穿青素百褶裙，围绸缎刺绣围裙片。苗族的服饰文化是其物质文化和精神的双重载体，成为其民族文化的外化形式，全方位地反映了苗族人民的物质生活和精神生活。苗族服饰的纹饰图案取代文字，用以记录其历史和文化，使服饰图案艺术成为苗族传世的百科全书。不仅如此，苗装图案纹饰构建了一个庞大的精神世界，以物化的方式表达了苗族人民各种情感诉求和思维方式。不仅如此，苗族通常以服饰的色彩、款式造型方面的特点作为支系的标志，用以界定不同文化群体，成为亚族群的文化符号。

服饰具有鲜明的礼仪特征，不同场合穿戴不同的服饰。如诞生、成年、婚嫁、丧葬，都要通过特殊的装扮和仪式来体现个人与社会的融合，促使人逐步走向集体和社会，获得家族和社会的认可与接受。如摩梭人成年礼时的穿衣服仪式。

服饰文化除遮体护身的基本用途外，更具有深层的文化内涵，最为明显和直接地体现着一定区域一定社会的简朴、奢靡、保守、开放及物质追求、心理倾向，是具有社会意义和文化身份的民族符号。

3. 饮食文化

人们传统的饮食行为和习惯形成了独特的饮食文化，具体包括饮食品种、饮食方式、饮食特性、饮食礼仪及风俗习惯等。

（二）精神文化

民间精神文化主要是人类在物质生产和社会生活中形成的有关意识、观念和心理倾向等，主要包括民间信仰、民间禁忌、民间哲学伦理观念等。

1. 民间信仰

我们的先祖经常遭遇自然灾害的侵扰，诧异于天地日月、风雨雷电等自然物的威力，受自身认知能力的局限，难以对这些自然现象做出科学合理的解释。在此情形下，一方面先祖们形成了对自然的敬畏之心，另一方面，他们又以己推物，拟化自然，认为世间万物和人一样皆有生命，试图通过信仰的形式将异己的对象转换为为我服务的力量，以此来协调人与自然、人与社会的关系。基于这样的心理而产生了自然崇拜，形成了神灵信仰。这种神灵信仰突出表现为日月崇拜、土地崇拜、山水崇拜、动植物崇拜等。如在苗族人心目中认为世界上万物有灵，各种自然物都有神灵存在。世上万物皆有神依附，天地日月当然是神明，奇特的自然物如巨石、悬崖、河流、水井以及枝繁叶茂树木等有不可预知的神奇力量，甚至自己修建的木桥、石桥、土地菩萨以及在山上岔路口立的石凳、木凳、指路牌等，都认为有神。正如恩格斯所说："一切宗教不是别的，正是人们日常生活中支配着人们的那种外界力量在人们头脑中的幻想反映……被反映的，首先就是自然的力量。"苗族人正是基于这种万物有灵的信仰,而将这些自然物加以供奉,凡办事不顺利、疾病缠身或久婚不育,人们往往会杀鸡杀鸭前去祭拜,父母们也会把自家的孩子拜祭给这些自然物,希望孩子们得到保护。在贵州雷山的西江苗族有许多传说与"巨石"、"怪石"有关,《苗族史歌·洪水滔天》记载:远古时候,洪水泛滥,世界上只剩下了苗族始祖姜央和妹妹,姜央想与妹妹结为夫妻繁衍人类,妹妹在姜央的一再恳求下,答应滚石磨来裁定,两人同时从山坡上将两扇石磨推下,如若两扇石磨合在一起,两人就成婚,结果两扇石磨摞在了一起,兄妹俩结为夫妻后生养了人类。这个苗族社会流传已久的传说,使西江人相信"石"尤其是巨石或怪石具有"赐子送后"的神力而顶礼膜拜。在西江苗族人眼中"桥"有某种特异的生殖能力,相信祖先是从桥上把自家的子孙送来的,只有建桥祭桥才可能增子添孙、延续香火、家旺人兴,所以当地"拜桥"之风甚浓。总的说来,对各种有神物的敬祭,一是祈求它们能保佑全家、全村或过路人的平安,二是希望通过为方便别人而立功、立德,健康长寿,多子多孙。

许多民族有图腾崇拜信仰。图腾即自己的亲属之意,图腾崇拜是人与动植物或无生物认亲的现象。图腾观念的产生与神话祖先有关,归因于祈求祖先保护的心理,人们为了使祖先具有强大的影响力,就把他们说成是具有能够化身为动植物的能力。在苗族人看来牛是最得力的帮手,是不可或缺的生活必需,是部落的标志,也是氏族首领蚩尤的象征。苗族的祖先——蚩尤的形象是人身牛蹄,头有角,因此作为蚩尤化身的"牛"的形象就成为他们崇拜的图腾。在日常生活中,苗族对水牛异常尊敬,用牛角装酒待客,苗族妇女头戴银角,当地称为"水牛角",这也是图腾标志。土家族的图腾是白虎,与其先民巴人崇虎信仰有关。

2.民间禁忌

由于偶然因素和不可控因素的干扰,客观事物有可能偏离它正常的发展轨迹，出现异常状况。这会给习惯了常规状态的人们带来强烈的内心恐惧或困惑。为了保证事物发展能按常规进行，人们依据某种想当然的观念或经验，在心理上上形成一定的规约，并付诸行动。民间禁忌起源于原始初民对神圣事物和凡俗事物的一种区别。民众认为被禁忌的事物神圣不可侵犯，并表现出恐惧和尊敬的心态。① 在民众生活中有诸多禁忌，大体而言主要有对神奇事物的禁忌和因为危险或不洁出现的禁忌两大类。具体而言有如下一些禁忌：①关涉日常生活的禁忌，即为人处事、待人接物以及衣食住行方面的禁忌。②语言禁忌。民间对语言的魔力历来深信不疑，唯恐说出不吉利的话语，给自身或他人带来灾祸，因而产生诸多语言禁忌。如苗族在语言方面有诸多禁忌，对长辈或自己所尊敬的人不能直呼其名；在正常情况下，人们忌讳说 das（死）字，常用委婉的词语 yangk（过）或 lul（老）来代替；在敬祭鬼神或祭祖的场合中，为了避免神明听了直说的语言而产生误会，所以在说话时有些词语要禁忌；对苗名的称呼，也十分忌讳颠倒其子（女）父连名的顺序。③性别禁忌。在特定场合或时间，有关于男性或女性的禁忌，相对来说，针对女性的禁忌更多。例如，阿昌族妇女禁忌跨坐在家堂屋的门槛上，不能住在楼上，也不能从犁、耙、锄、枪等物上跨过，认为这会给男人招来不幸。④岁时禁忌。⑤生产禁忌。如苗族民间恪守的生产禁忌较多，每年在第一次听到春雷响后，要忌三天不下地劳动，四月逢龙、蛇日不下种，否则，年岁不丰；在雷山的西江、报德等地，从春耕到稻谷黄熟期间，忌吹芦笙，犯了将会歉收。

民间禁忌的本质是人们信仰和崇拜的异己力量和神圣的宗教对象的一种宗教行为，亦是一种诉诸外在行为表现的心意民俗形态。② 民间禁忌对人们的日常生产、生活和行为道德有着很强的约束力，从各类禁忌习俗的内容来看，虽然存在一些消极落后的东西，但其中一些禁忌是长

---

① 林继富、王丹：《解释民俗学》，华中师范大学出版社 2006 年版，第 129 页。
② 林继富、王丹：《解释民俗学》，华中师范大学出版社 2006 年版，第 129 页。

期生产经验的积累，有一定科学性；其中诸多禁忌习俗的思想内涵与社会主流价值观相吻合，它们既是我们这个社会所应倡导的社会公德，更是每一个公民所应具备的基本道德素养。

3.民间哲学伦理观念

民间精神文化具有浓厚的原始性与神秘性，伴随时代的发展和社会的进步，它们中的一部分必将消失，一些精华将得以继续传承与发展。

（三）社会文化

社会文化是涉及民众人际交往、社会关系的习俗惯制，包括人际交往礼仪、人生礼仪、岁时节日、民间游艺等内容。

1.人际交往礼仪

苗族人民思想淳朴，注重信用，讲究礼貌，尊老爱幼，又有刻苦耐劳、艰苦奋斗、勤俭朴实的传统美德，对于社会礼仪都十分重视，涉及的范围十分广泛，比如尊老爱幼、扶贫济困、排难解忧、交友等。如涉及礼貌待人的礼仪有：客人进家，不论认识与否，都要热情接待，不拒之门外，也不收费用；凡是远方来客，又是旷久未见，都要宰鸡招待，并请邻居作陪，以能喝醉为最欢喜；凡是盛大酒宴，都设酒卡向客人敬酒，接了酒杯，就必须喝完，否则就被认为不懂礼节；当朋友相遇或分手时，只习惯行招手礼，不习惯行握手礼。涉及尊老爱幼的：在酒宴入席就餐时，上座为老人或长者就座，下座为晚辈就座，两侧则随意就座；在酒席上，通常以鸡头和鸡肝敬给最年长者或老者，表示尊敬老人，晚辈要替长辈或客人添饭；对长辈和自己尊敬的人，要用敬词称呼，不能直呼其名，更不可呼错辈分。涉及互相帮助的：同一家族的人，凡是个人有力所不及的大事，只要登门求助，大家都乐意帮助，不计任何报酬。① 苗族家庭从幼儿起就注重家教礼仪、待人处世方面的教育，使幼儿自小就懂得长幼之间互相敬重的礼仪知识，懂得亲友及社会

---

① 中华文化通志编委会编：《苗、瑶、畲、高山、佤、布朗、德昂族文化志》，上海人民出版社 1998 年版，第 141－143 页。

交往方面的礼节和社会习俗。

2. 人生礼仪

标志人一生不同年龄阶段和身份变化的重要环节及其相关的各种仪式，统称为人生礼仪。① 人生礼仪主要包括诞生礼、成年礼、婚礼、丧礼等，这些在人生重要阶段举行的礼仪，寄托着人们对生命的无限渴望和美好祝福，强调"生"的价值和意义。

人生礼仪中尤以成年礼最具教育意义。成年礼是通过特定的仪式，表明青年进入了成人社会，这是人生的重要转折点，成年礼的举行，是一个人身份、权利、义务发生质的变化的标志，从此进入成年人行列，对国家、民族、家庭担负着重要的责任。各个民族十分重视成年礼举行，因地域、民族的不同，成年礼仪式各有不同，如汉族传统的成年礼为冠礼，在特定的日子为青年加冠，而摩梭人则有不同的仪式。尽管仪式各不相同，但其基本的职能与意义则具一致性，通过成年礼中的血亲承诺的过渡仪式，个体成员被应诺的角色或身份得以稳定或确定，并被赋予了社会责任与义务，成为被社会承认的"人"。

3. 岁时节日

岁时节日是随节令变换而产生的民间文化事象，其形式多样，内容丰富，涉及生产活动、社交活动、娱乐活动及宗教祭祀活动等。

岁时节令是民众依据自然变化的规律概括表述的时间系统，先民在观察自然物候变化的基础上，发现了时令节气每年周而复始变化的规律，产生了时令意识，逐渐意识到日月星辰位置变化与自然季节转换间的关联，建立起天象与事物之间的对应关系，于是日月星辰成为确定时间流转的重要参照物。不仅如此，先民在农业生产过程中，感受了农业生产的季节与时令节气变化的关联，伴随一年的气候变化，农作物的种植、收获及人民生活、生产的需要，逐渐形成了一系列的民俗风习。这

---

① 林继富、王丹：《解释民俗学》，华中师范大学出版社 2006 年版，第 130 页。

些民俗风习涉及农时、种植、天文、气象、水利、作物保护等民间知识。不仅如此，岁时节令具有浓郁的民俗信仰内容。在我国，民众素有将与天时相应的时间点视为神秘的节点的传统，认为四季变化来自于上天的安排，故根据天时的变化安排各种相应的祭祀活动、祭祖活动，并为了消灾避祸，还形成许多禁忌习俗。这些信仰、禁忌等观念成为传统节俗的重要内容。

我国历来有重节庆的传统，民间节日丰富多彩，主要有祭祀性节日、纪念性节日、庆贺性节日、社交性节日、生产劳动性节日等。作为一种特殊的文化事象的民间节日，是具有周期性和基本稳定的群体活动内容的特殊日子。任何节日活动，都是由一定的具体符号及其系统所组成，是对各种符号系统的整合。民族民间节日是民族精神和民族生活的盛典与礼仪，是百姓休闲娱乐最经典的生活方式，它蕴含着极其丰富的文化内涵和民族的精神力量。节日文化是民族文化的重要窗口，是民族风情、民俗文化和人文旅游等宝贵资源的集中体现。民族文化总能在节日期间得到更集中更充分的展示。在节日期间，民情习俗、民族歌舞、民族体育、民间工艺等等均以集锦的形式得到充分的展现，民族的心理素质和文化风貌得以弘扬。民族节日往往集物质文化和精神文化于一体，聚社交、贸易、文娱、宗教等活动于一堂构成一个约定俗成、百代承传的制度化的民族文化艺术节。它是少数民族同胞哲学思想、价值观念、审美意识和伦理道德观念的结晶。民族节日以其潜移默化、寓教于乐的形式，展示着民族的精神世界、道德意识和行为习惯，表达着人们对美好生活和幸福理想的向往与追求。西南地区少数民族众多，民族民间节日种类繁多。如苗族的节日有苗年、四月八节、吃新节、芦笙节、龙船节、姐妹节、爬坡节等，贵州黔东南更有"百节之乡"的美誉。芦笙节是苗族人民非常喜爱的传统节日，一般在农历的正月、二月或三月，主要是祭祀祖先、庆祝丰收。每一个节日庆典在具体的活动仪式系统中，都是把表现出一种与"追思、祈求、感恩、纪念、信仰"等相联系的心态作为节日符号集合的描述意义，尽可能地通过人神约定的规范化活动仪式符号系统来加以表达。① 芦笙节中的习俗信仰、节日中的歌谣和苗族的传统伦理道德观等等，在一些具体的活动仪式中分别以不同的象征形式"表述"出来。苗族芦笙节的活动仪式特点上往往具有苗族文化共性中的象征意义，而且在其相应的象征符号系统中还蕴含了各种意义要素的历史积淀，表现为人类共有的精神资源——文化，每个民族都有其独特性，都有它自身的价值。纵观人类各民族的传统习俗节日，就其主要内容看通常表现为这样两种关系：一是人与自然的关系问题，二是人与人的关系问题。② 苗族芦笙节开场仪式的一个重要特点是，当人们吹着芦笙向芦笙坪走去时，总是面向东方、仰望太阳缓步进入，表现出太阳崇拜习俗。这种太阳崇拜仪式反映出向往远在东方故土的意蕴，在这里所表现出来的象征意义还有一层则是一种人与自然的关系问题。

随着时间的流逝，传统节日文化的原生性解释系统逐渐消失，节日活动仪式已经不完全是一种古老的祈福避害的活动，留下许多徒具空壳的操作行为、仪式和禁忌，甚至于明显地带有了使之成为旅游商品而进行努力的色彩。但总体而言，节日符号在根本上是与人类物质再生产和自身再生产有直接或间接的联系的，祈福消灾、感谢神灵这些偏重于愿望的因素和政治号召、加强内聚力等偏重于现实的因素在节日符号中都占有重要的位置。

4. 民间游艺

民间游艺主要是以调节人们身心健康为目的，在休闲时间进行的文化娱乐活动，这一文化传统在民众中广为流传并世代传承。民间游艺活动最初是以娱神为目的，在各种祭祀活动中往往伴随着各种歌舞、游

---

① 居阅时、瞿明安主编：《中国象征文化》，上海人民出版社 2001 年版。
② 吴正彪：《"区域性板块"结构中的活动仪式链接与符号系统——从贵州岜沙苗族芦笙节的文化象征意义谈起》，《贵州民族研究》2004 年第 4 期。

戏、娱乐内容，通过娱乐身心的游艺活动娱乐神灵，从而达到消灾祈福的目的。随着社会的发展，宗教祭祀的内容逐渐消失，由人创造的娱乐神灵的内容逐渐回归现实，更具生活化意义，从而由娱神转向娱人。现今民间流行的很多游艺活动具有娱乐身心、促进健康、健脑益智等意义。西南地区民间游艺活动丰富多彩，既有益智活动，也有竞技活动、技艺活动和具娱乐性、趣味性的游戏活动。如扭扁担、竹玲球、抢花炮、打三棋、和尚棋等是重庆市黔江地区以土家族、苗族为主的少数民族盛行的游艺形式。

民间游艺活动中最常见的形式是民间游戏。所谓民间游戏是指流传于广大人民生活中的嬉戏娱乐活动，俗称"玩耍"。游戏是游艺民俗中最常见、最普遍、最有趣的娱乐活动。① 民间游戏就社会而言具有如下价值：一是影响了人们对社会生活的认知；二是有利于社会的稳定，传统民间游戏在一定程度上改变了社会的价值认同，增强了民族自尊心和自信心，实现了人们对幸福感和满足感的追求；三是丰富了人们的娱乐空间，推动了民众娱乐业的发展，构筑起健康、和谐的民间休闲生活。② 民间游戏个体发展尤其在儿童时期个体发展具有很重要的意义，其有助于儿童的身体发展，民间游戏尤其是竞技类、益智类民间体育游戏可以较好地促进儿童身体器官的发育，发展儿童的动作协调性，促进力量、速度、灵敏度等的发展。民间游戏还有助于儿童社会性的发展。民间游戏简单易学，并充满趣味性、娱乐性和竞技性，为儿童所喜爱。在游戏活动中，通过角色扮演、相互协调配合、团结互助、遵守规则、克服困难等，从中学会了与人相处、乐于助人的好品德，并发展了自我意识，锻炼了坚强的意志品质。

（四）民间语言文学与艺术

1. 民间语言文学

---

① 乌丙安：《中国民俗学》，辽宁大学出版社 1985 年版，第 343 页。
② 王德刚：《传统民间游戏的渊源、价值和保护》，《齐鲁学刊》2005 年第 10 期。

民间语言文学包括民间俗语谚语、语言崇拜、语言禁忌等民间语言及神话、传说、故事、歌谣、史诗、长诗、谜语等口头文学，是民间文化中的重要组成部分。

（1）民间口头文学

我国各民族人民在长期的历史发展中创造了绚丽多彩的文学，它不仅是本民族文化中一块瑰宝，也是中华民族共同的精神财富。作为世代传袭的口头创作，民间文学不管是在内容、题材还是体裁上都呈现了多样性，基本上可分为神话、传说、故事、寓言、史诗，大多数都是对先民们伟大功绩的肯定和颂扬，具有较高的思想性和艺术性，除神话和传说外，绝大多数作品都是对生活的反映，有着朴素的历史真实性，向我们诉说着这个古老民族自我意识的成长以及历史的发展。

神话与传说。神话是人类史前最主要的文学样式，是民众不自觉艺术加工的产品。神话的特点是以人拟神，神话中的神具有超人或超自然的力量，它常常将自然界和社会生活中的精神力量人格化。神话与宗教信仰有着直接的联系，在原始初民那里，神话具有神圣性和权威性，在部落遇到血亲复仇、领地纷争时，神话具有调解的作用。我国各民族广大民众历来流传着许多神话叙事作品，在西南少数民族地区更是流传着大量的民间神话，有解释宇宙万物的起源和结构的创世神话，有阐明人来自哪里的神灵造人神话等。如苗族有反映天地万物起源的《开天辟地》、《铸日造月》、《乖狗登天取良种》等神话故事。

民间传说是围绕客观实在物，运用虚构的表现手法和历史的表达方式构建出来并具有审美意味的文学作品。民间传说不同于神话，其发生场景主要是人间，所叙述的绝大部分是历史上的传奇人物，是对历史人物的传奇化与艺术化，是以神来拟人。我国民间传说有人物传说、地方风物传说等。羌族民间传说一般以历史事件或历史人物为背景，揭示事物的本质，如《石纽投胎》、《夏禹王治水》等都是世代相传、不可磨灭的精神财富，其中，大禹的传说更是其中一颗璀璨的明珠。

　　民间除大量流传这种以叙事为主描述生活、表达思想的文学形式外，还存有大量用口头演唱的诗体韵语来叙事、表达思想和感情的传统民间文化形式，如民间歌谣、民间叙事诗和史诗等。

　　民间歌谣是民众自编自创的一种抒情性作品，既可以歌唱，也可以吟诵。西南地区民间歌谣内容丰富多彩，形式多种多样，有伴随祭典、婚嫁、祈福、消灾等各种仪式礼俗而唱的仪式歌，有歌唱劳动并传递生产经验的劳动歌，有反映政治状况与感受的时政歌，还有表达男女情感的情歌等。吟唱人本身劳动生活的劳动歌，主要是传授劳动知识经验，教给人以生存的本领，如土家族的"洒谷歌"、"种包谷"、"薅草"等。西南地区少数民族往往有对唱山歌缔结姻缘的风俗。苗族有情歌唱道："苗家山歌万万千，苗歌就是小姻缘，恋爱不把苗歌唱，短棍打蛇难拢边。"[①] 土家族的民间歌谣把自己民族恋爱的风俗概括为"土家结亲不用媒，山歌就是媒人。"总之，民众活生生的生活及在生活中积累的各种经验、情感感受等充盈在民间歌谣的字里行间。

　　民间叙事诗是一种以韵文或韵散文结合的形式，以完整的故事情节和鲜明的人物形象反映广大民众社会生活内容的民间诗歌种类。西南民族地区民间叙事诗数量繁多且许多至今仍在流传，如苗族的《依阿莎》，傣族的《召树屯》、《兰嘎西贺》等，土家族的《摆手歌》、《挖土锣鼓歌》、《锦鸡》，彝族的《阿诗玛》，布依族的《六月六》等。这些民间叙事诗的内容多涉及"创世"、"英雄"、"婚姻爱情"等。

　　史诗一般采用韵文或韵散结合的"说唱体"形式，其题材宏大，多为记叙了个民族在原始发展阶段对天地万物及人类起源所作的种种解释，也有的唱叙某个民族在形成过程中出现的部族迁徙、征战整合等重大事件。《羌戈大战》和叙事长诗《木姐珠与斗安珠》、《人神分居的起源》是羌族民间文学的代表作，是羌族先民集体意愿的体现和智慧的结

---

① 　林继富、王丹：《解释民俗学》，华中师范大学出版社 2006 年版，第 144 页。

晶。《羌戈大战》整部作品充满了人间生活的气息，是人们从民族学、历史学、宗教学等角度来研究羌族历史文化的宝贵资料；《木姐珠与斗安珠》用诗的语言生动形象地向我们展示出经受考验的婚姻的特征，给人以美的享受，从中我们可以看出神话与原始宗教的关系以及羌族婚姻的状况；《人神分居的起源》通过天神的女儿与羌人儿子的爱情故事，反映了人在与大自然斗争中的主动地位，是一部赞歌。

（2）语言民俗

语言民俗是指具有鲜明民俗文化特色的俗语套语，包括日常生活亲属称谓、人名、谚语、歇后语等。广为口传的民间谚语是民众在生产劳动或社会交往中总结的经验或教训，以及有关世界万物的认识，它是一种言简意赅的较为定型化的语言。民间谚语以精炼而富有哲理的语言反映着民众的生活，如土家族的气象谚语"太阳戴枷午，晒破牛皮鼓"、"日出东南红，无雨必有风"是土家族民众对大自然各种物象变化细心观察而总结出的生活经验。"让人三分不为输"、"一让两有，一争两无"是传统观念中注重人际关系和谐、不尚争斗、以忍让为美德的处世哲学。云南谚语"山高压不倒太阳，官高压不倒爹娘"、"为人不孝，不打交道"则表达了极受民众崇尚的伦理孝道观念。

2.民间艺术

从文化人类学的角度来看，民间艺术是"有其历史的范畴的。从最早的意义上讲，艺术是无所谓民间与否的，它伴随着阶级的产生而产生，也伴随着社会的发展而变化。……一般来说，在封建社会时期，民间艺术是相对于宫廷艺术、文人士大夫艺术和宗教艺术而言的；在现代，则是指艺术的倾向和风貌，并区别于专业艺术家的艺术"。[①] 所谓民间艺术，是指一定社会中的平凡人运用特定媒体，遵循自适的可能性精神，创造极具有地域文化风俗性的艺术形态。[②] 民艺学家张道一先生

---

① 张道一：《美术长短录》，山东美术出版社1992年版，第292－293页。
② 梁玖：《什么是民间艺术》，《中华手工》2004年第1期。

指出："'民间艺术'一词可统指民间的美术、音乐、舞蹈、戏曲、杂耍等，也可专指美术。"①这里所论及的民间艺术是从广义上来理解的。民间艺术的内容与形式，大多受民俗活动或民俗心理的制约，民间艺术是民俗观念的主要载体。民间艺术体现了创作者或是实用，或是精神需求，或是价值宣导，或是希望诉求等等现实萌生而想实现的想法内涵。

（1）民间美术

民间美术是相对于宫廷美术、文人士大夫、宗教美术而言的，其创作者为广大民众。民间美术是基于民众的生产生活、衣食住行、人生礼仪、信仰禁忌和艺术生活等自身社会生活需要而创造的，其创作价值取向和创作凝结形态，都受到其所在地域、所属群体的文化精神、主体心理性格、生活需求、风俗习惯和梦想倾向等因素的影响和制约，从而显现出民间艺术的地域性、自适性、俗朴性和层次性的综合性特征。民间美术不仅仅作为一种造型艺术，更是作为一种活态文化的叙事方式，是一种时空一体的文化象征，民间的偶戏、皮影、傩戏、脸谱离开了仪式和演出就成为一种死的躯壳，就没有了鲜活的艺术魅力。作为一种活态文化，民间美术的分类应具有多元立体的分类角度和分类方式。乔晓光将民间美术概括地分为四大类：② ①民间生产、生活类美术，包括民间农具、民间劳动工具、民间农作物原始（木、石、铁）加工器具、民间竹（草）编、竹器、民间家具、民间漆器、民间陶瓷、民间灯具、民间灶台火塘、民间印模（石、泥、木）、民间雕刻、民间印染、民间织锦、民间铜铁器、民间风筝、民间玩具（木、泥、布、竹、纸等）、民间工艺饰物（器）（银、铜、骨等）；②民间节日、礼俗类美术，包括民间木版年画（纸码）、民间剪纸（非纸材类兽皮、鱼皮等）、民间面塑、民间服饰、民间刺绣、民间绘画及书法、民间泥塑、民间纸扎、

---

① 张道一：《美术长短录》，山东美术出版社1992年版，第292页。
② 乔晓光：《作为非物质文化的民间美术分类》，《天津大学学报（社会科学版）》2006年第2期。

民间偶像、民间节日饰物；③民间生存形态空间类美术，包括民居建筑、民间寺庙（山地庙宇景观）、民间村落景观建筑（完整的文化自然村落）、民间信仰祭祀场所（景观）、民间墓地建造（景观）；④民间仪式与表演类美术，包括民间面具（脸谱）、民间皮影、民间社火傩戏、民间偶戏、民间祭祀道具、信仰活动类图符、仪式行为类图符。民间美术的地域性特征尤其明显。西南地区民间美术历史悠久，品种丰富。包括雕刻、织锦、挑花、刺绣、制陶、纺织、印染等多种门类。傣族剪纸、布依族的蜡染、苗族的刺绣、土家族的织锦以及傩戏等都颇负盛名。

（2）民间音乐与舞蹈

民间音乐是由普通民众创作的，口耳相传的艺术形式，它生动形象地反映了他们的生活、感情以及愿望，主要包括民间舞蹈音乐、民间歌曲和民间器乐等。西南地区少数民族能歌善舞，拥有丰富的民间音乐资源。苗族同胞以歌代话，通过对歌进行交流与对话，民间歌曲多种多样，有高亢昂扬、热情奔放的"飞歌"，低回委婉、优美抒情的"游方歌"，旋律起伏不大而庄严的"古歌"、"酒歌"以及粗犷的"大歌"，激越的"龙船歌"等。土家族是一个山地民族，山歌始终伴随着这个民族，所以土家族地区被称为歌的海洋。土家族山歌的内容十分丰富，有对土地的崇拜，如"摆手祭祀歌"；有对祖先的敬畏或对故亲的怀念，如"闹热亡灵过今朝"、"五更感恩歌"；有对革命历史的追忆，如"十唱红军在酉阳"、"贺龙来到南腰界"、"点兵歌"等；有劳动的愉悦，如"薅草号子"、"酉水船工拉纤号"、"齐工号子"、"拗岩号子"；有人与人之间风趣的调侃，如"我来唱首扯谎歌"、"豆腐渣出血"；有爱情的欢欣与痛苦，如"妹是后园芭蕉树"、"送郎送到豇豆林"、"万年不许妹丢郎"；有民俗仪式的神奇感受，如"哭嫁歌"、"立房祭鸡歌"、"招魂歌"；有对苦情的宣泄，如"苦媳妇"、"长工歌"，以及天真的儿歌等。《黄扬扁担》、《太阳出来喜洋洋》更是脍炙人口、享誉全国。山歌的吟唱方式十分生动地表达出生命的感受。尤其是一些衬字叹词连用的长句，以通透的符号方式表现了生命的咏叹。① 羌族民歌有很多，主要可分为劳动歌、山歌、祭祀歌、情歌、酒歌、多声部民歌、祭祀庆典歌、请神歌等，是羌族人民生活中不可缺少的一道色彩，蕴含着较高的思想内涵，也反映了羌族人民特有的音乐天赋。以酒歌为例，内容多为颂扬先辈英雄、赞美山川景物、追忆民族历史以及劝酒助兴等，多采用一领众和的方式，以"咆（远客歇息）"、"嗨（美酒为你洗尘）"、"嘞（请舒心畅饮）"、"惹（感谢你光临）"四个单音节词起唱，即兴编创，节奏鲜明，旋律流畅，体现了羌民纯朴善良的品质。

民间舞蹈：

芦笙舞是苗族最有代表性的集体舞蹈，主要有排笙舞和踏笙舞，另外还有动作粗犷的铜鼓舞和木鼓舞，多模仿劳动动作。摆手舞则是土家族最具代表性的集体舞蹈，分为"大摆手"和"小摆手"，"大摆手"规模较大，多是由几个县、乡、寨共同举办，以祭祀为主；"小摆手"规模较小，人数多以村寨为单位，常在一些小庙里的"摆手堂"举行，以模拟农事为主。秀山县的《黄杨扁担》等花灯歌舞流行国内，名扬海外，被誉为"花灯歌舞之乡"。无论是节日庆典、祭祀活动、婚丧嫁娶还是欢庆丰收，羌民都喜欢用歌舞来表达思想感情。一般以脚部、腿部动作为主，动作粗狂豪放、直观、朴实，均是从日常生活中抽取、创造形成的。按照每种舞蹈特定的含义及用途，可分为萨朗（锅庄）、席步蹴、祭祀舞、皮鼓舞、跳盔甲、巴绒舞和哈日舞。其中，尤以萨朗最为常见。总之，这些歌舞记录着西南地区各少数民族同胞的荣辱兴衰、自然风俗和人文风情，蕴含着感怀先祖、尊敬长辈、吃苦耐劳等德育内涵。

民间器乐：

苗族民间乐器有三眼箫、芦笙、口弦、改制口琴、木鼓等，最为突出的是芦笙和莽筒。打击乐器有铜鼓和木鼓，铜鼓平时是娱乐的乐器，

---

① 罗章、张诗亚：《山歌教育与土家族群经验的成长》，《民族教育研究》2006 年第 6 期。

过去是战时出征的号角；木鼓则是苗族祭祖和平时娱乐不可缺少的道具。在"长角苗"的传说中，也有关于乐器与历史迁徙和战争之间关系的描述，他们将战争的胜利归功于木鼓，将战胜自然、猛兽的功绩归功于芦笙、三眼箫等等。这些被赋予历史文化色彩的乐器如同一种精神文化符号，展示着长角苗人不屈的气概和生存的勇气。流行于云南、四川、贵州等省彝族地区的彝族月琴，彝语称"弦子"、"库竹"或"四弦"，是彝族人民常用的弹弦乐器。

（3）民间曲艺与戏曲

民间曲艺是以口语说唱叙述故事，塑造人物，表达思想情感，反映社会生活的艺术种类。这种民间艺术主要以说唱为主要艺术表现手段，把叙述与模拟、叙述与评论结合起来，快速反映民众的生产与生活，表现形式灵活、方便，不受任何时间条件的限制，田间地头、街头巷尾、有台无台都可以演。西南地区民间曲艺内容丰富，形式多样，如说唱形式的四川扬琴、贵州琴书、云南扬琴，相声类的四川相书，快板类的四川金钱板，时调小曲如四川清音、盘子等，西南地区少数民族曲种繁多，如侗族的琵琶歌、嘎锦，苗族的果哈、嘎百福，彝族的阿苏巴底、四弦弹唱、甲苏等，布依族的布依弹唱，哈尼族的哈巴，白族的大本曲，傣族的赞哈、喊半光等。

民间戏曲：

民间戏曲扎根于民众生活，与各地历史、地理、语言、民俗和文化相结合，具有鲜明的民族特点和浓厚的地方传统。西南地区民间戏曲剧种众多，剧目丰富，不同地域、不同民族有不同的剧种，有苗戏、侗戏、秀山花灯戏、云南花灯戏、布依戏、安顺地戏等。如重庆市秀山花灯戏，是一种300多年历史的灯戏，主要流行于秀山土家族苗族自治县。开始只是情节简单的独场小剧，一般三五个角色，后来发展成为包括请灯、跳灯、送灯整套演出形式。演出时要设礼堂，礼敬金花小姐和银花二娘。花灯在群众的意识中，有祛病去灾、求祷吉祥的意思。开张时搭花台，收场时扫花台，仪式俨然，有"不搭花台不唱戏"之说。传统的跳花灯分旦角与丑角。旦角叫"妹子"，丑角名"花子"，而花灯小戏行当有旦、丑、生三种，旦和丑是基本角色。保存下来的传统剧目有《卖花记》、《四季景》、《三娘教子》、《盘花》、《胡四教子》等20多个。情节简单，多反映劳动人民的爱情和劳动生活，诙谐通俗，乡土气息浓厚。①

（五）人才文化

民间文化学者李耀宗认为，"人才"乃文化创造者中的精英，也又是传承、弘扬文化的主力。"人才"这一社会层面，属于原生型母体文化层。举凡人类最有生命力的优秀文化，说到底，无不由他们而直接生发，或间接衍生。堂堂"文化"类谱上，不能没有他们的重要一席！②

"人才文化"，特指中国少数民族民间文化人所构成的"特殊文化层"。他们是少数民族民间文化唯一全面、综合的活载体。无数民间文化有赖他们口传身授。保护了他们，就等于保护了无数民间文化。较之书面载体广厚的汉族民间文化，少数民族民间的"文化人才"，无论对民间文化的自然繁衍，还是人为保存，都具有极为重要乃至决定性的作用。

"人才文化"中的"文才艺手"，主要是指民众之中擅长民间文艺的卓越奇才。他们是一气能讲出数十、数百篇故事、传说的"故事篓子"，是通晓并传承本民族漫长族谱的"讲古大师"，是传承、发展本民族各种传统乐舞的顶级歌手、乐手、舞手，如藏族的老热巴、哈萨克族的老阿肯、京族的老哈妹、柯尔克孜族的老玛纳斯奇，等等。

"人才文化"中的"能工巧匠"，主要是指民众之中擅长民间工艺的卓尔不群者。他们是刺绣、挑花、剪纸、染织、编织、灯彩、佛画、

---

① 彭振坤、黄柏权主编：《土家族文化资源保护与利用》，社会科学文献出版社2007年版，第165页。

② 李耀宗：《中国少数民族民间文化的界定与分类》，《中南民族大学学报（人文社科版）》2005年第3期。

油塑、雕塑、窑瓷，以及皮革、骨器、木器、银器、铜器、玉器、石器、竹器、漆器等传统工艺的绝世传人。

"人才文化"中的"庙祝神巫"，兼指精通本民族文化的宗教神职人员，以及职业、非职业的巫师、巫婆、方士等类中的资深饱学者。诸如纳西族老东巴，彝族老毕摩，达斡尔等族老萨满，傣族老波占，怒族老达施，仡佬族老博帔，拉祜族老安占，景颇族老斋瓦，基诺族老白腊泡，门巴族、藏族老把莫与老本波，等等。

由于社会历史的巨大变迁，尤其是现代经济的飞速发展，少数民族的传统生活方式受到了极大的冲击。他们的传统民间文化，尤其是民间"人才文化"，早已难以为继。如连续唱了 1320 天，唱出世界上最长史诗之一完整的 23 万行《玛纳斯》的柯尔克孜族歌王居素甫·玛玛依，是唯一在世的最杰出的老玛纳斯奇。举世奉为"纳西族传统文化宝库"的纳西古稀老东巴，现仅有十来人在世，不少民族堪称"绝响"的民间文化遗产，濒临人亡"文"断！

第三章

民族民间文化课程资源的价值诠释

价值是生活的命根，没有价值，我们便不复生活；没有价值，我们便不复意欲和行动，因为它给我们的意志和行动提供方向。

——李凯尔特

尽管每个民族的文化在形式和内容上千差万别，但都维系着一个共同的功能：那就是传递着本民族的古老文化和塑造着一代新人。[①] 文化与教育的关系应该是"相伴而生，相随而长，互为前提，互为砥砺。文化给教育以社会价值和存在意义，教育给文化以生存依据和生机活力，二者缺一不可"[②]。一旦文化与教育背道而驰，民族民间文化也将面临解体的危机。我国具有悠久而丰富的文化，各民族人民在实践中积累的生产生活经验以及创造出的文学、音乐、美术、舞蹈、游戏、体育、民俗等民族民间文化丰富多彩，这些民族民间文化蕴含着巨大的智育、德育、美育、体育价值。

一、民族民间文化与人的智力发展

人的智力通常包含理解、记忆、推理、判断、计划、思维等一般性能力。[③] 诸多的实践已经证明，人与人之间在智力分数上不存在显著差异，但处于不同文化背景的人在智力组成结构、智力表现等特征方面却

---

① 王军、董艳：《民族文化传承与教育》，中央民族大学出版社 2007 年版，第 3 页。
② 郑金洲：《教育文化学》，人民教育出版社 2000 年版，第 1 页。
③ ［美］理查德·格里格、菲利普·津巴多：《心理与生活》，王垒、王甦译，人民邮电出版社 2003 年版，第 264 页。

差异明显。

（一）感知与记忆能力的发展

感知能力被认为是智力的源泉。人的感知能力不是与生俱来的，是由后天生活环境和社会实践中的文化熏陶而逐步形成的。在民族民间文化传承的过程中，个体能够通过不断学习、不断实践使感知能力得到训练和发展。心理学家鲁道夫·阿恩海姆（Rudolf Arnheim）说："艺术是增加感知能力的最强有力的手段，没有这种感知力，任何一个研究领域的创造性思维都不可能。"[①] 刺绣作为民间的传统技艺已经具有悠久的历史，以其绣工精细、布局匀称闻名遐迩。以苗族刺绣为例，首要在于构图，构图的形式和图案的选择都需要具有高度的观察力与想象力，内容的取材一般都源于以往所感知的图案以及对现实生活材料的加工。在传统的苗族社会，妇女大都不识字，但在构图时却能够信手拈来，形象栩栩如生、异彩纷呈。另外，刺绣图案的上下左右都不允许有不协调、不对称的空当，一针一线都需要精确的位置，在正式刺绣之前必须将构图、用色、绣技一概考虑成熟才能动手。所以一幅精美的刺绣体现了对人的观察力与记忆力的高度要求，由此可见，经常性的训练不仅有助于提高对细节的观察与感知，更有助于提升对生活的深度领悟与认识。又例如，在中国民间盛行的秋千运动，这一活动不仅要求腰部、背部、腹部等部位的力量协调能力，以及对抓绳、摇摆、腾空等感知经验，还需要结合注意力、果断、随机应变等思维品质，才能顺利完成。所以，通过秋千练习，可以不断发展人的各种感知觉，同时对记忆、思维、想象等认知过程有促进作用。可以说，一个成功的秋千手，必须集空间感知能力、动作协调能力以及敏锐的观察力于一身。朝鲜族民间游戏之一玩花图，在玩这一游戏的时候，往往需要"眼观六路耳听八方"，既要看牌吃牌记牌，还要分析整个牌局，运用视觉、听觉等多种感官获取信

---

① ［美］鲁道夫·阿恩海姆：《视觉思维》，滕守尧译，四川人民出版社 1998 年版，第 4 页。

息，同时进行积极的思考和正确的判断，这样才能将损失降低到最小。这种游戏不仅有助于提高对细节的观察与感知，更有助于对记忆能力和思维能力的发展。

（二）思维与想象能力的发展

人的思维能力是智力的核心。人的感知觉、注意力、想象力都是紧紧围绕着思维活动而进行的。土家族裤裆棋、牛眼睛棋等活动都属于智力游戏，是人类智能活动的发展和表现。这些传统游戏活动主要通过敏捷、机智的思考能力的较量来获得愉悦与快乐，在一定程度上可以培养人的判断力和逻辑思维能力。例如裤裆棋比赛一般采用三局二胜制，如果路线走得正确，走子即无止境，如果一子走错，全盘皆输。可以通过此棋训练人的逻辑思维和随机应变的能力。另外，传统的民间游戏离不开想象，想象可以使游戏进行得更具声色、趣味十足。土家族有一项名为"打野猫"的游戏，分别给五个手指命名：大拇指叫"土地佬"，食指叫"然人"（公鸡），中指叫"干拍"（光棍），无名指叫"坐苦"（野猫），小指叫"贴拍"（虫虫）。这五指关系是：土地拄光棍、管理野猫、杀公鸡，光棍打鸡、打野猫，野猫咬鸡，鸡啄虫虫，虫虫蛀土地蛀光棍。因野猫常咬农家鸡，农民最恨它，所以由此得名："打野猫"。通过想象人们可以随意地将现实生活加以改造，使游戏内容既贴近生活又充满童趣。朝鲜族民间流行的象棋、花图、掷栖等活动都属于智力游戏，是人类智能活动的发展和表现。这些传统游戏活动主要通过敏捷、机智的思考能力的较量来获得愉悦与快乐，在一定程度上可以培养人的判断力和逻辑思维能力。另外，朝鲜族舞蹈作为朝鲜族文化一种特色的艺术表现形式，凝聚了劳动人民丰富的想象力与创造力。民俗舞以其即兴动作、自娱效能一直流传至今。民俗舞的动作都是自由自在的，随着音乐的响起，可以自由地想象、随意地发挥，男女老少都可以表演。人们可以通过想象随意地变换动作，使舞蹈更加流畅自然。

二、民族民间文化与人的非智力发展

苗族的刺绣工艺、土家族的民歌、羌族的碉楼和庄房、纳西族的图腾文化……这些民族文化中无不凝聚着各族人民丰富的想象力与创造力，以及人类对于美好生活的热情与向往。由此可见，各民族的生存与发展本身就是智力因素与非智力因素不断协调发展的过程。

（一）动机的形成

由于每个民族在社会历史发展过程中经历不尽相同，形成了其独特的需要与认知模式。如碉楼就是羌族的一种独特的建筑形式，顾炎武《天下郡国利病书》中有对碉楼的描述："威、茂，古冉駹地，垒石为碉以居，如浮屠（佛塔）数重，门内以辑木上下，货藏于上，人居于中，畜圈于下，高至两三丈者谓之鸡笼，十余丈者谓之碉。"碉楼作为一种极特殊的空间形态，因受到自然条件和环境以及生存方式等因素的影响而形成，反映了羌族人适应环境与谋求生存的动机。再如苗族刺绣工艺的传承动机是为了使女儿能够得到一个好的归宿，在这种动机的推动下，成人会想方设法地对女孩进行女红技艺的培训，使其掌握娴熟的技能，达到可以独立作业的程度。

（二）兴趣的培养

兴趣是认识和从事活动的巨大动力，是推动人们去寻找知识和从事活动的心理因素。它在人的学习、工作和一切活动中起着动力作用。[1]土家族的摆手舞以歌舞的形式将生产过程完美再现，使人身临其境，其中有"撒种"、"插秧"、"割谷"等生产生活的动作，也有"拖野鸡尾巴"、"跳蛤蟆"等狩猎的动作，使人们能够将繁重的农业生产活动以一种轻松愉快的方式表现出来，不仅有娱乐的功效，更能够激发人们对农业生产活动的兴趣。再如苗族的古歌（《苗族古歌（三）·在中球水

---

① 叶奕乾：《普通心理学》，华东师范大学出版社 2000 年版，第 475 页。

乡》）中唱道："佗雄的人来到宽原阔野，佗雄由来开垦、开地"，"立屋兴用茅盖，起屋用树做顶，用锅来弄菜，用鼎来煮饭，用皮带装水，土洞装米，用牛耕田"，"开荒要留沟，留沟让水流，把水引到田里，好在田里养鱼"，人们将日常的生产生活技能编入歌曲当中传授给子孙后代，使人们能在欢快的歌声中了解到一些农业生产知识，同时从歌声中也能感受到人们对美好生活的无限憧憬，有助于激发人们生产的兴趣与劳动的热情。

（三）情感的表达

一个民族的喜怒哀乐等情感的变化，影响着民族个性的塑造与发展，反映了该民族的社会认知、价值取向、行为方式等方面。音乐是表达内心感受最直接的一种形式。纳西族传统民歌中的情歌便是纳西族青年向意中人示爱，传情达意的一种艺术形式，而对歌中的"窝热热"表达的则是对死者的哀思。各民族的传统节日也是情感表达的一种形式，各种各样的庆祝活动为民族成员提供了相互交流的机会，有利于增进友谊，增强民族认同感与归属感。如羌族的羌历年，是粮食归仓后祭祀祖先和神灵，向神灵还旧愿、许新愿的日子。全寨人要喝顺洒、吃团圆饭、跳萨朗。"二八"节是纳西族最隆重的传统节日，年轻小伙可以趁此节日的机会向姑娘表达心意，平时有矛盾的人通过对歌向对方道歉。土家族的"打春节"在每年立春举行，人们通过节日活动，期望能够消灾除邪、风调雨顺、五谷丰登。这些活动不仅反映了不同民族独特的风俗习惯和文化特征，也反映了不同民族对于这些节日的特殊情感，是各民族的精神痕迹，更是其情感聚焦之所在。

（四）意志的锻炼

文化熏陶以及生存环境是民族意志形成的根源。意志力并非与生俱来的特性，而是可以通过培养而发展的品质。苗族妇女心灵手巧，她们手中做出的刺绣、挑绣、织锦和银饰等工艺，古朴典雅、绚丽多姿，但是这些技能光凭心灵手巧还远远不够，还要有刻苦钻研的劲头和持之以恒的毅力，要从实践中体验要领、反复操作。比如要完成一整套苗服上的绣片往往需要数月甚至数年，常人看来枯燥乏味的工作，苗族妇女姑娘们却能够乐此不疲，因为她们从小就耳濡目染地进行这样的训练，已经具有了高度的自觉性和意志力。良好的意志品质是民族文化传承中十分重要的个性品质，在接纳与认同文化的过程中更需要冷静的思考和坚强的意志力。

（五）性格的塑造

民族性格是一个民族的群体人格，是一个民族在共同的文化背景和特定的社会历史条件下形成的对现实的、稳定的、共同的态度和习惯化了的行为方式。[①]

羌族地区山高坡陡，沟深谷狭，交通不便。有民谣唱到："上山如上天，下山脚杆软。两面唱得应，走路要半天。"在这种恶劣的生存环境中，羌族人民形成了勤劳、智慧、勇敢的性格，创造了栈道、溜索、索桥等交通设施，克服天险，堪称奇迹。再如在节日庆典活动和宗教祭祀活动中羌族人都会跳起"莫恩纳莎（羊皮鼓舞）"，此舞稳健优美、粗犷热烈，极具感召力和鼓舞性，真实地再现了远古时代羌族人民同大自然做斗争的悲壮场面，完美展现了羌族男子勇敢强悍的性格。

三、民族民间文化与知识、技能的获得

知识作为文化的一部分在民族文化传承的过程中延续下来，不论是科学知识、人文知识、生活知识和生产技能都是民族文化传承的产物，同时这些知识也在民族文化传承中得到继承与发展。

（一）科学知识

纳西族的经典《祭星》、《星占》等著作中很早就出现了关于日月星辰的运行规律、季节判断的标准等内容。纳西人称北极星为"星

---

① 王军、董艳：《民族文化传承与教育》，中央民族大学出版社 2007 年版，第 45 页。

王"，将其作为测定方位和设置祭坛位置的主要依据。而彗星、五大行星、二十八宿以及月亮、太阳的运行情况，在不少东巴经籍中也都有记载。纳西人还将一年分为春夏秋冬四季，每季 3 个月共 12 个月；月大30 天，月小 29 天，一天 12 个时段，即"鸡鸣为虎时，天明为兔时，日出为龙时，早餐毕为蛇时，日当午为马时，午饭后小憩时为羊时，日落前为猴时，日落时分为鸡时，天黑后为狗时，结束一天劳作上床睡觉时为猪时，子夜时分为鼠时，深更半夜则为牛时"①。纳西族人民将这些在生活经验基础上总结的天文知识一代代相传，并与生产劳动和生活习俗相结合，起到了科学启蒙的作用。

（二）人文知识

各民族在发展中都形成了自己独特的人文知识，相对于科学知识而言，人文知识的领域非常广泛，包括哲学、历史、文学、艺术等一系列的人文学科，人文知识重在"教人求善、学做真人"。

民族民间文化是一个族群共同创造的，并在该族群内部世代流传的文化，它反映了民族群体的集体生活，是人类文化活动的结晶，具有丰富的历史传承价值。尤其是民族民间文化遗产多以口头、活态的形式世代传承，弥补了文字资料的不足，使人们更真实、更全面、更贴切地了解和认识已经逝去的历史文化。多数少数民族没有自己的古文字，民族民间文化的信息靠口头文学和约定俗成的形象化符号来传递。其中一定数量的形象化符号又往往是通过刺绣、剪纸花样等民间图案为介质来传递的。例如，苗族是最擅长用古歌和古老的图画来讲述历史的。苗族剪纸中有大量反映苗族神话传说的内容，堪称《苗族古歌》的形象读本②。其中《姜央造人》、《姜央兄妹合磨成亲》、《兄妹赛马》等系列剪纸讲述的是苗族洪水神话故事。传说远古时候，恶神雷公放洪水淹没天下，想要毁灭人类。苗族的始祖神姜央坐在葫芦里幸免于难。洪水过

---

① 参见和少英：《纳西族文化史》，云南民族出版社 2001 年版，第 204 页。

② 钟涛：《苗族民间剪纸》，贵州美术出版社 1987 年版。

后，姜央用泥捏人，重造人类。可是新捏出来的人不会讲话，他便派鬼去问天神。天神授意他砍竹子来烧，待竹子爆出声音来人就会讲话了。姜央如法去做，人果然开口说话。《姜央造人》剪纸就表现了以上的内容，左上角是天神，靠天神的一只葫芦里是躲过洪水之灾的姜央；天神的右下侧，生着鸟嘴，头戴冠胜的怪人即问天的鬼。左下角捏泥人的，便是苗族造人的始祖姜央。将这些神、鬼、人连接起来的是生生不息、牵枝引蔓、开花结果的葫芦，周围还点缀以泥团和逐渐做成的小泥人。画面以生动的手法，把不同时空的物象摆放在一幅构图中，表现了民间美术造型中别具一格的超时空构图法。①

各民族的神话、传说、歌谣等构成了少数民族宝贵的民间文库。纳西族的《创世纪》、苗族的《苗族史诗》等作品以神话的形式讲述了原始人对于宇宙形成、人类起源、万物生成等的认识与理解。《羌戈大战》则以白描的手法再现了羌族先民迁至岷江上游定居的艰苦历程和英勇奋战的历史事实。土家族民谣《撒尔嗬》的歌词内容也十分丰富，包括追悼死者生平故事、叙事长诗、风俗民情、解字猜谜、民间传说等。

一些文学作品中还蕴含着丰富的哲学思想，在纳西族的《东巴经》中记述万物的本源是声音和气息，因其结合发生变化形成了白蛋，白蛋又变化出现了精威五样，及木火水土铁，而后变为五彩风，五彩风变为五个彩蛋，随后出现了万物。② 这种朴素的唯物主义宇宙观指引着纳西人对于宇宙、社会、自然等的看法。

各种艺术形式中也渗透着丰富的人文知识。《哭嫁歌》是土家族特有的婚俗民歌，姑娘出嫁时要用歌声来报答父母的养育之恩和对父母的难舍难分之情，作为婚礼程序中一个不可缺少的仪式代代相传。《哭嫁歌》浅显易懂，韵律优美，节奏自由，朗朗上口，向世人展现了土家族独特的民风民俗和人文地理。"哭嫁歌"经过历代传承，不断更新，已

---

① 何红一：《中国南方民间剪纸与民间文化》，《民间文化论坛》2004 年第 3 期。
② 参见《中国少数民族古代美学思想初编》，四川民族出版社 1989 年版。

成为了一种独特的艺术形式。

（三）生活知识与生产技能

生活知识和生产技能是人类生存发展的基础，它是人类数千年文化传承的产物，并在此基础上创造出了辉煌的人类文明。生活知识存在于衣、食、住、行等活动的各个方面，而生产技能则作为谋生的手段，关系着人类的繁衍生息。人类社会正是在生活知识不断积累和生产技能不断提高的基础上发展的。羌族人的一些生存技能就是从民俗活动中获得的，比如"释比"① 作法事时演唱的经文《日不舍格》中，就会向羌人传授如何修房造屋的技能。这种由长辈言传身教来教育和培养羌族民众劳动技能的方式，在羌族社会中代代相传，甚为广泛。纳西族《欢乐调·猎歌》中有一段精彩的描述：猎狗耳朵尖，猎狗鼻子尖，边嗅边寻找，鹿迹找到了；汪汪叫三声，叭叭抓三下，猎狗望主人，听着吹口哨；口哨尖又响，猎狗纵向前，穿林跨山涧，如像箭离弦。后来，猎狗与马鹿失踪，经过多方面曲折，才找到了猎狗，捕获了马鹿。② 纳西族猎人对猎狗叫声的"理解"、用口哨对猎狗进行的"指挥"，这些捕猎的本领都是其上一代对其教化的结果。另外，许多山区的纳西族人还创造了飞石索、地弩、套子、扣子、压码、木矛及陷阱等工具用于捕猎。无论是工具的制造，还是对各种野兽特征、习性和活动规律的把握，无不弥漫着有关生存与适应的文化传承与"随境式教育"。③

---

① "释比"是羌语，即羌族巫师，汉语方言叫做端公，是不脱离农业生产的宗教执行者。仅限男性担当，一般是师徒相承的，在羌族中起着精神领袖的作用。

② 郭大烈：《纳西族民间文学》载《中国民族民间文学》下册，中央民族学院出版社 1987 年版，第 514 页。

③ 随境式教育，是指教育活动是随人们从事的具体活动（生产、生活、庆典等）自然而然展开的。详见张诗亚：《西南民族教育文化溯源》，上海教育出版社 1994 年版，第 18 - 19 页。

四、民族民间文化中蕴含的德育价值

文化类型的形成与其特定的地域环境与社会历史条件密切相关。中国处于一种半封闭状态的大陆性地域，长期以封建的小农经济为主，宗法结构在中国漫长的历史中成为维系社会秩序的重要纽带。半封闭的大陆性地域、农业经济格局、宗法与专制的社会组织结构，相互影响和制约，形成了一个稳定的生存系统，与之相适应，孕育了伦理型的中国文化，表现为孝亲敬祖，修己立德。这种以"孝"为核心的重德性修养的伦理道德特点，在观念意识形态、社会心理及人们的行为规范等方面，打下了深刻的烙印。"夫孝，始于事亲，中于事君，终于立身。"（《孝经·开宗明义》）为此，斯宾格勒（Oswald Spengler）把道德灵魂当作了中国文化的基本符号。作为中国传统文化组成部分之一的民间文化，也体现出鲜明的德性文化特点。

钟敬文指出：民俗文化，是社会生活中普遍存在，而又比较潜隐不露的一种社会文化规范。[1] 文化以一种"舆论制裁"、"诗的裁判"等方式对一定社会（或社会中的某集团）成员的行为和有关心态实现规约。民俗文化，在一定的有关范围内，也尽着规范集体成员的作用。不仅民俗的意识形态方面的文化，例如文学、艺术、俗信等，在有形无形中尽着劝善诋恶的职能，就是许多社会组织以及物质生产习俗，也不同程度地起着规范人们的行为和心态的作用。[2] （加内容或例证）不仅如此，民族民间文化对民族具有极强的凝聚功能。像鱼儿生活在水里一样，经营着社会生活的人们，无时无刻不泡在广泛的各类民俗文化之中。他们从日常必需的衣食、住、行，从他们置身其中的家庭、村镇、城市和有关的各种团体、机构，从他们所参与和接触的信仰、说唱活动到日常会话，无不存在着民俗文化。……这种近乎神秘的民俗文化凝聚力，不但

---

① 钟敬文：《民俗文化学：梗概与兴起》，中华书局 1996 年版，第 53 页。
② 钟敬文：《民俗文化学：梗概与兴起》，中华书局 1996 年版，第 53 页。

要使朝夕生活、呼吸在一起的成员，被那无形的仙绳捆束在一起，把现在活着的人跟已经逝去的祖宗、前辈连结在一起；而且它还把那些分散在世界五大洲的华侨、华裔的人们团结在一起。①

在历史悠久的民族文化中隐含着大量不可忽视的伦理道德资源，这些资源贴近生活，生动形象，在传承的过程中不自觉地承担着引导、规范和约束本族人行为活动的作用，同时对于本民族性格的塑造、民族精神的培养、价值观与人生观的形成也具有深远的价值与意义。

羌族歌谣作为羌族民族文化的重要组成部分，反映了羌族人民的道德标准。《不愿嫁给切切子》唱道："愿背水来愿砍柴，不愿嫁给切切子。"展现了羌族姑娘择偶的标准，宁可嫁给穷人吃苦劳累也不愿和爱打人的二流子结婚，表现出了羌族人民对于真、善、美的大胆追求和对幸福生活的渴望。《泽奇格布》②则唱出了羌族人民热爱和平、反对战争的心声，以歌谣的形式对发动战争的头领泽奇格布进行了有力的劝说。另外，羌族的民间故事也大都以宣扬诚实、忠厚、勇敢等品质为主题，而对那些自私自利的丑恶行径进行了批判。羌族人以故事的形式教育后代要惩恶扬善、明辨是非，富有深刻的德育意义。土家族人一直以吃苦耐劳、崇尚俭朴的民族性格著称，之所以形成这样的性格从其民间谚语中可见一斑："人勤地出宝，人懒地长草"、"勤人想的抢四季，懒人打的歪主意"、"笑脏，笑破，不笑补"，就是这些朴实无华的言语中却蕴含着教人勤劳节俭的大道理。苗族人崇尚礼仪，要求族人忠厚诚实、善良淳朴、注重信用、讲究礼貌、待人和气，并认为那些爱搬弄是非、自私自利的人会受到鬼神的惩罚。古歌《古老话》里就讲了两个爱挑拨是非的恶女人如何遭到鬼神惩罚的故事，苗族人会以此作为他们

---

① 钟敬文：《民俗文化学：梗概与兴起》，中华书局1996年版，第54页。
② 《泽奇格布》："泽奇大兴兵，旨在夺汉城。族众齐劝阻，歌谣表民心。泽奇啊泽奇，不可动刀兵。汉地虽然好，征战要伤生。泽奇岂肯听，举兵齐克寨。族众声声劝，歌谣复更新。泽奇啊泽奇，征战不可兴。"

教育子女的素材。另外，纳西族自古就与其他民族保持着友好的往来，纳西民歌《相会在一起》就是一首歌颂纳藏民族团结的歌谣，从歌词中可以深刻地体验到两族间的友好关系。像这样的歌谣还有很多，其内容并没有多少道德说教，却反映了纳西族与他族相互交往、学习以及和睦相处的情境，以事实本身对后代进行着生动的教育。

五、民族民间文化中的美育功能

从民歌到舞蹈、从图腾到祭祀、从建筑到服饰……无不体现着广大民众的审美情趣，在民族发展中这些民族文化瑰宝发挥着重要的美育功能。美育的功能十分广泛，不仅能够促进个体感性生命的成长，促进人际关系的审美化，更能促进审美文化的发展与渗透，可以说影响到生活的各个层面。

审美的最高理想是人与自然的和谐。阿奇·卡尔曾指出："崇敬原始风景，是人性的一个方面。"[1] 一些少数民族至今保存有自己的图腾文化，这些图腾形象大都源自于与他们日常生活息息相关的动植物，例如苗族有枫树图腾、鱼图腾、龙图腾；纳西族有羊图腾、虎图腾、牦牛图腾；羌族人更是以羊为美，信奉羊图腾……这些意蕴深刻的图腾文化反映着民众对生命的礼赞、对人与自然和谐相处的讴歌，同时也是民族精神的积淀和显现，具有深刻的文化审美理念。崇高虽然是西方美学的核心概念，但在我国的少数民族文化中早有体现。《碗西》中写道："分天天连天，分山山连山。高山连高山，大山连大山。大山连小山。"这部经典充分表现了羌人对天、山的崇拜意识，在这种意识背景下人是卑微的。他们通过祭祀活动把天和山的客体形象观照于自己的意念和情感中，便由然生成一种有如山、天般宏大崇高的内心感受和情感体验，由此产生了羌族人特有的崇高美形态。崇高美可以使心灵得到激励、精

---

① 转引自［美］艾伦菲尔德：《人道主义的僭妄》，国际文化出版公司 1988 年版，第 174 页。

神得到振奋，崇高美"提高了我们的精神力量越过平常的尺度"①，与一切低级、庸俗的趣味告别，使生活的目标更高尚、更富有意义。

六、民族民间文化中的体育功能

体育不仅有益于身体的健康生长，还对智育、德育、美育等的发展起到促进作用。毛泽东讲："体者，载知识之车而寓道德之舍也。""体育于吾人实占第一之位置。体强壮而后学问道德之进修勇而收效远。"②健全的体魄是一切生活生产、智力、道德活动的根基。民族地区流传的许多传统体育项目以及比赛活动是发展民族体育的重要途径。例如纳西族的"打跳"作为一项将体育与舞蹈相融合的传统体育活动，深受各年龄阶段民众的喜爱。"打跳"动作简单，节奏感强。在跳时不仅需要眼、耳等的基本感知觉，还需要协调上下肢的平衡与音乐节奏的配合。"打跳"已成为民众娱乐、健身、消遣、社交等的重要载体。另外还有流传久远的羌族的"推竿"，土家族的"摇旱船"，苗族的舞狮子、舞龙灯、赛龙舟……这些形式多样的传统体育活动，既源于生产劳作和日常生活中的创造，又源于战争和宗教祭祀仪式中的发展，可以说集"竞技性"、"娱乐性"和"宗教性"于一体，具有强身健体、增进民族向心力、传承民族传统文化观念等多方面的功能。

在漫长的历史长河中，人类用勤劳和智慧创造了璀璨的民族文化。民族文化作为人类文化的瑰宝，现今却在全球化与现代化冲击下，面临着严峻的危机与困境，正确对待民族文化传承显得尤为重要。可以说，文化选择与文化传承关乎着一个民族的生死存亡。对民族文化传承的价值与功能的理性认识是民族文化传承的基本出发点。民族文化传承具有强大的功能，包括对人智力与非智力的影响、知识与技能的获得、伦理

---

① ［德］康德：《判断力批判》，宗白华、卓伟民译，商务印书馆1964年版，第101页。

② 《体育之研究》，《新青年》1917年第4期。

道德的教化、审美意识的培养、强健体魄的训练……这些对人的影响几乎都是终生的。任何一种民族文化中都蕴藏着该民族在长期的生活生产活动中所积累的宝贵经验以及无数先人的智慧，它是民族发展的宝贵财富与不竭动力，是能够使本民族屹立于世界民族之林的独特标志。既然民族文化蕴含着丰富的教育价值和教育主题，理应作为一种重要的课程资源纳入学校课程中。那么，西南地区民族文化课程资源开发利用的现状怎样呢？

第四章

民族民间文化课程资源开发的现实透视

人类用认识的活动去了解事物，用实践的活动去改变事物；用前者去掌握宇宙，用后者去创造宇宙。

—— 克罗齐

民族民间文化是民族这一主体在长期的发展过程中创造、积淀并传承下来的具有民族特色、独特价值与内涵的精神财富。生活于其中的每一个体总是与本民族文化有着不可避免的内在联系，文化的认同是整个民族认同的核心。这种文化认同的形成取决于对本民族文化的认识与理解，而这很大程度上有赖于学校课程的作用。传承本民族文化当是学校课程的应然之意，尤其是地方课程的重要内容。然而，地方课程开发的成效取决于地方课程资源的丰富。因此，在多元文化背景下开发民族民间文化课程资源十分必要，但是否可行，目前西南地区民族民间文化课程资源开发的现状怎样，其中存在哪些问题？为此，我们深入云南、贵州、四川、重庆等地进行田野考察，走访了贵州省黔东南苗族侗族自治州、四川省北川羌族自治县、重庆市黔江区及石柱土家族自治县等地的中小学、教育行政部门及相关行政部门。

一、民间文化课程资源开发的现状扫描

（一）民族民间文化课程资源开发的政策规定

政府拥有权威和公共资源，政府文化政策的制定和实施直接影响民间文化传承的推进。为此，国际组织及世界各国在传承民间文化的政策方面做了很多工作，制定了一系列的政策法规。正如前述，民间文化与非物质文化遗产具有密切关联，随着当今对保护与传承非物质文化遗产的重视，因此，当今制定的有关非物质文化遗产传承的政策均适用于民间文化传承。早在 1972 年，联合国教科文组织颁布了《保护世界文化和自然遗产公约》，强调民间文化的重要性；1989 年联合国教科文组织颁布《保护民间创作建议案》，2001 年联合国教科文组织启动"口头和非物质文化遗代表作"项目；同年，又颁布了《世界文化多样性宣言》，呼吁世界各种重视和保护文化的多样性。2003 年，联合国教科文组织颁布了《保护非物质文遗产公约》，其中在"保护措施"条款中对"传承"做出了"特别是通过正规和非正规教育"的说明，这意味着"教育"成为传承机制的重要措施。并且第 14 条指出，各缔约国应竭力采取种种必要的手段，以便使非物质文化遗产在社会中得到确认、尊重和弘扬，主要通过：第一，向公众，尤其是向青年宣传和传播信息的教育计划；第二，有关群体和团体的具体的教育和培训计划；第三，保护非物质文化遗产，尤其是管理和科研方面的能力培养活动。这一文件的出台在世界范围内引起了各国对非物质文化遗产保护的关注，它也成为世界各国保护非物质文化遗产行动的纲领性文件。

我国在保护与传承民间文化尤其是非物质文化遗产方面起步稍晚。2004 年，全国人大通过了《全国人大常委会关于批准（保护非物质文化遗产公约）的决定》，成为公约的缔约国之一。国务院办公厅《关于加强我国非物质文化遗产保护工作的意见》中关于"逐步形成有中国特色的非物质文化遗产保护制度"的条款，特别强调要建立科学有效的非物质文化遗产传承机制。对列入各级名录的非物质文化遗产代表作，可采取命名、授予称号、表彰奖励、资助扶持等方式，鼓励代表作传承人（团体）进行传习活动。通过社会教育和学校教育，使非物质文化遗产代表作的传承后继有人。联合国《保护非物质文化遗产公约》的"保护措施"条款中对"传承"加上"特别是通过正规和非正规教育"

的说明，意味着"教育"是"传承机制"的重要手段。① 2005 年 3 月国务院出台的《国务院办公厅关于加强我国非物质文化遗产保护工作的意见》中明确了"保护为主、抢救第一、合理利用、传承发展"的工作方针，明确提出："要积极开展对非物质文化遗产的传播和展示。"在该意见中进一步指出：要充分发挥非物质文化遗产对广大未成年人进行传统文化教育和爱国教育的重要作用；教育部门和各级各类学校要逐步将优秀的、体现民族精神和民间特色的非物质文化遗产内容编入有关教材，开展教学活动。其附件《国家级非物质文化遗产申报评定暂行办法》第七条也提到，传承：通过社会教育和学校教育等途径，使该项非物质文化遗产的传承后继有人，能够持续作为活的文化传统在相关社区尤其是青少年当中得到继承和发扬。2005 年国务院办公厅颁布的《国务院关于加强文化遗产保护的通知》明确规定，教育部门要将优秀文化遗产内容和文化遗产保护知识纳入教学计划，编入教材，组织参观学习活动，激发青少年热爱祖国优秀传统文化的热情。2006 年 10 月文化部发布的《国家级非物质文化遗产保护与管理暂行办法》中第十七条规定，县级以上人民政府文化行政部门应当鼓励、支持通过节日活动、展览、培训、教育、大众传媒等手段，宣传、普及国家级非物质文化遗产知识，促进其传承和社会共享。此外，2011 年 2 月第十一届全国人民代表大会常务委员会通过了《中华人民共和国非物质文化遗产法》，这一法律的出台为非物质文遗产的保护提供了有力的立法保障。其中第四章"非物质文化遗产的传承与传播"中第三十四条规定：学校应当按照国务院教育主管部门的规定，开展相关的非物质文化遗产教育。

依据国家政策规定，各地方政府纷纷制定相关的地方政策。早在2000 年云南省就出台了《云南省民族民间传统文化保护条例》，明确指出民族事务、教育、旅游、规划、建设、新闻及其他有关部门应当在各

---

① 邹启山：《联合国教科文组织人类口头和非物质遗产代表作申报指南》，文化艺术出版社 2005 年版，第 41、195 页。

自的职责范围内，协助文化行政部门共同做好民族民间传统文化保护工作。贵州省是全国第一个将"民族民间文化进校阔"政策写进政府文件的省份。所谓民族民间文化进校园，具体指民族民间文化进校园、进课堂、进教材三方面的内容，也可称为民族文化"三进"传承活动。为了抢救、保护和弘扬民族民间文化，2002年7月30日贵州省第九届人民代表大会委员会颁布了《贵州州省民族民间文化保护条例》，确定了贵州省需要保护民族民间文化，并在《条例》中规定省教育、民族事务部门和各级各类学校在保护民族民间文化方面的任务。为配合这一条例的施行，2002年10月，贵州省教育厅、贵州省民族宗教事务委员会联合颁发了《关于在我省各级各类学校开展民族民间文化教育的实施意见》（黔教发〔2002〕16号），阐明了继承、传承和发展少数民族优秀传统文化的重要价值，并就基础教育阶段在民族民间文化传承与发展做出了具体规定。首先是提倡民族文化进课堂。要求在"普通中小学，特别是民族地区中小学应当将优秀的民族民间文化作为素质教育的内容。将当地各族人民喜闻乐见的民族民间音乐、绘画、舞蹈、体育、文学、传统手工艺制作等引进教学活动中。""民族民间文化教育形式应灵活多样。可通过地方课程和学校课程开设专门课程，也可以在相关课程中有计划地安排教学内容，并结合课外活动、兴趣小组、劳动技术教育、综合实践活动等进行。"① 继之，该省先后颁发了诸多政策文件，以确保民族民间文化进校园活动的顺利开发。2006年《省教育厅关于印发〈贵州省"十一五"教育事业发展规划〉的通知》（黔教计发〔2006〕362号），要求在民族地区中小学普遍开展民族民间文化进校园活动。为推进民族民间文化进校园活动的开展，2007年11月21日由贵州省教育厅、省民委联合颁发了《关于在全省各级各类学校开展民族民间文化教育项目学校评选活动的通知》（黔教民发〔2007〕148号），

---

① 贵州省教育厅、贵州省民族宗教事务委员会：《关于在我省各级各类学校开展民族民间文化教育的实施意见》（黔教发〔2002〕）。

确立了项目学建设的形式，落实民族民间文化进校园的政策，并规定每两年举行一次省级民族民间文化项目学校评选，分期分批使这一政策逐步在全省普遍施行。依据省政府和省教育厅的要求，各级地方政府及教育行政部门也就此颁布了一些政策条例。如黔东南州的雷山县为确保民间民族文化教育工作取得实效，县里出台《民族民间文化进课堂实施方案》；从江县教育局在 2008 年制定并颁发了《从江县教育局民族民间文化教育进校园实施方案》；安顺市民族中学制定了《安顺市民族中学民族文化进校园工作方案》。

（二）民族民间文化课程资源开发的实践尝试

开发民族民间文化课程资源的主要目的在于挖掘、整理民族民间文化资源，并通过进校园、进课程、进教材等形式，使民族民间文化得以在年轻一代中传承。我国是一个多民族多文化的国家，不仅中华民族在长期的发展中创造并积累了丰富的民间文化，各民族在其自身发展历程中也形成了绚丽多彩的民间文化，这些民族民间文化成为人们取之不尽，用之不竭的宝贵资源。长期以来，我国一些中小学依托本地优势，自发进行了民族民间文化课程资源的开发实践。近年来，随着人们对传统文化传承的重视，西南地区作为多民族多文化的地区，在这方面做出了一些有益的尝试。

1. 为民族民间文化课程资源开发提供行政支持

在西南地区，为确保民族民间文化课程资源开发的有效实施，一些地区注重提供良好的行政支持。如贵州省自 2002 年颁布《关于在我省各级各类学校开展民族民间文化教育的实施意见》之后，为有效执行这一政策，各级政府及学校纷纷成立相应的领导组织。该省黔东南州的台江、黎平、从江等县成立民族民间文化进课堂领导小组，各县教育局、民族局结合本县民族民间文化资源的实际制定相关的工作方案。如2006 年 3 月黎平县委下发了《中共黎平县委、黎平县人民政府关于全面实施民族文化进课堂工作意见》的文件；台江县成立了以分管副县长为组长的"苗族文化进课堂"领导小组，制定"台江县苗族文化进课堂实施方案"；从江县教育局编制了"侗族民间文化进入课堂"的实施方案等。① 各级学校也成立了学校工作领导小组。安顺市民族中学为确保"民族民间文化进校园"工作全面落实并取得实效，学校成立了以校长为组长，四位副校级领导为副组长，所有中层干部为成员的"民族文化进校园"工作领导小组。领导小组制定了《安顺市民族中学民族文化进校园工作方案》。在工作的实施过程中，校长亲自部署，分管领导具体抓，小组成员分工明确，职责分明，措施得力，落实到位，使得此项工作顺利进行。② 重庆市黔江区某小学为充分开发本地民族民间文化资源，2009 年专门成立以一名副校长牵头的领导机构，专门负责相关工作。

2.多途径开发利用民族民间文化课程资源

西南地区少数民族同胞在长期的社会活动中拥有丰富的民族民间文化资源，蕴含着丰富的教育主题和多方面的教育价值。但是，这些现存的资源在没有被选择和经过教育学的加工之前，只是作为一种资源而存在，是外在于课程的。任何种类的资源只有得到教师和学生的重视并被看作资源为师生所用时，才能在教学中变得有意义。③ 为此，西南地区诸多中小学校通过收集与整理、识别与筛选、挖掘等开发方式，将那些客观存在的民族民间文化资源实现转化，成为学校可资利用课程资源，并以学科课程、兴趣活动等途径进行有效利用。

为传承和发展贵州省丰富多彩的民族民间文化，落实省教厅提出的"民歌民舞进课堂"精神，贵州省民族地区的部分中小学将当地少数民

① 龙耀宏：《关于我省民族民间文化进校园（课堂）情况的调查报告》，http://www.gzfwz.com/Article/ShowArticle.asp?ArticleID=70.
② 《贵州省民族文化进校园经验交流材料——以民族文化为突破口，全面推进素质教育》，安顺市民族中学供稿，2007 年 5 月 18 日。
③ ［美］科恩等：《资源、教学与研究》，《华东师范大学学报（教育科学版）》2001 年第 4 期。

族喜闻乐见的民族民间文化引入课堂，它们在这方面做出了有益尝试。在贵州省黔东南苗族侗族自治州许多县都开展了民族文化进课堂的活动。与雷山县相邻的台江县苗族人口占全县人口的97％，因此被称为"天下苗族第一县"。千百年来，台江苗族人民创造了灿烂辉煌的民族民间文化，但随着台江的日益开放，传统的民族民间文化开始渐渐从老百姓的生活中淡出。许多从小生活在县城，土生土长的台江苗族子女，只能听懂几句简单的苗话，更不用说唱苗歌了。年长的祖父辈们常常发出感叹："现今的年轻人骨子里苗族的精髓越来越少了！"台江县委书记意识到："这样下去，我们的民族、我们的文化在世人面前将会仅仅剩下一个符号，几千年文化积淀所赋予的那种绚丽夺目的生命之美将会日渐枯竭。"在一次会议上提出要在中小学音、美、体课堂增设苗族文化内容，并将其作为台江县发展民族特色旅游业、全面实施素质教育的一个重要工作来抓。到2004年年初，全县85所中小学都已将苗族民间文化请进了课堂，此举也赢得了广大师生、家长和社会各界的欢迎和好评。在台江县中小学的音乐课堂里，孩子们唱着高亢婉转的苗族飞歌走进古老悠远、神奇动人的苗族传说中。孩子们沉醉在蝴蝶妈妈、美丽的仰阿莎、苗族英雄张秀眉等等故事中的同时，对苗族的历史、风俗和苗族人民敢于挑战的精神都有了一定程度的了解。州府所在地凯里市的一些学校也在民族民间文化传承方面做出尝试。如凯里市某中学在一些学科课程中渗透民族民间文化教育内容，该校教师在音乐课中自行开发颇具民族特色的歌曲让学生欣赏与学习，组织合唱团排练苗族民歌，通过音乐的形式传承民族文化；另外在美术课中教学生欣赏和了解苗族刺绣，苗族民间传说、历史故事、图腾崇拜等都反映在刺绣、蜡染等民族工艺品之中，通过这些民族工艺品的制作与欣赏，使学生了解民族文化。除此之外，该校还组织学生参与各种民族民间节日庆祝活动，让学生体验节日欢快，展示民族精神风貌，进行民族文化教育。

为把民族民间文化进一步发扬光大，适应旅游开发的需要，贵州省黔东南州的雷山县实施民族民间文化进课堂工程，从 2005 年秋季开始，开发本地民族民间文化资源，在中小学开设民族民间文化课，将苗族人民的民间音乐、绘画、舞蹈、体育、文学、传统工艺等作为学生的一门必修课开设，列入正式课程表中，并做到教师、教材、课时"三落实"让学生从小就受到优秀民族文化的熏陶，鼓励学生说苗话、唱苗歌、着苗装，创建浓厚的民族文化氛围。雷山县丹江镇 R 小学校，在实施国家课程计划的基础上每周三下午增设一节民族文化课，自编教材有计划地传承苗族民间文化，即苗族音乐（包括民歌、民舞、芦笙吹奏）、民间工艺（刺绣等）、民间美术等。该县的其他学校也将民族文化课程列入课程计划中。

贵州省安顺民族中学 2008 年秋在高一年级"体育与健康"学科推行模块教学，推出民族传统体育项目，供学生选学。该校 W 校长介绍说："我校引进民族传统体育项目，如陀螺、珍珠球（壮族传统体育项目）、竹竿舞（苗族）、戚球等，在教学中，教师们会着重讲授这些民族传统体育项目的起源、来历、比赛通则、计胜方法及名次、裁判员手势等；我校实行音、体、美、信息模块教学，今年还要增加通用技术课程。可以说，将民族传统体育、民族传统舞蹈、民族传统音乐与'课改'相结合，我们学校可以自称为全省'首家'，我校正在积极探索全面科学化的民族教育课程设置。"

苗族民间工艺很多，有纺织、蜡染、刺绣、挑花、绣锦等。西南地区的一些学校开展了各种民族民间手工艺制作活动，让学生掌握民族民间工艺制作技艺，传承民间优秀传统文化，并促进当地文化旅游业的发展。如贵州省普定县仙马小学根据苗族传统手工工艺特点和学生实际，并结合民族民间文化传承和乡村旅游发展要求，对学生进行了一系列的民间工艺教学，如织布机的使用。

图 4.1　贵州省普定县仙马小学身穿苗族服饰
的学生正在学习使用织布机①

3. 利用民间文化资源编写乡土教材

民族民间文化作为一种活态文化，极大地依赖于传承人的作用，主
要以口传身授的方式进行传承，随着传承人的逝去，这些宝贵的文化财
富将随之消逝，因此必须对此进行抢救性保护，搜集并整理民间文化，
以文字载体予以保存，并在此基础上对其进行筛选，选择优秀的并为不
同年龄学生所能接受的方式，编写乡土读本。为此，一些地区以本地的
民间文化为基点纷纷开发乡土教材。如黔东南苗族侗族自治州是贵州省
苗族、侗族的主要聚居地，也是该省瑶族、水族、壮族、畲族等少数民
族的分布区，民族民间文化资源丰富，是该省的民族民间文化遗产大
州，这里有第一批国家级的非物质文化遗产项目 15 项 19 个点，省级非
物质文化遗产项目 40 项。在这些文化保护项目中，苗族古歌、反排木
鼓舞、苗族刺绣、苗族蜡染、苗族剪纸、芦笙舞、侗族大歌、侗族琵琶

① 图片来源：陈晨：《在学校教育中民族文化传承与保护政策——以贵州省"民
族民间文化进校园政策"为个案》，硕士学位论文，中央民族大学 2012 年，第
47 页。

歌、侗戏、侗族摔跤、天柱阳戏等都是当地开发民族民间文化课程资源的重点内容。以这些民间文化资源为重点，该州的黎平县 2002 年以来，先后编写印刷了《侗族知识简明读本》和《民族文化读本》共计246000 册；天柱县 2003 年以来编写印刷了分小学部和中学部的《天柱县乡土音乐教学资料》。① 安顺市民族中学编写了具有民族特色的如《话说安顺》、《屯堡文化》、《陀螺》、《蹴球》、《历史中的服饰与服饰中的历史》等书籍，还邀请布依族著名书法家郭堂贵为学校编写校本教材《书法入门》，并亲自给学生授课。除此之外，该校还充分利用有安顺地方特色的乡土教材，如安顺市政协编写的《安顺文史资料——安顺苗族百年实录》、《安顺文史资料——安顺布依族百年实录》、《安顺文史资料——安顺仫佬族百年实录》、《民族研究选集》（马启中著）、《黔中雄郡——安顺》、《苗族神话史诗》等书籍对学生进行爱民族爱家乡教育。②

4. 将民族民间文化课程资源融入潜在课程中

民族民间传统文化不仅进入显性课程，更要将其引进隐性课程或潜在课程，让学校的每一块石头、每一幢建筑、每一堵墙壁都能民族民间文化发声。每一个民族，都有其独特的思想观念和价值诉求以及审美意识，就学校而言，就应该创造充溢着民族特色的学校文化氛围，使每一个人都潜移默化、润物细无声地受到民族精神的熏陶、滋润和感染，因而西南地区的一些学校近年来尤其注重充分开发利用民族民间文化资源，进行具有民族特色学校文化建设。例如，贵州省安顺市民族中学在校园规划、环境布置等方面力求体现少数民族文化风格。如在教室、会议室、教师办公室、走廊、过道、文化墙上张贴师生创作的有关民族风

① 龙耀宏：《关于我省民族民间文化进校园（课堂）情况的调查报告》，http://www. gzfwz. com/Article/ShowArticle. asp? ArticleID = 70.
② 《贵州省民族文化进校园经验交流材料——以民族文化为突破口，全面推进素质教育》，安顺市民族中学供稿，2007 年 5 月 18 日。

图 4.2　安顺市乡土教材《苗族神话史诗选》①

情、民族人物的绘画、摄影等作品，同时学校还将有关 56 个民族的人口分布、宗教图腾、建筑风格、服装服饰、节日风俗、农耕歌舞、饮食蜡染、水酒药物等民族特色宣传画悬挂于学生公寓走廊两壁上，让学生全面了解各民族的有关知识，②并深受民族精神的感染和熏陶。四川省北川羌族自治县的擂鼓镇中小学，因 2008 年汶川大地震惨遭破坏，重建后的学校融入了诸多的羌族民间文化元素，如学校建筑体现了羌族特有的碉楼形式，颇具民族特色。

二、民间文化课程资源开发的问题聚焦

尽管西南地区的一些省市及学校在开发民族民间文化课程资源方面

---

① 图片来源：陈晨：《在学校教育中民族文化传承与保护政策——以贵州省"民族民间文化进校园政策"为个案》，硕士学位论文，中央民族大学 2012 年，第 39 页。

② 陈晨：《在学校教育中民族文化传承与保护政策——以贵州省"民族民间文化进校园政策"为个案》，硕士学位论文，中央民族大学 2012 年，第 39 页。

图 4.3　四川省北川羌族自治县擂鼓镇小学

做出了有益的尝试，不乏一些好的策略，.但在开发过程中也暴露出诸多问题，如开发更多处于一种自发阶段，尚未达成自觉行为；区域发展不平衡，差异大；尤其突出的是关于开发理念及目标不太明确，甚至出现偏误。如贵州省民委文教处某领导在阐明民族民间文化资源开发中所言："要从民族文化载体所赋予的历史发展意义切入，要从提高学生素质，增强民族自豪感、自信心的高度，要从巩固、培育和提升文化资源，培养人才，推进文化大省、旅游大省建设进程，实现全省经济社会又好又快发展的高度来认识民族文化教育。"① 尽管其主旨十分明确，即提高学生素质，增强民族自豪感和自信心等育人价值，但在具体的实践中则偏向以民族民间文化项目的开展打造学校名片、发展旅游文化等功利价值方面。为广泛摸清目前西南地区中小学民族民间文化课程资源开发的状况，我们抽取贵州省雷山苗族自治县、四川省北川羌族自治县、重庆市石柱土家族自治县为调查地区，进行问卷调查，发放问卷900 份（教师问卷 300 份、学生问卷 600 份），收回教师有效问卷 186份，回收率62%；学生有效问卷 504 份，回收率 84%。运用SPSS13.0进行数据统计处理。

（一）民族民间文化课程资源开发观念上存在的问题

1. 师生对民族民间文化高度认同，但自身民族意识日渐淡薄

当今社会是一个文化多元的社会，各个民族在其历史发展进程中形成自己独特的民族民间文化，各民族应保存自身文化，在对自身民族民间文化认同的条件下，尊重其他民族的文化，和谐共存。这是我国民族政策一贯奉行的原则，也是多元文化社会得以存在与继续发展下去的强有力的思想基础。在这样一个社会里，文化间的理解和融合既是社会发展的需要，也是个体发展的需要，这就要求生活在其中的人们必须具有文化多元的意识。

庞尼特（J. C. Ponterrotto）的研究发现：教师对多元文化的自觉意识越高，教师越有责任感和意识感，并有意识地在课程设计和教学活动中融入文化多元的理念。所调查地区，教师的多元文化意识及对民族民间文化的认识究竟怎样，调查结果见表4.1：

---

① 新闻来源：《从自发到自觉，从无序到有序——民族文化进校园的价值探寻》，http://news. folk?. com, 2007 年 12 月 25 日发布，2009 年 9 月 24 访问。

表4.1　教师对民族民间文化的态度（％）

评价项目 ＼ 评价等级	未填	非常同意	同意	不确定	不同意	非常不同意	M均值
民族民间文化有着丰富的教育价值	3.2	19.4	62.9	11.8	2.7	0	1.91
民族民间文化是封建落后的东西，不必学习	5.4	5.9	11.8	7.5	47.3	22.0	3.52
少数民族应放弃自身融入主流文化	0.5	5.4	21.5	22.6	38.7	11.3	3.27
了解民族民间文化能增强学生的民族认同感	2.2	15.1	67.7	7.0	5.9	2.2	2.06
对我影响最大的文化是汉文化	0	17.2	58.6	14.5	8.1	1.6	2.18

表4.1反映了所调查地区教师对民族民间文化的态度，归纳如下：

第一，教师对民族民间文化高认同度。

在调查中，82.3％的教师均认为民族民间文化有丰富的教育价值。在"民族民间文化是封闭落后的东西，不必学习"这一问题上，除5.4％的教师未作选择外，69.3％的教师表示不同意，与此同时，高达82.8％的教师认为了解民族民间文化能够增强学生的民族认同感。由此可见，大部分教师对民族民间文化自身及其价值，以及民族民间文化在增强学生民族认同感的作用给予了肯定。

第二，受汉文化的冲击，民族意识日益淡薄。

在被调查的全部教师中有75.8％的教师认为对其影响最大的文化是汉文化，14.5％的教师表示不确定，只有8.1％的教师持否定态度，其中，在被调查的本土教师中，除了有20％的教师表示不确定外，有20％的教师表示非常同意，还有53％的教师表示同意，仅有6％的教师表示不同意，即持肯定态度的占被调查的45位羌族教师的73.3％。由此可见，汉文化已经"深入人心"，这一方面反映了少数民族教师对多元文化的适应以及多元文化素养的养成，但同时，汉文化已经成为影响少数民族人们的主导文化，这也不由得让我们担忧少数民族文化是否还有延续和发展的空间。

学生对民族民间文化的认识呈现与教师相近的特点，一方面，学生对民族民间文化的认同度较高，喜爱并希望能够了解本民族民间文化，但另一方面，学生对自身的民族身份的认识较为模糊。

第一，学生对民族民间文化的认同度较高。

此外，我们还就学生在文化多元社会中对民族民间文化的认识及学习和了解民族民间文化的态度和意愿进行了调查，以此来反映其民族民间文化认同度或接纳度。

表4.2　学生对文化多元及社会多元的态度及倾向（%）

评价等级 评价项目	未填	非常 同意	同意	不确定	不同意	非常 不同意	M 均值
希望学习和了解其他民族的民间文化	1.2	34.9	45.5	14.2	1.8	2.3	1.88
一个民族成员不能疏远自身的民族文化	0.5	31.5	40.4	16.2	7.8	3.7	2.10
每一种文化都有其独特的价值	0.3	44.4	36.3	11.4	4.1	3.3	1.84
平时喜欢和不同民族的同学接触	0.5	19.0	29.1	25.2	13.4	12.7	2.70

从表4.2可知，在被调查的学生中，有80.4%的学生表示希望学习和了解其他民族的民间文化，71.9%的学生认为一个民族的成员不能疏远自身的民族民间文化，80.7%的学生同意每一种文化都有其独特的价值，48.1%的学生平时喜欢和不同民族的同学接触（有25.2%的学生表示不确定），由此可看出，学生对文化多元和社会多元采取积极认同的态度，在某种程度上也是对自身民族与文化及其民族与文化的一种认

同。同时，通过 F 值检验，我们发现在"一个民族成员不能疏远自身的民族文化"这一评价项目上，高年级的学生认同度高于低年级的学生。

第二，学生普遍喜爱本民族民间文化。

民族的传统节日、神话传说、民族歌舞等是其民族的标志性特色，因此，生活其中的人们对他们的喜好程度往往也能反映他们对本民族文化的认同度，影响其民族认同及民族归属感。为此，我们就学生对民族节日、民族神话传说、民族语言、民族歌舞等方面的喜爱程度进行了调查，其结果见表 4.3：

表 4.3　学生对本民族民间文化的喜爱程度 （%）

评价项目 \ 评价等级	未填	喜欢	较喜欢	一般	较不喜欢	不喜欢	M 均值
民族节日	0.5	57.5	18.4	20.4	1.5	1.7	1.69
民间神话传说	0.3	65.7	15.7	14.6	2.0	1.7	1.57
民族语言	0.3	37.7	23.0	29.1	4.5	5.3	2.16
民间文学	0.8	41.1	28.1	22.8	4.0	3.1	1.98
民间技艺	0.3	47.5	25.0	21.2	4.1	1.8	1.87
民族历史	0.7	50.2	23.8	20.0	3.1	2.2	1.81
民族服饰	0.5	42.2	20.4	22.4	6.8	7.8	2.17
民族宗教	0.7	22.8	22.5	34.3	8.8	10.9	2.60
民族建筑	0.8	45.5	26.0	20.5	4.0	3.1	1.91
民族歌舞	1.2	46.2	20.5	20.5	4.8	6.8	2.02

从表 4.3 可知，学生对民族文化、民间神话传说、民族语言、民间文学、民间技艺、民族历史等明确表示喜欢的所占的比例最高，其中，表示喜欢民间神话传说的最高，达 65.7%；其次是民族节日达 57.5%；再次是喜欢民族历史的也达 50.2%。除此外，还有 40% 左右的学生选

择了较喜欢或一般喜欢这些民间文学，仅有极少部分学生表示较不喜欢或不喜欢。对这些民间文化的喜爱程度的平均数分别为 1.69、1.57、2.16、1.98、1.87、1.81、2.17、2.60、1.91、2.02，除对民族宗教的喜爱程度介于较喜欢和一般喜欢之间而偏向于一般喜欢外，学生对其他民间文化的喜爱程度均介于喜欢和较喜欢之间或较喜欢。

第三，学生学习本民族民间文化的意愿较高。

不仅如此，学生对学习和了解本民族文化的意愿度和积极性也很高，也与喜好程度是一致的，所调查学生明确表示非常希望或希望学习和了解本民族民间文化的占 90%，表示乐意参加本民族民俗活动的占 78.3%，还有 68.1% 的学生对与民族民间文化相关的课感兴趣，并有 78.9% 的学生希望从学校课程里学到有关民族民间文化的知识，更有 64.4% 的学生明确表示会主动查询有关本民族民间文化的信息，还有 66.2% 的学生表示会积极参与学校组织的民族民间文化的学习。对这几个评价项目的评价平均数分别为 1.62、1.82、1.87、2.13、2.20、2.18，即介于非常同意和同意之间或介于同意和不确定之间但明显趋向于同意。调查结果详见表4.4：

表4.4　学生学习和了解民族民间文化的意愿度（%）

评价项目 ＼ 评价等级	未填	非常同意	同意	不确定	不同意	非常不同意	M 均值
希望学习和了解本民族民间文化	0.2	49.3	40.7	8.6	0.8	0.3	1.62
很乐意参加本民族的民俗活动	0.8	40.9	37.4	17.4	2.8	0.7	1.82
希望从学校课程里学到有关民间文化知识	0.3	40.7	38.2	15.1	4.0	1.7	1.87
对与民族民间文化相关的课感兴趣	0.3	25.2	43.9	24.3	4.0	2.3	2.13

评价等级 评价项目	未填	非常同意	同意	不确定	不同意	非常不同意	M 均值
我会主动查寻有关本民族民间文化的信息	0.5	25.2	39.2	27.3	5.0	2.8	2.20
我会积极参与学校组织的民间文化的学习	0	28.8	37.4	23.8	7.1	2.8	2.18

第四，学生对自己民族身份认识模糊，存在偏差。

通过对学生进一步的访谈，我们意外地发现：被调查的学生中（其中不乏之前表示对本民族民间文化很了解的学生），当被问及对本民族民间文化有哪些了解时，大部分学生都回答不上来，仅有小部分学生能够略微知道一点点零星的有关民间风俗习惯、歌舞方面的知识。这与我们通过问卷得出的结果是不一致的，这种不一致可能有三个方面的原因：第一，学生尚还年幼，判断力和认识力不足。通过调查我们发现，随着学生就学年级或年龄的增长，这种冲突有逐渐缩小的趋势。第二，教师和学生是教育在传承文化中的基本载体，而要使教育发挥良好的文化传承功能，教师首先应该是文化的"承者"，继而才能成为一个良好的"传者"。而我们的调查显示，教师对本民族民间文化了解程度低，因而可能造成对学生的有意识培养不够，学生不能从教师那学到更多的有关民族民间文化方面的知识。第三，据调查显示，学生对本民族民间文化的了解主要是通过家庭或社区的途径来获得，学生生活其中并深受其影响，而随着现代化的发展，大部分的家庭或社区中的民族文化氛围也已日渐淡薄，从我们走访的情况来看，昔日处处洋溢着民族民俗风情的民族村寨如今也最多只是保留了一些民族建筑风格，而其他深层次的文化已经很难再寻觅到，从这个角度来看，学生对自己的判断有所偏差是可以理解的。

2. 民族民间文化开发主体缺位问题明显

民族民间文化是一个民族在长期的发展过程中创造、积淀和传承下来的宝贵精神财富，具有鲜明的特色、独特的价值和丰富的内涵，生存其间的每一个个体都天然地与它有着千丝万缕的内在联系。对于那些文化具有鲜明特征，却又日趋衰落的民族而言，文化认同是文化传承的核心，文化传承又是民族、文化发展的关键。

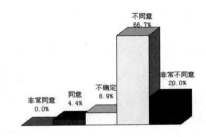

图 4.4 少数民族教师对本民族民间文化了解状况图

从图 4.4 可知，在"我对本民族民间文化很了解"这一题中，被调查的少数民族教师中有 66.7% 表示不同意，20.0% 的教师表示非常不同意，还有 8.9% 的教师表示不确定，仅有 4.4% 的教师表示同意。并且随着时间推移，老一辈都渐渐过世了，在如今的民族村寨中会讲民族语的没几个了，很多优秀的文化都遗失了，过去颇具威望和影响力的苗族寨老、羌族的释比等也失去了原有的作用和地位，在文化传承这一活动中，主体渐趋缺位。

3. 教师对民族民间文化课程资源的认识尚不足

表 4.5 中小学教师对民族民间文化课程资源的认识（%）

评价等级 评价项目	未填	非常 同意	同意	不确定	不同意	非常 不同意	M 均值
本地有丰富的自然与文化资源可以利用	0.5	16.7	66.1	10.2	5.9	0.5	2.08
教师自身就是民族民间文化课程资源之一	2.2	19.4	61.8	10.8	5.4	0.5	2.04

评价项目 ＼ 评价等级	未填	非常同意	同意	不确定	不同意	非常不同意	M均值
家长是一种重要的民族民间文化课程资源	3.2	12.9	64.0	18.3	1.6	0	2.02
少数民族学生也是一种民族文化课程资源	3.2	13.4	65.1	9.1	3.8	5.4	2.13

表4.5的调查结果表明，被调查的教师有82.8%的人认为本地有丰富的自然和文化资源可以利用，同时，明确表示教师、家长和少数民族学生也是民族民间文化课程资源的分别占81.2%、76.9%和78.5%，这四个问题的平均评价等级分别为2.08、2.04、2.02和2.13，基本趋于同意。从访谈来看，大部分教师认为，少数民族有其独特的民族民间文化，这些民间文化是其民族生命力的体现，是民族精神的精髓，理应得到开发和利用；还认为教师是学校教育的主要力量，而学生是教育的直接对象，因此其本身也应是民族民间文化课程资源之一，而大部分家长虽然对教育教学工作知之甚少，但在多元文化社会中，把家长也纳入民族民间文化课程资源的范畴是非常有必要的，这有利于充分利用课程资源的形式。但同时，可以看到，持不确定态度的教师也不在少数，在关于"本地拥有丰富的民间文化资源"以及将教师自身以及学生本身视为一种民族民间文化课程资源方面具不确定认识的教师所占被调查教师的比例达10%左右，将家长视为一种民族民间文化课程资源方面具不确定认识的教师所占被调查教师的比例超18%，甚至还有部分教师对这些问题持否定认识，这说明还是有不少教师对民族民间文化课程资源开发认识不足。

4. 人们对民族民间文化课程资源开发的认识与实践存在矛盾

（1）政府及教育主管部门充分肯定新的课程却疏于贯彻执行

目前国家虽然从理论上为民族民间文化课程资源的开发提供了空间和自由，但通过实际走访，我们发现这还远远不够。多数地方政府"并未出台具体的民族民间文化资源开发政策和相关的配套政策作保障，因此学校也不敢'贸然行动'，在这一大环境下，学校上级组织及相关教育部门对其重视也不够。在应试教育'指挥棒'的挥舞下，教师和学生更是没时间和精力去考虑民族文化课程资源的开发及相关问题"。

（2）教师对民族文化课程资源持肯定态度，但在教育实践中将其视为负担

表4.6　教师对开发民族民间文化课程资源的态度（%）

评价项目 ＼ 评价等级	未填	非常同意	同意	不确定	不同意	非常不同意	M均值
学校应担负起传承民族民间文化的重任	0	24.7	65.1	7.0	2.7	0.5	1.89
"让民间文化进课堂"的做法没有必要	1.6	8.1	17.7	19.9	47.8	4.8	3.19
学校课程应体现民族民间文化特色	0	14.5	55.4	19.4	10.2	0.5	2.27
课堂上学生对本民族民间文化感兴趣	1.1	15.1	50.0	24.7	8.1	1.1	2.27
学校课程应培养学生对本民族文化的认同	0	15.1	65.6	12.9	4.8	1.6	2.12
在本地开发民族民间文化课程资源可行	0.5	11.3	60.8	19.9	6.5	1.1	2.24
我会积极参与民间文化课程资源的开发	2.7	14.0	64.5	15.1	3.2	0.5	2.04

通过表4.6的调查结果可知，接近90%的被调查教师明确表示学校应该担负起传承民族民间文化的重任，而课程又是学校教育的基础和核心，69.9%的被调查教师认为民族地区中小学课程应体现民族特色，65.1%的教师表示课堂上学生对民族民间文化感兴趣，80.7%的教师认为学校课程应培养学生对本民族民间文化的认同，可见绝大多数教师对开发民族民间文化课程资源的必要性都十分认同。而52.6%的教师对

"让民族民间文化进课堂的做法没有必要"这一问题持否定态度，因而从另一角度表明教师对开发民族民间文化课程必要性具有肯定认识。此外，72.1%教师认为在本地开发民族民间文化课程资源可行，有78.5%的被调查教师明确表示会积极参与民族文化课程资源的开发。由此可见，教师对开发民族文化课程资源持肯定和积极的态度，这奠定了民族民间文化课程资源开发的良好基础。当然，也有25.8%的被调查教师对"让民族民间文化进课堂的做法没有必要"明确表示持赞成态度，并有近20%的被调查教师对此持不确定认识，足见对此问题还有相当比例的教师存有模糊认识。

为了更进一步地分析开发民族民间文化课程资源的必要性，我们分别对教师和学生进行了更深一步的调查，分别从教师对开发民族民间文化课程资源价值的认同度和开发民族民间文化课程资源对学生发展影响的认同度进行了研究，调查结果见下表：

表4.7　教师对开发民族民间文化课程资源价值及其影响的认同度（%）

评价等级＼评价项目	未填	非常同意	同意	不确定	不同意	非常不同意	M均值
有利于自身专业发展	2.2	15.1	57.5	21.5	3.8	0	2.10
能转变自身的文化态度	2.2	15.1	56.5	16.1	9.7	0.5	2.18
有利于特色学校创建	2.7	16.7	65.1	13.4	1.6	0.5	1.96
能促进地方旅游经济发展	2.2	22.6	60.2	12.4	1.1	1.6	1.92
对所教科目有帮助	1.6	10.2	61.8	16.7	9.7	0	2.23

从表4.7的调查结果，我们可以很直观地看到，60%左右的教师对这些问题的评价都集中在同意这一层次，同时对各评价项目的评价均值也都介于非常同意和同意与同意或趋向于同意这一等级，即认为开发民

族文化课程资源有利于自身专业发展、能转变自身的文化态度、有利于特色学校的创建、能促进地方旅游经济发展、对所教科目也有所帮助，明确表示不同意或非常不同意的所占比例较低，除了"开发民族文化课程资源能转变自身的文化态度"、"对所教科目也有所帮助"这两项问题持否定认识的比例稍高，为10%左右外，其余几项持否定认识的在3%左右。由此可见，教师对开发民族文化课程资源的价值认同度较高，这与教师对开发民族文化课程资源的态度是一致的。

表4.8　开发民族民间文化课程资源会加重教师的负担（%）

评价等级 评价项目	未填	非常 同意	同意	不确定	不同意	非常 不同意	M 均值
因教学工作忙，根本没 时间开发课程资源	1.1	10.2	41.4	22.6	21.0	3.8	2.63
开发民间文化课程资源 会加重教师的负担	2.2	8.1	43.0	22.0	22.0	2.7	2.62

从表4.8来看，被调查的教师中，有51.6%的教师明确表示教学工作忙，根本没时间开发课程资源，51.3%的教师认同或非常认同"开发民族民间文化课程资源会加重教师的负担"这一观点，还有22%的教师表示不确定，仅有24.7%的教师认为开发民族民间文化课程资源并不会加重教师的负担。究其原因，很多教师表示，一来是因为现有教学工作忙，没时间；二来也与现有考核评价体制有关。此外，也从侧面隐约反映出教师对自身能力的顾虑。

（3）学生对学习民族民间文化的价值认识模糊，或将其视为负担

不仅如此，我们还通过对学生就学习民族文化对其发展的影响进行了调查，调查结果见表4.9：

表4.9　学习民族民间文化对学生发展及学校的影响（%）

评价等级 评价项目	未填	非常 同意	同意	不确定	不同意	非常 不同意	M 均值
学习民间文化对将来从 事的工作有帮助	0.5	25.8	47.0	17.4	6.9	2.5	2.12
学习民间文化对自身素 质发展有利	0.5	28.6	44.4	20.2	4.3	2.0	2.05
民间文化进课程可以扩 大学校的社会影响	0	20.1	31.8	26.2	15.3	6.6	2.57

　　由表4.9可知，在被调查的学生中，69.8%的学生表示学习民族文化对将来从事的工作有帮助，73%的学生认为学习民族民间文化对自身素质发展有利，可见七成左右的学生对开发民族民间文化课程资源持接纳态度。不过有20%左右的学生对学习民族民间文化对将来从事的工作、自身素质发展是否有帮助持不确定认识，仍有17.4%的学生不认为学习民族民间文化对将来从事的工作有帮助，6.3%的学生不认为学习本民族民间文化对自身素质发展有利。这两个评价因子的平均数分别是2.12和2.05，介于同意和不确定之间而极其趋向于同意。此外，我们还就民族文化进课程对学校的影响进行了调查，结果显示，51.9%的被调查者认为民族民间文化进课程可以扩大学校的社会影响，26.2%的被调查者表示不确定，还有21.8%的被调查者表示不同意或非常不同意。可见，不同被调查者对这一问题的认识还存在较大差异。

　　为了更深入地了解师生对开发民族民间文化课程资源的真实态度，除了上述必要性和主观意愿的分析，我们还对教师和学生进行了进一步的挖掘，以考究开发民族民间文化课程资源的可行性。

表 4.10　学校开发民族民间文化课程资源会加重学生学习负担（%）

评价等级＼评价项目	未填	非常同意	同意	不确定	不同意	非常不同意	M均值
学生	0.5	7.5	13.1	25.8	20.0	23.2	3.47
教师	0.5	3.2	23.7	28.0	40.3	4.3	3.17

从表 4.10 可知，对于开发民族民间文化课程资源是否会加重学习负担，除 0.5% 未填的学生外，有 43.2% 的学生认为不会加重学习负担，有 20.6% 的学生认为会加重学习负担。被调查的教师中有 44.7% 的认为不会加重学生的学习负担，还有 26.9% 的教师认为会加重学生的学习负担。但同时，也分别有 25.8%、28% 的学生和教师表示不确定。可见，教师和学生对民族民间文化课程资源的开发很大程度上也拿捏不住，对其前景有较大的困惑，但还是可以看出教师和学生的主观愿望上还是对开发民族民间文化课程资源持肯定态度的。

F 值检验后，发现教师和学生在各维度上对此问题的回答均无显著差异（P > 0.05）。但通过两两比较后却发现，不同年级的学生对这一问题的回答有差异，以羌族为例，在所调查学校中年级差异明显，尤其是七年级和八年级之间呈显著差异（P = 0.044，P < 0.05）。这与常规设想是一致的，即高年级的学生随着学习任务的加重，对开发民族民间文化课程资源所可能带来的影响会更敏感，同时也进一步验证了学生确实担心开放民族民间文化课程资源会加重学习负担。

（二）民族民间文化课程资源开发实践中存在的问题

1. 民族民间文化传承场域的文化性式微

传承场域是民族文化传承的中介实体，为其提供传承和发展的空间、通道。我们可以将民族文化传承的场域大致分为以下三种：家庭传承场、社会传承场和学校传承场。

从表4.11可看出，学生对本民族民间文化的主要了解途径依次序分别是家庭、村民、教师、媒介、教材、同学和其他。

表4.11 学生了解本民族的历史、文化、习俗等知识的途径

	家庭	村民	教师	教材	影视、书籍等媒介	同学	其他
序一	48.8	23.0	10.1	5.5	12.4	1.8	3.2
序二	12.0	24.0	29.0	12.9	11.5	8.3	4.6
序三	10.1	6.9	23.0	20.3	18.4	16.6	4.1
序四	4.6	6.9	8.0	13.4	16.6	14.7	32.3
排序指数及序号	0.259(1)	0.185(2)	0.182(3)	0.115(5)	0.138(4)	0.080(6)	0.067(7)

（注：排序指数即将排序的项目按先后顺序作加权处理得到的数值。其计算公式为：$W = [\sum(a * n)/(N * \sum a)]$。其中 W 为排序指数；a 为排序的分值或加权数，排序第一的设为4，排第二的设为3，排第三的设为2，排第四的设为1；n 为某一排序数值；N 为被调查对象总数。）

家庭是学生生活的主要场所，学生生活其中并潜移默化地受其影响。但随着现代化的发展，大部分的家庭中的民族文化氛围也已日渐淡薄。

村民、影视书籍等媒介我们可以归为社会传承场，从我们走访的情况来看，昔日处处洋溢着羌族民俗风情的羌寨如今也最多只是保留了一些羌族建筑风格，而其他深层次的文化已经很难再寻觅到。

作为学校教育的主要组成部分的教师、教材和同学，我们可以归为学校传承场，在调查中是次于家庭传承场和社会传承场对学生学习和了解民族民间文化产生影响的。学校传承场因其教育的系统性和选择性而具有特殊的作用，尤其是在当今文化多元的大背景下，它具有双重的文化传递角色，一方面是本民族民间文化的传承场，另一方面也是外来文化的传承场。但是通过调查，我们却发现在本民族民间文化传承方面，学校远远没有发挥出其应该有的作用。

（1）教育内容中民族民间文化的缺失

表 4.12　教师教学中民族民间文化渗透的调查（%）

评价项目＼评价等级	未填	总是	经常	有时	偶尔	从不	M 均值
从学生实际出发使用本民族语言授课	3.2	4.3	17.2	16.7	19.4	39.2	3.62
在学科教学中会渗透民族民间文化内容	3.2	2.2	29.0	35.5	17.2	12.9	3.00

从表 4.12 来看，除 3.2% 的教师未作选择外，仅有 4.3% 的教师表示总是会从学生实际出发使用本民族语言授课，有 17.2% 的被调查教师经常会使用民族语言授课，16.7% 的教师表示有时会使用，19.4% 的教师表示偶尔会使用，还有 39.2% 的教师表示从不使用，各评价等级的均值 M 为 3.62，即介于偶尔和从不之间，偏于偶尔。其次，仅有 2.2% 的教师表示自己总是在学科教学中渗透民族民间文化内容，有 29% 的教师表示经常会在学科教学中渗透，52.7% 的教师选择了有时或偶尔，还有 12.9% 的教师选择了从不。可见，绝大多数教师在教学中很少主动渗透民族文化，只是迫于课程内容需要才会进行民族民间文化相关知识的教学。为了更清楚地了解民族民间文化在教学中的使用情况，我们又对目前学校课程中所渗透的民族民间文化内容进行了调查，发现目前在民族地区中小学的课程中渗透的民族民间文化主要有民族歌舞、民族语言、民族技艺等，其中，民族歌舞被认为排在第一位，其次是民族语言、民族技艺。具体结果见表 4.13：

表4.13　目前学校课程中渗透的民族民间文化内容排序指数表

	民族语言	民族歌舞	民族文学	民族宗教	民族技艺	其他
序一	7.8	75.3	5.2	1.3	0	0
序二	18.2	10.4	9.1	10.4	16.9	5.2
序三	9.1	0	10.4	10.4	19.5	5.2
序四	18.2	0	13.0	13.0	6.5	5.2
排序指数及序号	0.135(2)	0.332(1)	0.070(4)	0.070(4)	0.096(3)	0.031(5)

（注：排序指数即将排序的项目按先后顺序作加权处理得到的数值。其计算公式为：$W = [\sum(a*n)/(N*\sum a)]$。其中 W 为排序指数；a 为排序的分值或加权数，排序第一的设为 4，排第二的设为 3，排第三的设为 2，排第四的设为 1；n 为某一排序数值；N 为被调查对象总数。）

在访谈中，某县的一所中心小学的刘老师也谈到"羌文化是值得传承的，'民族民间文化进课程'的做法也是值得肯定的"，当问及目前羌语的使用情况时，"5·12 地震后，学校专门派老师到茂县、理县去了解其他地区的羌文化传承情况，发现那些地方的羌语使用情况也不好"，当问及目前学校在"民族文化进课堂"方面的具体做法时，刘老师表示"除了音乐课程内容外，学校还组织唱羌歌、跳羌舞、吹羌笛，还综合各种不同的羌族歌舞，组合成一套自己的羌族歌舞，并且'羌族歌舞进课堂'也是学校课题组的一个重要课题，但课题资料在地震中丢失了很多，由于羌族无文字，目前安排专门教师在负责整理资料"。

（2）教育环境中民族民间文化未得到充分体现

少数民族地区往往有自己独特的建筑形式和布局形式等，透过这些具有浓郁民族特点的物质及文化环境，可以对学生进行潜移默化的影响，为学生提供良好的学习环境，从而更有利于学生相关知识的学习。为此，我们也对教师进行了相关的调查，调查结果见图4.5：

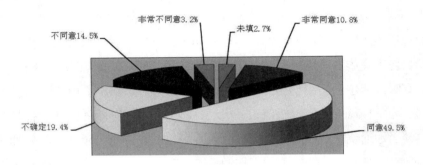

图 4.5 民族民间文化在学校环境中的渗透（%）

被调查的教师仅有10.8%的教师表示非常同意，49.5%的教师表示一般同意，19.4%的教师表示不确定，并且有17.7%的教师认为本校的物质及文化环境没有体现民族特色。平均数为2.43，介于同意和不确定之间而趋向于同意。在访谈中，一些调查学校的老师也表示，要走民族特色的教育之路，校园物质环境以及文化环境的建设都是需要足够重视的，但现实中却仍然没有得到充分体现。

（3）综合实践活动中民族民间文化的淡出

表 4.14 民族民间文化在学校各类活动中的贯穿 （%）

评价等级 评价项目	未填	总是	经常	有时	偶尔	从不	M 均值
安排学生参观周边民族博物馆或遗迹	2.7	3.8	11.3	18.3	27.4	36.6	3.74
邀请当地通晓民族民间文化的社区人士来校举办讲座	3.2	1.1	11.3	19.4	37.1	28.0	3.70
学校会组织学生参与各种民族庆典活动	2.7	3.8	32.8	21.0	29.6	10.2	3.02

从表 4.14 来看，有 36.6% 的教师表示学校从来没有 "安排学生参观周围民族博物馆或遗迹"，有 45.7% 的教师表示有时或偶尔会安排学生参观周边民族文化资源，只有 15.1% 的教师会经常或总是组织学生参观周边民族、民俗博物馆或遗迹；36.6% 的教师对 "学校会组织学生参与各种民族庆典活动" 这一说法表示认同，50.6% 的教师认为所在学校有时或偶尔会组织学生参与各种民俗庆典活动，还有 10.2% 的教师则认为学校从未采取过任何相关行动；28% 的被调查教师认为学校从不邀请当地通晓民族民间文化的社区人士来校举办讲座，56.5% 的教师认为学校只是有时或偶尔邀请本地通晓民族文化的人员来校为学生开设讲座，仅有不到 13% 的教师认为所在学校会经常利用本地民族文化的人力资源。

综合上述调查结果，我们发现，目前民族民间文化在民族学校综合实践活动中的渗透还是很少或根本没涉及，只是涉及各种民族庆典活动等，如多数教师表示在一年一度的民族年节活动中会有一些相关活动的安排，如苗族地区在每年的苗年时节，会配合地方政府组织的活动安排学生参加一些当地民俗活动。但在某些民族地区还未受到足够重视并安排丰富多彩的活动。如在羌族地区实际考察发现，当时我们调查的时间正好赶上羌历年，即农历十月初一，但那天所有的中小学仍然在进行正常的教学工作，尽管北川县都在举行相关的民族活动。可见，民族地区民族年这一重大的民族节日都已经慢慢流于形式或已经被忽略。

2. 现行教材无法满足学生的需要，学校缺少乡土教材

（1）现行教材无法满足学生的隐性学习需要

目前，民族民间文化在民族地区学校课程中主要是通过课程设置、教材选用、教师教学以及学校环境等来渗透的。

表4.15　现行教材、课程适切性的调查（%）

评价项目＼评价等级	非常同意	同意	不确定	不同意	非常不同意	M 均值
学校目前使用的教材对民族地区不太适用	3.8	36.6	32.3	24.7	2.7	2.86
对现行学校课程的适切性感到满意	3.8	46.8	18.3	26.3	4.8	2.82

从表4.15来看，教师对学校目前使用的教材满意度较低，有40.4%的教师认为对民族地区不太适用，32.3%的教师表示模糊、不确定，仅有27.4%的教师表示适用，平均值为2.86，介于不适用和不确定之间。同时，我们也就教师对现行课程适切性的满意度进行了调查，有50.6%的教师表示满意，18.3%的教师不确定，只有33.1%的教师表示不满意或非常不满意，这与之前教材适用度的调查结果是有差异的，有相当大部分教师表现出摇摆不定的状态，究其原因，我们认为，一方面可能是教师迫于现行考试制度，而不得不认同现行学校实行的与汉族一致的统一课程，或者为汉文化所同化；而另一方面，从少数民族及其人们的发展来考虑，现行教材太过于忽视少数民族民间文化，而显得在民族地区不适用。教师的这一矛盾心理也深刻地反映出了民族文化进退两难的境地。

为了更好地验证，我们对学生和教师在学校课堂上对本民族民间文化或与少数民族民间文化相关的课是否感兴趣进行了调查，调查结果见图4.6：

调查结果显示，教师和学生对这一问题的反映具有趋同性，有65.1%的教师和69.1%的学生明确表示同意或非常同意，教师和学生分别只有9.2%和6.3%持否定态度，这一因子评价的平均数分别是2.27和2.13，介于同意和不确定之间但极其趋向于同意。同时，当学生面对"因会挤占教学时间，增加民族文化内容不可行"这一态度倾向问题时，

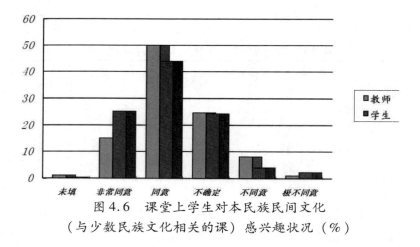

图4.6 课堂上学生对本民族民间文化
（与少数民族文化相关的课）感兴趣状况（%）

24.5%的学生表示非常不同意，27.5%的学生选择了不同意，26.7%的学生表示不确定，但有12.9%和7.8%的学生表示同意或非常同意，平均数为3.46，介于不确定和不同意之间；并且，对于"在校学习民族文化会影响其他科目的学习"这一问题，有53.2%的学生明确表示非常不同意或不同意。这一方面有力地说明了现行教材在民族地区的不适用，也进一步验证了开发民族民间文化课程资源的必要性和价值。

（2）学校对有关本民族民间文化方面的课程、教材开发极少

为了了解民族民间文化乡土课程和教材的开发情况，我们对教师进行了相关的调查，并通过实地考察，对其开发情况有了较全面的了解，调查结果如下：

表4.16　民族文化乡土课程和教材的开发情况调查（%）

评价等级 / 评价项目	未填	非常同意	同意	不确定	不同意	非常不同意	M 均值
我们学校自编有民族文化读本	0	8.1	26.9	42.5	15.1	7.5	2.87
本地开发有民族文化方面的地方教材	2.7	8.1	36.0	34.9	14.5	3.8	2.62

从表4.16来看，被调查的教师中，有42.5%的教师不确定学校是否自编有民族文化读本，还有22.6%的教师明确否认学校自编有民族文化读本，仅有35%的教师表示肯定。并且，对于"本地开发有民族文化方面的地方教材"这一问题，除去2.7%的教师未作选择外，有高达44.1%的被调查教师持肯定态度，18.3%的教师则持否定态度，高达34.9%的教师表示不确定。从这些数据看来，很多地方民族民间文化方面地方教材的开发状况不乐观，即使开发有这方面的教材，但并未有效利用，各学校也没有或少有自编的民族民间文化读本。

这与我们走访和考察的结果是一致的，如在四川省羌族地区某中学进行教师访谈时，该校校长说"学校目前暂时无地方课程，现在主要由市、县或省教育部门统一安排"，同时，我们也发现，目前该学校使用的语文教材是语文出版社出版的，数学和英语教材是人民教育出版社出版的，这与汉族地区很多学校的教材是一样的，该地某小学的一位老师也表示，"目前教材建设方面还不成"，语文、数学等学科教材的选用主要还是遵从国家标准，只在历史、地理等学科中有所涉及。

3. 考试评价制度制约民族民间文化课程资源开发

在现有的考试制度下，开发民族文化课程资源难度较大。从现有情况来看，西南民族地区不仅使用与汉族一样的大一统的教学大纲和课程设置，而且也采用相同的考试标准，在这样的情况下，开发民族民间文化课程资源是否会得到认同呢？

从图4.7来看，有24.2%的教师强烈表示考试制度不改的话，开发民族民间文化课程资源将无法落实，还有45.7%的教师也表示同意，另有15.6%的教师表示不确定，仅有11.9%的教师对此持肯定态度，认为即使在现有的考试制度下，开发民族民间文化课程资源也是可行的，平均数为2.12，介于同意与不确定之间。可见，教师普遍认为如果考试制度不改，开发民族民间文化课程资源将成为空话，无法落实。事实上，通过访谈，我们也发现，考试制度这根"指挥棒"也在很大程度上影响教师的态度和判断，很多教师表示，现在的学校教育基本是以成绩说话，教师的一切教学活动和学生的一切学习活动都是为了考试，为了取得更好的成绩，在这样的情况下，也就不难解释一部分教师对开发民族民间文化课程资源的担忧和消极态度了。

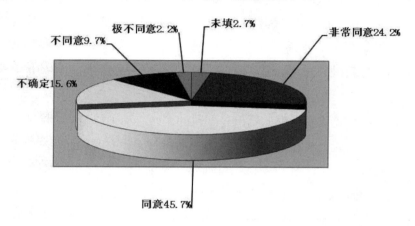

图 4.7 考试制度不改，开发民族民间文化课程资源将无法落实

由此可知，升学率的驱使下，教师和学生最为关心的就是成绩，而对教师和学生进行评价的标准也是成绩，这样一来，教师和学生本身就在巨大的压力下工作和学习。调查中，教师普遍反映现在教学任务很重、压力大，根本就没有时间和精力去开发民族民间文化课程资源，而且也担心进行民族文化课程的教学会影响教学效果，加重学生学习负担，从而影响考试成绩。

4. 开发主体不明确，专业人才短缺

（1）民族民间文化课程资源的开发应由学校、专家、教师等合力完成

从理论上来讲，民族民间文化课程资源的开发不单单只是由课程专家或学校或教师单方面力量来进行，而应该是更多方面力量综合来起作用。通过调查，我们看到，教师普遍认为课程资源开发应该需要得到专

家的指导、社区的支持，有赖于同事间的合作，同时还需要大量的资金支持，也就是要充分调动学校、教师、社区、课程专家等的积极性，创设一个良好的开发环境，唤醒开发意识，提高开发效率。

表 4.17　民族民间文化课程资源的开发主体（%）

评价等级 评价项目	未填	非常 同意	同意	不确定	不同意	非常 不同意	M 均值
民族民间文化课程资源 最好由教师自主开发	0	11.8	31.7	31.2	23.1	2.2	2.72
课程资源最好由专家开 发,教师执行	0.5	5.9	41.9	26.3	21.5	3.8	2.74
开发民族民间文化课程 资源的主体应是学校	0	7.0	39.8	32.3	16.1	4.8	2.72

但同时，从表 4.17 来看，有 43.5%、47.8% 和 46.8% 的教师分别认为民族民间文化课程资源的开发主体应该是教师、专家和学校，还有 31.2%、26.3% 和 32.3% 的教师分别对开发主体应该是教师、专家和学校表示不清楚或不确定，另还有超 20% 的教师表示不同意。可见，大部分教师已经认识到开发民族民间文化课程资源对教师专业发展和学校建设等方面的重要价值，因此对开发民族文化课程资源的必要性有比较一致的认识，但对民族文化课程资源的开发主体的认识还存在一定差异，还有相当大部分教师对课程资源开发及其开发主体认识不清。同时，从该表可以看出，认为课程资源最好由专家开发、教师执行的教师最多，其次是学校，最后才是教师，这一方面可以反映出传统课程资源开发观念对教师的影响根深蒂固，另一方面也在一定程度上反映出教师开发主体意识的淡薄以及对自身开发能力的不确定。

（2）当地教师开发民族民间文化课程资源的能力较弱，教师培训尤为迫切

表 4.18　当地教师开发民族民间文化课程资源的能力较强

被调查者评价的等级		非常同意	同意	不确定	不同意	非常不同意	M	t	P
全部		10.8	39.8	36.6	12.4	0.5	2.52		
学段比较	小学	12.7	29.1	43.0	15.2	0	2.61	1.17	0.25
	中学	9.3	47.7	31.8	10.3	0.9	2.46		

从表 4.18 来看，被调查的教师中，有 41.6% 的教师认为当地教师开发民族民间文化课程资源的能力较强，36.6% 的教师表示不确定，只有 12.9% 的教师对此表示不同意。其中小学教师中有 41.8% 的教师表示同意，高达 43% 的教师不确定，只有 15.2% 的教师表示不同意，平均数为 2.61，介于同意和不确定之间而趋向于不确定。被调查的中学教师中，57% 的教师表示同意，31.8% 的教师表示不确定，还有 10.3% 的教师不同意，平均数为 2.46，介于同意和不确定之间。由此可见，不同学段的教师在关于教师开发民族民间文化课程资源的能力方面存在一定差异但差异未达显著水平，主要表现为与较低年级相比，较高年级的教师对自身开发能力更显担忧，这可能与中学教师升学压力大，教学任务重，缺乏精力进行与升学考试无关的课程开发有关。

此外，在教师问卷中，我们还设计了教师培训必要性的问题，调查结果显示，80.7% 的教师认为对教师进行课程资源开发的培训非常重要，15.1% 的教师表示不清楚，仅有 4.2% 的教师认为对教师进行课程资源开发的培训没必要。F 值检验后发现，不同教龄的教师的看法有极其显著差异：$F = 3.563$，$P = 0.006$，$P <= 0.01$，两两比较发现，不同教龄的教师在这一评价项目上有极其显著的差异或显著的差异，普遍趋势即教龄在 0—15 年的教师对培训需要的认同度高于教龄在 15 年以上的教师。具体调查结果见表 4.19：

表 4.19　对教师进行课程资源开发的培训非常必要

被调查者评价的等级		1	2	3	4	5	M	F	P
全部		19.4	61.3	15.1	3.8	0.5	2.08		
教龄比较	0－5 年	16.7	83.3	0	0	0	1.83		1－4 0.012
	6－10 年	28.6	64.3	7.1	0	0	1.79		1－5 0.046
	11－15 年	33.3	66.7	0	0	0	1.67	3.563	2－4 0.006
	16－20 年	7.7	46.2	30.8	15.4	0	2.54	0.006	2－5 0.027
	21－25 年	0	77.8	11.1	0	11.1	2.44		3－4 0.002
	26 年及以上	5.9	70.6	17.6	5.9	0	2.24		3－5 0.012
									3－6 0.031

（注：本表第一行的数字意义如下：1．非常同意　2．同意　3．不确定　4．不同意　5．非常不同意；末列的数字意义如下：1．0－5 年教龄　2．6－10 年　3．11－15 年　4．16－20 年　5．21－25 年　6．26 年及以上）

（3）相关专业人才短缺

课程资源的开发需要学校、教师、专家等多方力量的共同努力，学校提供相应的环境和条件保障，作为教育工作一线的教师固然也起着重要的作用，但教师的理论素养往往有待提高，专业及开发水平参差不齐，相关的培训又很少，这就决定了学科专家及相关课程资源开发的专业人士在民族文化课程资源的开发中必然处在相当重要的地位。

表 4.20　教师在资源开发时得到专家指导很重要（％）

评价等级 评价项目	未填	非常同意	同意	不确定	不同意	非常不同意	M 均值
教师在资源开发时得到专家指导很重要	1.1	22.0	59.7	13.4	3.2	0.5	1.97

然而，目前，西南民族地区仅有的民族民间文化课程资源的开发都

是教师自主进行的，很少有专业的课程资源开发人才参与，缺乏专家的指导，相关专业人才短缺。此外，能精通民族民间文化的专门人才也越来越少。

5.民族民间文化课程资源的开发条件缺乏

西南民族地区地处偏远的山区，交通不便，由于历史与地理环境的原因，社会和经济、教育发展相对东部地区及西南汉族地区相对落后。尽管近年来西部大开发的形势下，在国家及社会各界的关注和大力扶持下，教育环境也得以较大的改善，新修的校舍、先进的教学设备设施的引进等，都为教育的发展提供了良好的硬件条件。但同时，由于主要的精力和大量的经费都投入到基础建设和日常的教学上，而无暇顾及其他方面，如师资队伍的建设、创新教育的开展以及教与研的结合等，使得学校的软件设施与硬件设施不配套，除开展日常的教学基本工作外，还远不能满足民族民间文化课程资源开发的需要。

6.可利用的民族民间文化课程资源流失严重

在现代性的影响下，少数民族文化被汉化的程度越来越严重，即使是在民族自治县也已经很难找到完整传承下来的少数民族文化，再加上西南地区许多民族本身无文字，只有语言，在历史变迁中少数民族文化濒临消失。另外，一些民族地区遭遇自然灾害破坏，本土文化也遭遇灾难性影响，如四川羌族地区在5·12地震后，大量的资料都在地震中遗失，大量的古建筑等物质文化遭到毁坏，作为文化传承活载体的许多羌族老年人也在地震中丧生，文化的继承和发展显得更加困难，可利用的民族文化课程资源流失严重。而且，汉文化已经成为羌族地区的主流文化或与羌族文化并驾齐驱，整个羌族社会受汉文化的影响越来越大，少数民族文化的意识越来越淡薄，开发民族民间文化课程资源的氛围也越来越差。

第五章

民族民间文化课程资源开发的
基本理念与原则

事业是理念与实践的生动统一。

——亚里士多德

理念是一种精神、意识层面上的上位性、综合性结构的哲学概念，是主观（认识、观念）见之于客观（规律、存在）的科学反映，是人们经过长期的理性思考及实践所形成的思想观念、精神向往、理想追求和哲学观点的抽象概括，是指引人们从事理论探究和实践运作的航标和鹄的，是理论化、系统化了的，具有相对稳定性、延续性和指向性的认识、理想的观念体系。简言之，所谓理念，是指人们对于某一事物或现象的理性认识、理想追求及其所形成的观念体系。[①] 民间文化课程资源开发的关键而首要的环节便是确立资源开发的基本理念。

一、民族民间文化课程资源开发的基本理念

（一）尊重差异多元

关于文化融合有多种理论，如文化熔炉论、文化多元论等。文化熔炉论强调文化融合，承认社会是多个集团的集合，每个集团都拥有各自的特殊利益，主张不要完全排除各少数民族固有的宗教及文化等背景，在互相吸收其他民族包括主流民族的优秀文化的同时，部分地放弃或修正本民族的文化，将各民族的文化融合起来，从而共同创造一种综合

---

① 韩延明：《大学理念论纲》，人民教育出版社 2003 年版，第 58 页。

的、新的第三种文化。这个同化的过程是混合的过程。用公式来形容的话则是 $A + B + C = D$。这种文化融合的思想反映出一种同化主义倾向。即认为随着时间的推移，少数族群作为独立的实体将会消失，他们的价值观、态度和行为将被主流文化的价值观、态度和行为所代替，因此少数族群要逐渐适应主流文化。过去在教育政策中采取"同化模式"，强调少数族群应接受主流社会文化，以便适应主流社会，但这种教育模式忽略少数族群的文化认同及社会经济、法律观点，被证明不利于整体社会的和谐发展。随着后现代主义思潮的兴起，后现代主义对现代主义的欧洲中心、西方中心、理性中心进行了彻底解构，要求"去中心化"，对区域文化的不尊重也予以了严厉批判。伴随着对"中心"的消解，提出了差异多元的思想。差异多元的主张有别于同化主义、普遍主义，普遍主义仅仅对强势或多数予以认同，忽略或掩饰差异性，进而同化他族。而差异则强调真实，将自己视为一个原初与独立的个体，崇尚自己与他人相异的特征，透过自己的历史与复杂的主体地位的了解达成对自身的认同。不仅如此，差异还强调族群发展之间的差异。透过对差异的理解，解决个体与他者间的紧张与文化冲突。

当今社会巨变正以世界规模发生，世界相互依存关系增大，"地球村"的观念逐渐深入人心。全球化背景下，各族群的文化在本国内乃至世界范围内相互交织、碰撞与融合的趋势愈发突出，使得社会形态和文化类型日益多元化。在多元文化背景下，学校课程理应反映文化多元的诉求，其有效路径是实施多元文化课程。多元文化课程是对普遍主义的反动，其特质之一是面对现实并尊重多元差异。多元文化课程要求重新认识少数民族及其文化，尊重少数民族的独自特征和民族感情，实现中华民族的多元一体。多元文化课程的实施很大程度上有赖于民族民间文化课程资源的丰富性。为此，多元文化视野下西南地区民族民间文化课程资源开发强调对异质文化的理解、认同和纳入，一方面使学生认识自身文化并发展本民族文化，同时让学生努力认识和尊重文化差别，做到尊重他人和自己，尊重他人和自己的文化，学会同自己国家的各族人民以及世界上其他民族、种族的人们和睦相处。

（二）倡导回归生活世界

当今科技理性的极度膨胀，科学技术本身所固有的非自然性、强制性僭越了需要个性自由和精神超功利提升的人性，引发了整个人类生存与发展危机。这种影响在现代课程中也是深刻的。对科学逻辑性的遵循使"人"成为课程所传播知识的复制者，学生主体性在科学的工具理性中逐渐流失。在唯科学主义的影响下，课程驱逐了人的需求、情绪、情感、想象等非理性因素的存在，纯粹的工具化窒息了课程本身的育人功能，它更倾向于使人服从一种"工具的逻辑"。工具理性的恶性生长，使课程世界中"课程"这一客体原则取代了"人"的主体原则，"人"由一个自由自为的主体性存在转为了客体，从本体转为了手段。人本身的理性也变成了纯工具化的思维方式，"人始终是主体"这一论断在课程的世界里似乎找不到有力的证明。①

面对科学主义导致的人的存在的危机，胡塞尔（E. Husserl）把"生活世界"这一重要概念引入了哲学思考的视野。生活世界是一个我们生活于其中的实在世界，是一个前科学的、原初的、直观的世界。②生活世界是建立在日常交往基础上的，由主体与主体之间所结成的丰富而生动的日常生活构成的世界，即"日常生活世界"。用胡塞尔的话说，生活世界的基本特征是"可被实际知觉的主观性"，即人们可以实际知觉和经验到这个日常生活世界本身。③为此，胡塞尔认为科学世界只有回归到原初的生活世界之中，才有可能解决时代的科学危机。哈贝马斯（J. Habermas）主张将交往的概念纳入"生活世界"，认为"生活

---

① 刘继平：《课程的迷失与回归》，《教育理论与实践》2001 年第 3 期。
② 王攀峰：《试论走向生活世界的教学》，《南京师范大学学报（社会科学版）》2004 年第 6 期。
③ 参见张华：《课程与教学论》，上海教育出版社 2000 年版，第 423 页。

世界"不应仅仅理解为先验主体构造的产物,而应理解为一个交互主体性的世界,一种人类日常交往实践的背景和情境的存在。

从科学世界向生活世界的回归,是当代社会与人类理性的普遍性趋向。如何回归?文化哲学关于回归生活世界的主张为我们指明了方向。文化哲学在回归生活世界时,并没有把理性的目光投放到生活世界的某一具体的侧面或某一具体的活动,而是聚焦到内在于生活世界乃至整个人类社会所有方面,并从深层制约和左右人的活动和社会运动的基本层面,即文化。生活世界不是抽象物体组成的冰冷的世界,而是人的世界,是人在其中生活、交往、工作、创作的世界。人总是文化的人,在人的存在领域中文化无所不在。在人的生活世界中,历史地凝结成的、自发地左右人的各种活动的稳定的生存方式,就是文化。因此,当哲学理性回归生活世界时,就是回归人本身,就是回归文化。[①] 文化是内在于人的一切活动之中,是人的行为方式的基本的生存模式,是人的生活世界的内在运行机制。因此,从文化的层面回归生活世界,不是回归生活世界的某一方面或某一具体对象,而是回归生活世界本身。这种哲学理性以文化层面为根基而回归生活世界,是一种内在的、深层的回归途径,是对生活世界的内在启蒙或内在教化的方式。[②] 因科技理性至上而导致了现代课程的迷失,现今的课程当踏上回归之路,课程回归生活世界,回归人本身,回归文化。回归生活的课程生态观,是课程向自然、生活和人自身的回归,在生活体验的基础上经验课程的意义。

强调向生活世界回归,是地方课程资源开发的基本价值理念。是对民族地区以往教育与"生活世界"的严重剥离,主体性的失落的一种批判与反思。回归生活的课程资源观关注学生的生活世界。派纳(W. F. Pinar)和格鲁梅特(M. R. Grumet)认为,课程是学生的"生活经

---

① 衣俊卿:《回归生活世界与构建文化哲学》,《求是学刊》2000 年第 1 期。
② 衣俊卿:《回归生活世界与构建文化哲学》,《求是学刊》2000 年第 1 期。

验"，是个体"履历经验"的重组。是学生生活世界独有的东西。① 派纳认为，要获得个体的自由和解放，学校课程绝对不能局限于系统化的书本知识，而要关照个体作为"具体的活生生的存在"的"生活经验"，因为"人的生活的深刻性只有在独立个体的生活领域中去寻找"，而不能从个体以外去探求。② 回归生活的课程观把课程视为文化与自我生活履历的中介，并强调这种中介应进入苗族学生的"生活经验"或"履历情境"。然而民族地区实际的课程往往缺乏真实的体验，而真实的体验又往往被概念化的东西所掩盖，民族地区学校课程不能反映民族学生个体的和群体的生活经历，没能把生活世界的东西提供出来让他们去理解和体验。为此，回归生活的课程资源观要求面向民族学生生活，强调课程资源开发要关注民族学生的生活世界，关注民族学生生活于其中的文化背景。人在生活世界中需要的科学文化知识其根本来源于人的生活史。学校课程只有把人们生活经验于其中的民族文化、地域文化纳入到学生的生活世界中加以重组，使民族文化、地域文化进入本地学生的生活才能深入到学生心灵深处。只有这样，学校课程对学生的成长才具有真正的意义。正如有学者所说的，生活意义是无声的声音，不能听见的呼唤，无法用言语表达的话语，没有形状的表现，它在个人的经验之中成长。③

课程向生活的回归并不意味着课程对生活的简单复制、刻写，相反主张课程应具有强烈的重建意识，这也许是生活世界是具体的、实际的、直观的，它是人们日常的世界，是经验的世界。民族地区中小学长期以来形成了学校文化与社会生活文化的隔离，学生长期生活在制度化

① Pinar & Grumet, *Towarda Poor Cur – riculum: An Introduction to the Theory and Practice of Course*, 1976.
② W. F. Pinar, *The Abstract and the Concretein Curriculum Theorizing*, In Giroux, H. A.; Penna, A. N. &Pinar, W. F. (Eds.), Curriculum & Instruction, 1981, p.434.
③ ［美］威廉·F. 派纳等：《理解课程》，张华等译，教育科学出版社 2003 年版，第452页。

的学校文化和狭小的家庭社会文化空间中，两者之间缺乏沟通。他们的隔离，造成一定程度上的"文化中断"与疏离，学生的生活空间狭小且成碎片化。因此，民族学校的学习生活应该同时赋予两种意义，其一是真正的学习并不是存在于无人能够脱离的种种实际的需要之中，而是存在于自我充分感受和生活的诗意的特点之中；其二是现实生活需要每个人既有清醒意识又有理解心。在多元文化背景下，课程应步入学生的生活实践，走进学生的具体生活情景，学生根据自己的经验对知识不断重组与建构。正如哈贝马斯所说，生活世界是交往行为始终运行于其中的境域，交往行为者不可能走出其生活世界境域。他们本身作为阐释者凭借言语行为属于生活世界。行为参与者在生活世界的基础上做出他们对行为环境的阐释并继而建构其行为的知识。

（三）寻求本土知识合法化

不同的知识观往往制约着我们对课程资源的开发与教材内容的选择。现行课程是现代知识观的反映。"客观性"、"普遍性"和"价值中立性"是现代知识的三个基本特性。知识的"客观性"的基本意蕴即是它的"符合性"，即知识与事物本身的属性及事物与事物之间的本来关系相符合性。知识或真正的知识应该是正确地反映了事物的本质属性或事物与事物之间的本质关系。知识的客观性除"符合性"的意蕴外，还包括了"可检验性"、"可证实性"、客观知识陈述彼此之间的"一致性"以及提出客观知识的"非人格性"和"公共可传达性"等。[1] 随着对这种知识的客观性的广泛信仰和追求，便产生了知识问题上的"客观主义"，要求人们在获得知识的过程中摒弃所有个人的主张、偏见、意见、经验、情感等。在客观主义面前，所有传统的知识、地方性的知识、个体的知识以及不能用语言来加以表述的知识都不是真正的知识，[2] 因而民族的、本土的知识很难进入学校教科书；而科学知识被看

---

① 石中英：《知识转型与教育改革》，教育科学出版社 2002 年版，第 135－136 页。
② 石中英：《知识转型与教育改革》，教育科学出版社 2002 年版，第 136 页。

成是"客观的"、"普遍的"和"中立的"知识，是真正的知识，是对客观世界的客观反映，理应成为课程知识的主体部分。

现代知识的"普遍性"是指"普遍的可证实性"以及建立于其上的"普遍的可接纳性"。不仅如此，现代知识的普遍性还指生产和辩护知识的标准能够得到普遍认同和尊重。① 知识"普遍性"常常是判断知识正确与否的基准。在现代人的心目中，一种知识只有在具有普遍性的前提下，方可称得上是"科学的"或真正的知识。受这种知识观影响，它导致本土知识合法性的解构以及在社会生活中的被遗忘，阻碍了本土知识的发展。这种知识的普遍性传播过程中体现出的知识霸权，正如费耶阿本德（P. K. Feyerabend）所提示的"现代科学的兴起伴随着西方对非西方部落的镇压，这些非西方部落不仅在肉体上遭到镇压，他们还失去了理智上的独立性。在大多数的情况下，本土知识或传统在未经任何辩论的情况下就消失了，人们在肉体上和精神上都只能成为西方的奴隶。"② 现代知识观将知识不仅视作是客观的、普遍的，更是中立的，即知识纯粹是经验和理智的产物，它只与认识对象的客观属性和认识主体的认识能力有关，而与认识主体的性别、种族以及所持意识形态等无关。

随着后现代对现代性的全面解构，现代知识观的三个基本特性遭到普遍质疑。后现代思想家认为，认识对象不会是脱离认识主体的"独立的"、"自主的"和"自在的"，而是由社会因素所建构的。知识的性质不可避免地受到其所在的文化冲突和文化模式的制约，与一定的文化体系中的价值观念、生活方式、语言符号乃至人生信仰都不可分割，因而就其本性而言，它是"文化的"而非"客观的"，是"文化涉入"的而

---

① 石中英：《知识转型与教育改革》，教育科学出版社 2002 年版，第 137 页。

② P. K. Feyerabend, *Gainst Method: Outline of an Anarchistic Theory of Knowledge*, Red Wood Burn, 1975, p. 299.

非"文化无涉"的。① 后现代知识观对知识普遍性予以了解构而更加强调知识境域性，认为任何知识都是存在于一定的时间、空间、理论范式、价值体系、语言符号等文化因素之中的，并由其所位于的整个意义系统来表达，离开了特定的境域，既不存在任何的知识，也不存在任何的认识主体和认识行为。伴随着现代知识"客观性"的解构以及被"文化性"所代替，现代知识的"中立性"神话也被打破，暴露出其本来的文化和价值特性。后现代思想家认为，所有的知识生产都是受着社会价值需要的牵引，所有知识本身都体现着一定价值要求，尤其是在社会和人文知识领域中，根本就不存在纯粹的事实，而总是包含着一定的价值要求。并且所有的知识在传播过程中都是受着权力因素的制约的，都是社会总体权力实践的一部分。社会的权力实践不仅仅体现为"肉体的控制"，而且还体现为"知识的控制"，尤其是在知识标准上的控制。这就间接地控制了异质性知识的生产和传播，从而使异质行为或反抗行为的可能性降到最低程度。② 随着后现代知识观对现代知识普遍性的消解，知识的"境域性"、"文化性"和"价值性"标准的提出，本土知识作为一种知识的类型应具有其合法的席位。

在人类历史上，不同的文化形态包含或产生了不同的知识体系和文化内容。这些不同的知识体系和不同的文化内容，在不同文化形态及相应的社会形态的发展中都曾做出了自己的贡献。人类文化形态的多样性决定了人类知识形态的多样性，人类知识形态的多样性则意味着各种知识要素都拥有同等的生存权利，应该得到同样的尊重和认可。本土知识传统构成了本土社会文化传统的核心，在本土社会各个方面的建设中都起着基础性的作用。所谓本土知识，即一个民族在自己的生存、延续和

① 石中英：《知识转型与教育改革》，教育科学出版社 2002 年版，第 143－144 页。

② 谢登斌：《现代知识性质的解构与后现代课程知识的抉择》，《学术论坛》2003 年第 2 期。

发展过程中所形成的、具有自己独特内容与形式的知识体系。① 这种知识体系深刻反映着民族文化心理结构，包括一切的信仰、道德、习俗和个人作为社会成员所必要的能力及习惯。本土知识是本土人民共同的精神财富，由本土人民共同分享，对本土人民的生产和生活产生重大影响。本土知识为本土人民提供一种他们自己熟悉的界定问题、观察问题、分析问题和解决问题的视角。多元文化论者强调多元文化在课程中的渗透，尤其是本土文化和知识。班克斯指出，在课程中必须反映出其他族群的历史、经验、价值观念，给少数民族学生以了解自己文化的机会，培植他们的民族自尊心，同时也给优势族群的学生以了解他们文化的机会，消除偏见。"要客观地认识与理解自身文化是困难的。而突破这个难点的最好办法，就是同多元文化的接触和交往，在更高的深度上去理解它。这样才能从本国文化及支撑这一文化的价值中获得自由。"② 费孝通曾指出，人们首先要认识自身的文化，理解多元文化，才有条件在多元化的世界里确立自己的位置，与其他文化一起取长补短，共同建立一个大家认可的基本秩序。③

　　知识的生产和传播都无法脱离社会，都是受着社会中明显的或是隐蔽的权力关系的制约，反过来，知识也是为社会中的权力服务的，助长旧的权力或者生产新的权力，如此便形成了知识与权力的结盟。"权力从根本上说，就是一种压抑，压抑自然、压抑本能、压制阶级、压制个人。知识权力也是一样。因此，全部知识的事业，包括教育的事业，都不是具有绝对价值，无可置疑的。通过知识既可以解放人，也可以奴役

---

① 石中英：《知识转型与教育改革》，教育科学出版社 2002 年版，第 325 页。
② 筑波大学教育学研究会编：《现代教育学基础》，上海教育出版社 1986 年版，第 100 页。
③ 张冠生：《人们现在有一种需要——费孝通教授近期访谈录》，《博览群书》1985 年第 4 期。

人。"① 在福柯（M. Foucault）看来，知识与权力是密不可分的。权力体系产生出不同形式的知识，这些不同形式的知识反过来又在社会代理者中产生出物质后果。知识的生产者是社会中拥有权力的强势群体，他们凭借认识上的霸权、出版上的霸权，将建基于其立场上的特殊主义的认识转换为普遍主义的叙述，并采用去立场化、去价值化、去情境化的策略，驱逐来自不同立场的其他声音。康奈尔说"纳入学校课程的知识从一开始就是由社会形成的。我们认为理所当然的关于什么是'基本技能'、什么是知识的'核心'领域、什么是知识地图上的界限的观念，都是一门复杂的政治学产物，是由更广泛的社会权力分配形成的。"② 扬与阿普尔（M. F. O. Yoang & M. W. Apple）分别用不同的语句表达了这样的意思：课程是经由意识形态（既包括政治的意识形态，也包括科技的意识形态）所界定的知识、所选择的知识、所分配的知识，所实施的知识。知识也罢、课程也罢，都是置身于具体的社会、历史、文化情境中的一种建构，甚至是各个利益群体之间相互角逐、相互妥协的社会建构。课程在此早已不是一种客观事实，而是一个人为的社会建构。在任何社会中，统治阶级和有权力者都把持着课程及教材内容的选择、组织、评价等，将自己阶层的知识在其中充分体现，表达其中心文化的地位。因此，教材所呈现的内容就是一个意识形态具体化的过程，也是对社会文化再生产及社会地位再生产的过程。在我国，相对于其他民族而言，汉族是占有人口优势、人才优势、经济优势等多种优势的民族，因此可以说比其他55个民族拥有更多的社会资源和权力，其所负载的文化也因此而成为社会中的主流文化。

知识与权力不仅制约着课程知识的选择，同时也影响着课程知识的

---

① 石中英、尚志远：《后现代知识状况与基础教育课程改革》，http://netbook, hl. eninfo. neNnetbook/28. htm.

② ［澳］罗伯特·W. 康奈尔：《教育、社会公正与知识》，李复新、马小梅译，《华东师范大学学报（教育科学版）》1997 年第 4 期。

组织。知识应如何组织？现代知识观认为，知识的组织如同金字塔，是分阶层的。在知识谱系中也是存在着等级制的。"等级化是指在现代知识总体中，不同的知识被依其价值划分为三六九等，排列成一个明显的知识价值的谱系或台阶。"① 知识的等级制形成知识金字塔，在"知识金字塔"的顶端，端坐的是"西方知识"或曰"科学知识"，它们既是知识王国的"统治者"，又是知识王国的"立法者"、"执法者"和"最大受益者"。人们对这种知识以及生产这种知识的人恭敬的态度几乎到了项礼膜拜的程度。处于最下层的是"本土知识"或"传统知识"，它们既得不到社会的重视，又得不到正规教育系统的传播。② 精确知识的地位，尤其是可概括为数字的知识地位最高；可以用文字表达出来的知识的地位高于口述的、民间流传的知识；远离生活的知识即与个人生活距离较远的知识地位高于日常生活中的知识。造成知识等级化本质是由于知识与权力的相互作用带来的。福柯对这种社会背景下的知识权力关系进行了非常深刻的研究，他指出这里所说的权力并不等同于政治生活中的权力，并非明显的压迫与被压迫，而是一张网，无所不在的网，是针对所有力量的。文化是分三六九等的，划分的标准即是文化所属的群体在社会中占有资源的多少。"某种种类知识的缺乏——看你所在的特殊群体在复杂的文化保存和分配过程中处于何种地位——毫无疑问，与你所在的特殊群体在社会中某些种类的政治和经济权利的缺乏有关。"③ 在所有的社会资源中，经济的重要地位似乎毋庸置疑，经济的边缘化或者说经济的落后往往是导致文化边缘化的最主要原因。在我国，少数民族多数生活在边远地区，生产资料及生活资料一般较匮乏，

---

① 石中英、尚志远：《后现代知识状况与基础教育课程改革》，http；//netbook, hl. eninfo. neNnetbook/28. htm.

② 石中英：《知识转型与教育改革》，教育科学出版社 2002 年版，第 153 页。

③ 迈克尔·W. 阿普尔：《意识形态与课程》，黄忠敬译，华东师范大学出版社 2001 年版，第 16 页。

在经济上长期处于劣势地位。此外，由于远离主流社会群体，在社会关系、心理、文化和政治参与等方面也长期被隔离，其发声的机会也很少，在争取自己的权益时往往处于被动的地位，很难进入主流的社会生活，有时甚至不得不借助主流民族来表达自己的愿望和要求。正因为如此，有的知识处于中心的位置，而中心文化对其他文化具有一种强迫态势，一方面极大地影响和吸引着其他文化，另一方面也成为评估和判断其他文化的模式，正是这种模式的存在自觉或不自觉地造成了族群文化的边缘化。

正是基于本土知识在近代社会以来成为一种福柯所说的"受压迫的知识"，也即一种长期被剥夺合法性的知识，导致本土知识的不断丧失或边缘化。在我国现行课程中本土文化和知识被有意无意的忽视，民族的、本土的文化正面临逐渐衰落的境地。民族学校课程照搬内地主流文化为中心的课程模式，在这种课程模式下，民族地区一代又一代的本土青少年从学校中仅仅学习的是先进的科学知识和国家的主流文化，不仅对本土知识疏于了解，而且对自己本土知识以及所建构的整个本民族文化的自卑和蔑视，本土知识的不断丧失或边缘化必然导致本土民族文化价值体系的崩溃和传统生活方式的解构，最终导致少数民族同胞在生活和实践中严重的精神危机和依赖心理，导致了他们在关系到自己生活和命运的问题上"失声"。为此，认识重庆市民族地区本土知识、文化的发展价值，使本土知识重新合法化应引起民族地区人们的重视。从重庆市民族地区来说，要实现本民族的内在发展，民族文化的价值是不可代替的，民族文化传统的重建是民族地区实现可持续发展和独立自主发展的重要条件。借助于民族文化，可以消解以往对本土社会的"核心"——"边缘"体系的刻板印象，建立真正多元和多样的人类发展文化生态。本土知识在课程中话语权的重拾，使学生向自己生活的土地学习而建立自信，感受"地理"就在我脚下的这块土地上，"历史"就在我每天生活的每件事情里。

（四）保持一元与多元的必要张力

西南地区现行课程是一种一元文化课程和主流文化课程，这种课程以主体民族即汉民族的文化、历史、价值观等为中心设置课程，忽略了其他族群的感受和需求，体现了一种课程上的霸权主义。一元文化课程不利于不同文化间的交流和认同。对非主流文化族群的学生而言，由于学校教科书未能反映他们的文化，会使他们产生疏远和自卑感，产生人格内部的文化冲突，削弱其学习动机。一元文化课程不仅巩固并加深了社会对非主流文化族群的成见与偏见，成为诱发不同文化族群矛盾冲突的重要因素，而且影响学生对其群体角色的认同与归属，还极大地影响学生的成就动机、学业成绩和职业成就。一元文化课程不仅会对苗族、土家族等非主流文化族群的学生造成心理上的挫伤，对于汉族学生也会产生一种负效应。对汉族学生而言，一元文化课程容易使他们错误地形成自身的优越感，这样既丧失了从其他文化族群的知识、观点中获利的机会，又不利于自身文化观念的反省和发展，达到文化自觉的高度。"要客观地认识与理解自身文化是困难的。而突破这个难点的最好办法，就是同多元文化的接触和交往，在更高的深度上去理解它。这样才能从本国文化及支撑这一文化的价值中获得自由。"① 费孝通曾指出，人们首先要认识自身的文化，理解多元文化，才有条件在多元化的世界里确立自己的位置，与其他文化一起取长补短，共同建立一个大家认可的基本秩序。② 随着民族运动的活跃与发展，多元文化教育与多元文化课程兴起并迅速发展。多元文化课程观强调课程应尊重和反映每个儿童本民族的文化观及其文化体验的要求，展示少数民族群体及其贡献和社会问题等。当然，强调在西南民族地区实施多元文化课程，并非主张走向极端，而主张民族中心主义。因

---

① 筑波大学教育学研究会编：《现代教育学基础》，上海教育出版社 1986 年版，第 100 页。

② 张冠生：《人们现在有一种需要——费孝通教授近期访谈录》，《博览群书》1985 年第 4 期。

此，如何解决文化一元和多元的矛盾是当前多元文化视野下西南地区民族文化课程资源开发时不得不关注的焦点。科学哲学家库恩（Thomas Kuhn）关于"在对立的两极保持必要的张力"的思想为解决这一问题提供了良好的思维范式。"张力保持"就是把对立的两极联系起来，而不应把二者割裂开来；是使对立的两极互补，而不应使二者相互排斥，是在对立的两极之间保持微妙的平衡，掌握恰到好处的分寸。课程文化在一元与多元的两极保持必要的张力，为我们卓有成效地进行课程文化的选择提供了科学的认识论与方法论。由此，多元文化视野下西南地区民族文化课程资源的开发应坚持一元与多元辨证统一的发展观。

二、民族民间文化课程资源的开发原则

在文化教育学者看来，人类的精神活动经由历史的积淀过程，而成为一种文化财富。李卡尔特（H. Rickert）认为，凡文化必须具有价值，而与价值相联系的事实，就是我们称之为文化的东西。文化是历史创造的财富的总和，文化价值实现于文化财富之中。由此他提出了"文化财"的概念。[①]"文化财"具有文化传递的价值，但并非所有的"文化财"都具有陶冶人类心灵的价值。在此意义上，李特（T. Litt）又提出了"陶冶财"的概念，"陶冶财"是具有陶冶价值，能为学生接受的精神文化财富。民族民间文化课程资源的开发与利用，就是要将众多的民族"文化财"中的"陶冶财"发掘出来。这种"陶冶财"主要是斯普朗格（E. Spranger）所指的团体精神（集体意识）、客观精神、规范精神（客观规范、生活规范）、人格精神。

西南地区拥有丰裕的民族文化资源，但是，这些现存的资源在没有被选择和经过教育学的加工之前，只是作为一种资源而存在，是外在于课程的。资源本身并不能起作用，不同的收效取决于不同的使用方式。任何

---

① 参见郑金洲：《教育文化学》，人民教育出版社 2000 年版，第 56 页。

种类的资源只有得到教师和学生的重视并被看作资源为师生所用时，才能在教学中变得有意义。① 因而课程的资源不等于课程资源，这些客观存在的资源要真正成为地方课程资源和内容，中间有一个转化过程，只有当其被利用和转化成为课程本身的重要组成部分时，才能称其为课程资源，它才具有课程价值。因此，我们应清楚认识到课程资源不是一个粮仓，直接为课程内容提供取之不尽的食粮，而是一座矿山，需要挖掘和开发。为此，探讨西南地区民族文化课程资源的焦点问题并非资源本身，而在于地方课程资源的可用性，也即关注如何开发与有效利用的问题。

课程资源的开发，就是寻找一切有可能进入课程，能够与教育教学活动联系起来的资源。就是要根据具体地域特点、学校特点、学科特点、教师特点，发挥各自的优势，使课程资源尤其素材性课程资源开发更加合理有效，并成为课程内容的有机成分。

究竟哪些资源才是具有开发和利用价值的课程资源，必须通过筛选机制过滤才能确定。从课程理论的角度讲，至少要经过三个筛子的过滤筛选才能确定课程资源的开发价值。第一个筛子是教育哲学，即课程资源要有利于实现教育的理想和办学的宗旨，反映社会的发展需要和进步方向；第二个筛子是学习理论，即课程资源要与学生学习的内部条件相一致，符合学生身心发展的特点，满足学生的兴趣爱好和发展需求；；第三个筛子是教学理论，即课程资源要与教师教育教学修养的现实水平相适应。② 民族文化课程资源同样要经过这样的筛选。在多元文化背景中，课程资源的开发有其特殊要求和筛选原则。原则规范着人们的行为，是正确行动的根据、尺度和准则。西南地区民族文化课程资源的开发与利用不是随意而行的，需要一定的原则来规范。

英国教育人类学家杰夫科特（R. Jeffcoate）关于如何将不同的文化

---

① ［美］科恩等：《资源、教学与研究》，《华东师范大学学报（教育科学版）》2001 年第 4 期。

② 吴刚平：《课程资源的理论构想》，《教育研究》2001 年第 9 期。

资源带进学校课程提出过以下几个标准：第一，所选内容要具有国际性，其观点具有全人类性；第二，所提供的视觉形象、故事及知识要全面地体现文化中的各种文化群体；第三，学生应该有机会获得有关种族和文化间异同的真实知识；第四，应客观地介绍各移民和外族群文化群体；第五，允许各民族用自己的语言来解释文化，表现自身归属。多元文化课程的采纳有利于学校充分发挥教育的个性，摆脱某一狭隘文化的垄断，更快促进对学校文化的认可，并乐于接受。[①] 为使西南地区民族文化课程资源的筛选机制更好地发挥作用，必须遵循一定的开发原则。

从民族文化课程资源的基本特点和多样的类型，我们认为，西南地区民族文化课程资源的开发应遵循如下一些原则。

（一）价值性原则

民族民间文化课程资源中的各类材料应明确显示多元文化的社会及其多元和谐一体的价值准则，在吸收主流文化甚至国外先进文化的基础上，结合本民族传统文化对之进行民族化的改造。所选择的课程内容应有益于学生的民族认同和跨文化交往能力的培养，以及形成多元文化的价值理念。例如，苗族民间文学课程资源中应挖掘哪些族源史、苗族英雄人物的事迹、苗族在中国历史中的贡献、与各杂居民族友好往来的故事等等。课程内容设计应同时考虑学生的经验与文化学习，这种民族认同和多元文化能力与理念的建立不是空泛的，要建立在学生能够切实感受和体验的基础上，如利用各种苗族习俗活动中有价值的成分组织课程。

（二）开放性原则

民族民间文化课程资源的开发与利用要以开放的心态对待少数民族创造的一切文明成果，尽可能开发与利用有益于教育教学活动的一切可能的课程资源。民族民间文化课程资源开发与利用的开放性，一方面是课程资源类型的开放性，无论是以民族民间传统文化资源、生活文化资

---

① 转引自孟凡丽：《多元文化背景中的地方课程开发》，博士学位论文，西北师范大学 2003 年，第 98 页。

源、节日文化、人生礼仪文化、民间技艺文化资源类型还是崇尚信仰文化资源类型存在的，也无论是以生命载体还是非生命载体方式存在的民间文化课程资源，只要有利于达成文化多元的课程目标，都应是开发与利用的对象；另一方面这种开放性还意味着空间的开放性，即不论是校内的还是校外的，苗族、土家族、羌族的还是其他民族的，中国的还是外国的，都应加以开发与利用；除此而外，这种开放性还应保证途径的开放性，即民族民间文化课程资源的开发与利用不应局限于某一种途径或方式，而应探索多种途径或方式，并且能够尽可能地协调配合使用。

（三）现代性原则

我们强调少数民族文化、地方文化等非主流文化价值的目的是反对文化中心主义，使少数民族、本土文化去边缘化，以达成对民族文化、地方文化的充分理解、认识、尊重。在中心与边缘、现代与传统的冲突中，人类的确应保护和发扬民族、地方文化中的精华，以文化的丰富多彩，使这个世界充满生机。但不能否认的是，在鼓励各个民族和地区挖掘以自身文化传统为背景的课程资源的同时，我们也应看到如果一味地在传统的、本土的文化领域，为曾经有过的辉煌沾沾自喜；或者总是处在一种虚幻的回忆中，从曾经有过的辉煌中唤起情感，从而拒绝变革，造就边缘文化霸权，这同样是一种狭隘的民族情结和乡土情结。我们在这样的情结支配下，看到的课程资源可能都是传统的历史、美好的家园。而实际上我们的学生将可能面对的是贫瘠的山梁、落后的习俗、与现代化格格不入的价值观。① 为了防止从一个极端走向另一个极端，民族文化课程资源的开发要有突破本民族文化局限性的意识，确立超越自身文化的价值观念，与时俱进，跟上时代的步伐，体现文化的现代性。

（四）针对性原则

课程资源的开发与利用是为了课程目标的有效达成，针对不同的课

---

① 孟凡丽：《多元文化背景中地方课程开发研究》，博士学位论文，西北师范大学2003年，第 101 页。

程目标应该开发与利用与之相应的课程资源。一般说来，每一种课程资源对于特定的课程目标具有不同的作用和功能，不同的课程目标就需要开发与利用不同的课程资源；但是，由于课程资源本身的多质性，同一的课程资源又可以服务于不同的课程目标，所以，地方课程资源的开发与利用就必须在明确多元文化课程目标的前提下，认真分析与多元文化课程目标相关的各种各类课程资源，认识和掌握其各自的性质和特点，这样才能保证开发与利用的针对性及有效性。

（五）需求性原则

民族民间文化课程资源的选择应满足学生的兴趣和需要，应贴近学生生活，符合学生的经验，所形成的课程内容是学生真实世界中具有个人与社会意识的问题。如学生喜欢的苗族、土家族歌舞、器乐、民间文学、民间体育活动等。

（六）公正性原则

民族民间课程资源的选择应力求避免对乡土文化及少数民族的刻板印象、偏见和歧视的材料，承认并允许其他文化或民族的价值，改变用主流文化、精英文化或主体民族的标准判断非主流文化或主体民族的传统。

（七）显性化原则

民族民间文化课程资源具有内隐性特点，如民族民间文化的价值规范、区域文化氛围、民族心理和精神等等，潜移默化地影响着生存其间的个体，并深入其骨髓与血液之中。与显性课程资源相比，隐性课程资源发掘与利用的难度相对较大，并时常被忽略。为此，在民族民间文化课程资源开发中应坚持显性化原则，让这些深藏匿水中的冰山外显，把民族民间文化中隐性课程资源外化为显性课程资源，如在让学生学习民间舞蹈中深入揭示其隐含的文化内涵、价值观念和民族精髓，在展示民族服饰中让学生了解所隐含的族群符号意义以及所承载的族源历史文化等等，以便教育教学活动直接利用，成为现实的课程资源。

第六章

民族民间文化课程资源开发的目标建构

成功之秘诀，在始终不变其目的。

——毕因士腓特

目标是行动的起点与归纳，是行动的方向或指导原则，民族民间文化课程资源开发的目标贯穿课程的全过程，规定着课程资源的识别、选择与组织，是课程资源有效利用和评价的准则之一。为此，依据学校课程目标建构民族民间文化课程资源开发目标，挖掘和利用民族民间文化课程资源，以促进优秀传统文化的传承与发展，保护文化多样性，成为民间文化课程资源开发的重要环节。

一、民族民间文化课程资源开发目标确立的依据

课程目标确立的基本来源即学生的需要、社会发展的需求、学科的发展。课程资源的开发是为课程实施服务的，课程资源开发的目标建构与课程目标建构紧密关联。因此，民族民间文化课程资源开发目标的确立也主要依据学生的需要、社会的需求及文化知识的发展这三方面因素。

（一）学生发展的需要

课程的存在为了学生更有智慧地生存，促进学生身心获得全面发展，因此课程资源的开发要关注对学生的研究，尤其是要关注学生的兴趣与需要、认知发展与情感形成、社会化过程与个性养成方面的研究。

学生的需要是丰富多彩的，不同年龄阶段、不同地域的学生有着完全不同的需要，在民族民间文化课程资源开发过程，必须根据一定标准对学生的需要进行分层和分类，详细了解学生发展需要的现状。关于对

学生需要的研究，著名课程论专家泰勒认为可从以下方面进行：①健康；②直接的社会关系，包括家庭生活以及亲朋好友的关系；③社会公民关系，包括在学校和社区的公民生活；④消费者方面的关系；⑤职业生活；⑥娱乐活动。① 学生身心发展的需要不仅具有年龄差异和地域差异，并且个体差异明显，因此，民族民间文化课程资源开发时，必须尊重学生的个性，体现个性差异，倡导学生依据自己的兴趣爱好与意愿自由选择适合自身发展的民间文化课程资源。实际上，学生的需要不是静止不变的，随着学生身心不断发展，以及与社会的不断交往，学生的需要会不断变化、不断生成、不断提升，因此民间文化课程资源开发目标要随时关注学生需要的动态发展，用动态发展的视角对学生的需要做出判断。

（二）社会发展的需要

人总是社会的人，学生不仅生活于学校，也生活于社会之中，学生的个体发展总是与所处的社会的发展交织在一起，学生的成长是一个不断社会化的过程。因此，当代社会发展的需求，是民间文化课程资源开发目标建构的重要依据。社会是不断变化发展的，需要充分运用智慧对当前及未来的社会进行洞察与判断，了解未来社会发展趋势、社会问题解决、学校与社会的关系、传统文化与未来社会发展的关系等。当代社会发展的需求的分析可从两个维度予以考虑。从空间维度看，当代社会生活的需求是指从儿童所在社区到一个民族、一个国家乃至整个人类的发展需求。从时间的维度看，当代社会生活的需求不仅指社会生活的当下现实需要，更重要的是社会生活的变迁趋势和未来需求。②

以当代社会发展的需求为依据，确定民间文化课程资源开发目标时，应遵循如下几条原则：第一，民主性原则。在将社会发展的需求确

---

① ［美］泰勒：《课程与教学的基本原理》，施良方译，人民教育出版社 1994 年版，第 6 页。

② 张华：《论课程目标的确定》，《外国教育资料》2000 年第 1 期。

定为民族民间文化课程资源开发目标时，需要考虑这究竟是谁的需求？是社会不利阶层的需求，还是社会优势阶层的需求？在倡导文化多元的时代，作为课程资源开发目标的社会需求应体现社会民主和社会公平的原则。第二，民族性与全球化统一的原则。在多元文化视野下，学校课程应关注本土文化、本民族文化传统，全球化时代学校课程与教学的目标还应具有国际视野，应把本社区、本民族、本国家的需求与整个人类的需求统一起来。第三，教育先行原则。信息时代，学校教育具有了新质规定，学校教育与社会的关系发生了深刻变化。教育不再只是社会的附庸、被动地适应着社会的需要，不再只是维持着现有的社会状态和再现着过去的社会状态，而是在预示着某些新的社会状态，在"为一个尚未存在的社会培养着新人"。也即是说，教育不仅适应反映当下的社会需求，更主要的是超越当下的社会现实，走在社会发展的前头，反映社会的未来发展趋势。

（三）文化知识的发展

人是一种文化的存在，人的生活与文化水乳交融、密不可分。儿童由自然人发展为文化人的基本途径就是通过学校课程而学习人类文化知识、继承文化遗产。因此，文化知识的发展成为课程资源开发目标的基本来源之一。

将文化知识的发展确定为课程资源开发目标的来源时，需要明确以下几个问题。第一，知识的价值问题。知识的存在是为了理解世界，还是达成对世界的控制？人类创造知识是为了提升生活的意义，还是仅仅为了满足人们的功利需求？18 世纪以来，"科技理性"支配下的人类知识，其价值仅在于控制世界而非理解世界，仅在于满足人的名目繁多的功利需求而非指向于提升生活的意义。当今，随着人们知识观的转变，对知识的价值有了重新的理解，把知识的价值指向于理解世界以与世界更好地和谐共存，指向于提升生活的意义而非仅限于功利追求。民间文化课程资源的开发关注的是本土的知识，民间的知识，对知识价值的理解更关注的是理解世界，提升生活用品意义。第二，什么知识最有价值的问题。在一百多年以前斯宾塞（Herbert Spencer）秉持功利主义课程观，把科学视为最有价值的知识。然而，在人类饱受科学功利主义之苦后逐渐认识到，最有价值的知识是使生活的意义得以提升的知识，是使个人获得自由解放、社会不断臻于民主公正的知识，这类知识整合了科学精神与人文精神。因此，作为民族民间文化课程资源开发目标的知识应是整合了科学精神与人文精神的知识。第三，谁的知识最有价值？在"科技理性"的支配下，人们认为知识尤其是科学知识是对"实在"的客观反映，是"客观真理"的化身，对所有的人都是共同的，是"价值中立的"。但是，当今这种"实在"、"客观"、"中立"的知识观已为人们所诟病，人们普遍认为知识是价值负载的，它负载着社会意识形态，它负载着并衍生着文化、种族、民族、阶级的差异和不平等。因此，在将文化知识确定为课程资源开发目标的时候，应当考虑知识所负载的价值观究竟是推进着社会民主和公平还是维持着社会的不平等。

在课程发展的历史上，关于目标的确定有过不同的价值取向，有的强调"学生中心"，主张课程开发以学习者的需要为基点、强调学习者的需要的优先性；有的强调"社会中心"，主张课程开发以当代社会生活的需求为基点、强调当代社会生活的需求的优先性，形成"社会中心课程"或"社会本位课程"；也有的强调"知识中心"。民族民间文化课程资源开发目标的建构究竟应以何为中心，事实上，在目标确立上"知识中心"、"社会中心"和"学生中心"都各有优点和缺点，因此，合理的课程资源开发目标的确定必须把社会需求、学生发展、文化知识三者有机结合起来，以社会发展为出发点，以知识为基础，以学生的发展为核心来确定课程资源开发目标。也即在民间文化课程资源开发的目标确立时，应秉持整合学生发展需要、社会发展需求和文化知识的原则。

二、民族民间文化课程资源开发的具体目标

（一）开发利用传承本民族文化基本知识与技能的民间文化课程资源

班克斯认为学生应该学习五种类型的知识：一是个人文化的知识，指的是从学生个人分离出家庭、家人和社区文化经验的概念、解释和诠释；二是大众的知识，指的是在大众媒体和其他机构中，普遍文化的事实、概念、解释及诠释；三是主流学术的知识，指的是在历史行为和社会科学中传统的西方中心的知识、概念、典范、理论与诠释；四是转化的学术知识，指的是挑战主流学术的知识建构、典范、理论、解释与研究方法，在事实、概念、典范和解释的过程中，当转化学术典范取代主流文化时，将发生知识革命。而转化的知识会更为平常；五是学校知识，指的是包含教科书、媒体的知识与解释，以及学生间的言谈、师生的背景与生活经验的概念与解释。① 就西南地区而言，针对这些地区社会、文化特点及人群心理素质倾向的现状，除借助国家课程进行大众知识、主流学术知识的学习外，应充分挖掘和利用当地的地域文化和民族民间文化资源，开设符合本地区学生发展的各种地方课程，着重让学生学习个人文化、本民族文化的基本知识与技能，掌握本土知识。这种本土知识是本土人民在自己的生存、延续和发展过程中所形成的、具有自己独特内容与形式的知识体系。它深刻反映着地域文化心理结构，包括一切的信仰、道德、习俗和个人作为社会成员所必要的能力及习惯。本土知识传统构成了本土文化传统的核心，在民族地区社会各个方面的建设中都起着基础性的作用。并且本土文化、本民族文化为当地人民提供一种他们自己熟悉的界定问题、观察问题、分析问题和解决问题的视角。

---

① J. A. Banks, *Multicultural Education Ttransformative Knowledge & Action Historical and Contemporary Perspective*, N. Y.: Teachers College, Columbia University, 1996, pp. 8 – 10.

因此，民族地区学校课程应为民族学生提供系统学习本民族文化的机会，了解、掌握本民族文化的基本知识与技能。尤其要重视本民族语言文字的学习，使每一个民族学生不仅能用本民族语言有效交流，而且能够借民族语言成功地进行本民族文化的学习，了解本民族习俗，理解其深刻的文化内涵。

（二）挖掘能发展学生跨文化能力的民族民间文化课程资源

多元文化课程应反映国家和世界的种族、民族和文化的多样性，帮助学生掌握跨种族、跨民族和跨文化所必需的知识、技能和价值观。一个民主的、理性的多元社会客观上要求其公民必须能够超越民族和文化的界限，积极参与公共对话和行动。而这有赖于跨文化能力的发展。在民族地区，学校对学生跨文化能力的培养，着重发展他们的跨文化适应能力。跨文化适应力，包括个人的文化态度、思维方式、信念、动机、民族归属意识、文化摩擦、人际关系、文化调整、文化交流能力等诸多因素。多元文化课程应培养学生对异文化采取积极适应的态度，使学生在民族自尊、民族忠诚与理性之间寻找平衡点，协调本民族与异质文化两种文化，能恰当地处理情感与理智的关系，对问题采取更灵活的态度。除此而外，多元文化视野下民族文化课程的建设和地方课程资源的开发应注重跨文化交流能力的培养，发展学生的双语甚至多语能力，促进有效交流与沟通。更重要的是要发展学生跨文化理解力，包括了解文化与他文化的异同，对不同文化差异的理解和尊重，以开放的胸襟平等对待不同文化。

（三）发掘能唤醒民族自我意识与形成民族认同感的民间文化课程资源

"民族认同"的英文是"ethnical identity"或"national identity"，其中"ethnical"和"national"都是指民族的，而"identity"是"认明"、"确认"，合起来就是"民族身份的确认"。我国学者关于"民族认同"的涵义的理解也基本一致，可以概括为社会成员对自己归属于某一家庭、家族、社区、阶层、阶级、国家、文化等的认知和感情依附，① 也即民族成员对自己所属族群的认知与情感依附。民族认同感的形成可从三个层面来考虑：② 第一层面为族群认同（ethnical identity），也即通常说的民族认同。第二层面为"民族—国家"认同（nation-statedidentity），即在族群认同的基础上，民族认同与文化认同中统一性的一面，表现为对"民族—国家"的认同。第三个层面为较广义的文化认同（cultural identity）。这一层面的文化认同可分为三种情况：一是同一民族文化认同，即超越民族国家的世界范围内的不同文化的各自认同。二是同一信仰文化的认同。第三种为世界不同文化圈的认同，即文明的认同。不同民族、不同文化、不同种族在全球化的过程中，克服各自的文化差异并尽量保存这种文化差异的同时，寻求并认同人类"普世文化"。

　　文化是一个复杂的信念和行为系统，每个人都生活在文化之中，对苗族学生而言，他们的信念源自于自己的民族和家庭背景，持续受到出生后所有的经验的塑造，他们的态度、价值、语言和行为总是受到所生活的家庭和社区潜移默化的影响；而当他们接触与自身文化有差异的异文化时，他们往往会感到迷惑并产生一定文化冲突。据笔者调查及文献分析发现苗族学生普遍具有期待同化心理。苗族学生长期生活在具有特定文化的家庭、社会氛围中，本民族的风俗习惯、生活方式、宗教信仰、思维方式与价值观对他们有着潜移默化的影响，表现出对本民族文化的高度认同；但另一方面，在外来文化冲击之下，特别是长期以来同化教育的影响，再加之本民族语言文字不统一，因此要取得较高的社会地位，他们意识到必须接受和融入主流文化，因而在认同本民族文化的同时他们又表现出一定程度的期待同化的矛盾心理。如果我们希望那些在文化、种族以及语言方面处于边缘地位的学生认可民族价值，希望他

① 参见王希恩：《民族认同与民族意识》，《民族研究》1995 年第 6 期。
② 王鉴、万明钢：《多元文化与民族认同》，《广西民族研究》2004 年第 2 期。

们变为世界主义者，希望他们致力于促进所在社会、国家以及世界更公
正和人道，那么我们必须培养、支持并增强他们的认同感。① 因此，从
教育的角度看，苗族教育必须培养学生的民族认同感和自豪感，使他们
在与他人的相互交往中产生移情之前，必须具有一定程度的自我的和群
体的尊严以及安全感，意识到自己文化群体的成就，以提高自我和群体
的尊严，在文化自豪和认同与对不同文化的欣赏之间取得心理的平衡，
从而促使他们能以对本民族文化的自尊、自信的心态接受外来文化。在
全球化社会中由于文化的封闭时代被打破，也由于文化扩展的方式越来
越与现代的科学技术相结合，导致文化主体的角色越来越多样化和复杂
化。因此，应使学生的民族认同感不断扩展，从对自身民族的认同到对
民族——国家的认同直至对更广义的民族认同。不过，在多元文化社
会，对民族文化的认同和接纳不是盲从，不是封闭自守，而是一种批判
的继承和创造性的发展。

---

① J. A. Banks, "Teaching for Social Justice, Diversity, and Citizenship in a Global
World", *The Educational Forum*, Vol. 68, Summer 2004, p. 304.

第七章

民族民间文化课程资源的普查与选择

在学习中，只有被灵魂所接受的东西才能成为精神瑰宝，而其他晦暗的东西则根本不能进入灵魂中而被理解。

——卡尔·西奥多·雅斯贝尔斯

课程的有效实施很大程度上取决于课程资源的丰富以及有效的开放利用。然而，现存的资源在没有被选择和经过教育学的加工之前，只是作为一种资源而存在，是外在于课程的。客观存在的民间资源要真正成为课程资源，中间必须有一个转化过程。民间文化资源不是一个粮仓，直接为学校课程提供取之不尽的食粮，而是一座矿山，需要挖掘和开发。

一、民族民间文化课程资源的普查与识别

（一）民族民间文化课程资源的范围

潜在的或可能的民族民间文化课程资源丰富程度是地方课程、校本课程开发的前提。充分认识其范围及存在的形态，是将这些潜在的、可能的课程资源直接转化为学校课程内容并为地方课程、校本课程的实施提供良好条件的重要前提。我国的民族民间文化课程资源是多种多样的，为清晰认识这些地方课程资源并有计划有目的地开发利用，有必要对其范围做一个划定，探明民族民间文化课程资源的存在形态。

1. 教材是核心课程资源

（1）有效利用现行教材资源

教材是重要的课程资源，要充分利用好现有教材中的民族民间文化资源。以人教版小学语文教材为例，该教材无论在选文、插图、内容呈现及语言叙述等方面都开始对民族民间文化予以重视。例如，小学语文教材中包含了一些民族民间风俗。如服饰风俗：《难忘的泼水节》中周总理身穿傣族的男性服饰，对襟白褂，咖啡色长裤，头上包着一条水红色头巾；《草原》中鄂温克族的姑娘们带的尖尖的帽子；《和田的维吾尔》中少数民族的帽子和丝绸。饮食风俗：《草原》中蒙古族的特色食物：奶茶、奶豆腐和手抓羊肉；《和田的维吾尔》中维吾尔族人的馕、库乃其。建筑、居所风俗：《葡萄沟》中制作葡萄干的"阴房"；《草原》中蒙古族人在牧区住的圆形毡房"蒙古包"；《拉萨古城》中藏族的民居及寺庙的特色；《各具特色的民居》中客家族和傣族的建筑特色以及建筑风俗。交通风俗：《七月的天山》、《草原》中的交通工具马；《拉萨古城》中人们的诵经声和讨价还价的嘈杂声混在一起，古老质朴的藏戏唱腔与节奏激烈的迪斯科乐曲混在一起。在礼仪习俗方面，有《中华少年》中藏族同胞献"哈达"习俗，《难忘的泼水节》中周总理拿着柏树枝蘸了水，向人们泼洒，为人们祝福，傣族人民向周总理泼水，祝他健康长寿等。[①] 所有这些都是可资利用的有效的民族民间文化资源，教师应该重视这些资源的开发与利用。另外，人教版小学语文教材在对少数民族族群语言的叙述上运用了许多能够体现族群特色的词语，有描述当地建筑特色、文化习俗所用的话语：如苗族的"苗家山寨"、客家民居的"八卦布局排列"、傣族的"多起竹楼，傍水而居"、藏族寺庙的"平顶的白色楼房……五彩经幡飘飞"；傣族的"象脚鼓、凤凰花、对襟白挂、银碗"等体现了傣族的传统服饰、乐器等；"孔雀舞、摔跤、套马"等体现了傣族和蒙古族的民间艺术和传统活动；还有一些运用音译的词语来增强文章所要表达的异域文化，如"阿妈妮"（朝鲜语），意思是妈妈、大娘或者对女性长者的尊称；"阿吉拉姆"

---

① 常贝贝：《多元文化视野下小学语文教材中族群文化的探究：以人教版为例》，硕士学位论文，西南大学 2013 年。

（藏语），意为仙女姐妹；"雄谢巴"（藏语），藏戏中专门介绍剧情的人；"赞哈"（傣语），民间歌手的意思；"库乃其"（维吾尔语），指维吾尔族人食用的一种包肉的面饼；"巴扎"（维吾尔语），集贸市场的意思；"都帕"（维吾尔语），帽子的意思；"艾德莱斯"，新疆出产的一种绸；"巴朗子"（维吾尔语），男孩子的意思。这些带有民群特色的语言为文章融入了多样的元素，增添了别样的风情，生动地展现了少数民族的特色文化。[1]

（2）对教材进行"二次开发"

过去教材一直是我国学校教育的主要课程资源，以至于人们常常误以为教材就是唯一的课程资源。这种"圣经"式的教材观视课程文本为先定的、至高无上的、不能随意更改的东西，教师和学生只能服从于其下。从某种意义上说，课程文本不能是放之四海而皆准的"科学真理"的罗列，其权威性在于"知识的发展价值，而不是知识的储藏价值"。教材"不是供传授的经典，不是供掌握的目的，不是供记忆的知识仓库",[2]我们不否认教材负载的传授知识与技能的本体功能，但功能不等于目的，只能是实现目的的途径和手段。也就是说教材内容本身不是真理，但文本中蕴含了不断接近真理的方法、手段。在此，教材不再是唯一的课程资源，它不过是一个例子、一种线索；教材是教师、学生与真理跨越时空的对话中介，对话的关键在于把握教材文本的现实意义，在教学过程中使课程文本成为个体精神成长的养分。

为此，应在认识上要打破教材作为唯一课程资源的神话，提倡开发利用民间文化课程资源。不过，在反对将教材视为唯一的课程资源的同时，并不是意味着否认教材作为核心课程资源的现实，而将教科书束之

---

① 常贝贝：《多元文化视野下小学语文教材中族群文化的探究：以人教版为例》，硕士学位论文，西南大学 2013 年。

② 杨启亮：《教材的功能：一种超越知识观的解释》，《课程·教材·教法》2002 年第 2 期。

高阁，弃而不用。相反，国家教材直到现在仍然是最重要的课程资源。作为一种重要的课程资源，有赖于教师对其进行"二次开发"或多元解读。教师在课程实施过程并非完全价值"中立"的，他们往往基于自己的课程理论、实践知识、教学情景和教学对象对外部的教学材料进行修改、调整和补充，在这些活动中融入了原有的知识和观念。这是一个接受、理解、选择、批判和再创造的过程，其间教师赋予了课程和教材新的意义。① 教材的多元化解读促成教师将个性化课程理念渗透到课程文本中，在课程理解中融入自己的思考与智慧，对文本进行创造性的理解和意义的生成。

作为独立的个体，每位教师都有其个人课程观，就像教师的世界观、价值观一样，它是必然存在的。教师的课程观可能是理想的，也可能是现实的；可能是显性的、也可能是隐蔽的；可能是成体系，也可能是零散无序的。在教材的个体化解读过程中，教师的个体课程观日益彰显，教师的价值观、个性特质、教学经验、教学模式等以潜在的方式渗透并融入新生成的"教材"中。教师对教材的个性化解读促成教师把文本中普遍的东西应用于实际的教学情境，它赋予教师创造性解读课程文本的空间。实际上，文本本身的不确定性与时空的历史性"隐含"了不同的意义，关键在于教师能否透过语言文字，挖掘隐藏于课程文本中的现实意义。

总体而言，教师不可能"忠实地"传递作为法定知识的课程内容，而是根据自己的理解和所持观念多多少少对课程内容进行增减与加工，也即对作为正式的课程文本的教材进行"二次开发"。为此，国颁教材应是课程资源之一，教师应依据多元文化的理念，并结合本民族文化的实际对其进行二次开发。

另外，教科书的开发和建设需要体现时代发展的要求，教科书只有在

---

① 俞红珍：《教材的"二次开发"：涵义与本质》，《课程·教材·教法》2005 年第 12 期。

体裁、内容等方面有所创新和突破，才能发挥其核心课程资源的作用。

2. 教师等主体是不可忽略的课程资源

主体要素在整个多元文化课程资源的开发和利用中起着主导和决定性的作用。这些主体包括教师、学生、家长及社区人士等。教师决定课程资源的鉴别、开发、积累和利用，教师的知识基础、兴趣爱好、价值观、社会经验等影响着地方课程资源的选择、开发与利用。并且在民族地区，教师本身是素材性课程资源的重要载体，他们自身对民族文化的了解、认同与接纳，将直接有助于多元文化课程内容的创生。所以，从这个意义上来讲，教师是最为重要的课程资源，教师的素质状况决定了课程资源的识别范围、开发与利用的程度以及发挥效益的水平。

学生也是重要的课程资源。有学者特别强调了儿童作为"资源人"的作用和价值。儿童并非只有自己的需要和兴趣，他们也拥有自己独特的经验和潜能；他们有自己的"问题"，也有自己的"理论"，他们不仅希望得到，也希望给予。他们可以为课程的发展、为教学、为教师提供积极的帮助。[1] 少数民族学生有自己的学习期望和理解，在其家庭与社会中，通过文化濡化，也多多少少积累了一些少数民族文化知识，是不可忽略的重要资源。

在西南民族地区，年长一些的家长及一些行业人士如苗学会成员、民族宗教事务局的成员等，他们对民族文化比较熟悉并有较深刻的理解，这些都是重要的课程资源。

3. 地域性民族民间文化是重要的课程资源

人类所创造的文化，包括传统的生活方式、风尚习俗、典章制度、观念意识等，对人类行为起着直接的、决定性的影响。[2] 人的所思、所感、所做无一不决定于他的文化。不是我们控制文化，而是文化控制着

---

① 冯晓霞：《师生共同建构课程》，《学前教育》2000 年第 4 期。

② ［美］L. A. 怀特：《文化科学——人和文明的研究》，曹锦清等译，浙江人民出版社 1988 年版。

我们。人总是在特定的文化中被模塑。马林诺夫斯基指出：所谓人性是指被文化布局所影响的而言。世间并没有"自然人"，因为人性的由来就是在于接受文化的模塑。① 土家族、苗族、羌族人生活在特定的文化环境中，形成了土家族、苗族、羌族人的文化特质，这样的文化理应成为地方课程的重要资源。多元文化背景中最具潜力的课程资源是丰富的文化资源，多元形态的文化资源开发与利用为多元文化背景中学校课程的开发注入了生命活力和实现课程价值的平台。

通常人们把文化分为物质文化、制度文化、精神文化。物质文化包括生产技术、生计知识、生态系统、生活方式、饮食、居住、服饰等；制度文化或社会文化则包括婚姻家庭制度、社会组织、政治组织、等级和阶段制度等；精神文化包括风俗习惯、法律、道德、行为规范、宗教信仰、民间技艺、心理意识、价值观念等。针对民族文化的特点，著名文化学家张岱年对文化的分类构架更能有利于对苗区文化资源的把握。张岱年将文化细分为六个部分：第一部分，衣食住行方面的生活文化，包括服饰、饮食、建筑、交通、器用等；第二部分，婚姻、家庭和人生礼仪文化，包括恋爱、婚姻、家庭、亲属称谓、宗族、生育、寿诞、成年、丧葬、交际等；第三部分，民间传统文化，包括民间文学、音乐、舞蹈、戏曲、竞技、游艺、民间美术等；第四部分，技术知识、工艺文化，包括生产技术、天文历法、民间医药、工艺制作等；第五部分，信仰崇尚文化，包括宗教、崇拜、祭祀、巫术、吉祥崇尚、禁忌等；第六部分，节日文化，包括年节以及各民族特色的学校、农事、纪念、庆典等节日。② 这为我们提供了西南地区地域性课程资源的分类框架。以此框架并从课程资源开发与利用的角度，可将西南地区民族文化课程资源分为如下几类：

---

① ［苏联］马林诺夫斯基：《文化论》，费孝通译，中国民间文学出版社 1987 年版，第 97 页。
② 张岱年等：《中国传统文化简论》，浙江人民出版社 1989 年版，第 3 页。

图 7.1　苗族服饰

第一类：图解的生活百科全书：民族生活文化资源。

苗族、土家族、羌族生活文化资源主要包括服饰、建筑等。苗族、土家族一般多生活在偏僻的山乡，依山为寨，聚族而居。特殊的生存环境之下，西南地区苗族、土家族房屋多半是曲档回廊的吊脚楼和吊脚半边楼。作为苗族艰难生存历史、生活的写意性记录的吊脚楼，反映了苗族人的独特生存理念、心理特点等。羌族的住居主要有碉楼。《后汉书·西南夷传》中记载，羌人"依山居之，垒石为室，高者至十余丈，为邛笼"。"邛笼"是羌语碉楼的音译。碉楼主要用于防御，作为一种极特殊的空间形态，羌族碉楼以其不可替代的历史、科技、艺术价值昭示着人类，展示其独特的创造和文化的发展，在中国乃至世界建筑史上都有其独特的价值。苗族服饰尤其是妇女服饰，极为绚丽多姿，颜色花式千姿百态，款式多样，多达 100 多种。作为"无字的史书"、"穿在身上的图腾"，你能从中解读出哪是黄河，哪是长江，哪是洞庭湖，哪是清水江，哪是通往西南的山路，哪是祖先曾经拥有的疆土，哪是蚩尤祖先的指挥所，哪是故乡的土地等等丰富的历史、社会和习俗内涵以及表现和演绎神话传说的图腾、人神鬼怪和人兽连体的祖神等原始宗教与巫术内容，使这些积淀着民族心理价值观念以及文化传统和民族风情等文化因素凸显出来。这些民居文化、服饰文化等传统民俗文化，不仅富有独特的民族内涵，而且某种程度上也反映了苗族的历史及族源。因此，如能把它们以书面的文字材料形式呈现出来，并以苗族饮食、苗族民居、苗族服饰等为主题纳入课程教学活动，通过这些内容的学习有助于学生更一步地了解、认识并热爱本民族文化，有助于学生藉此内容增进对本民族的历史和族源的认识，也有助于苗族文化的传承。正如班克斯所指出的：辨识民族文化差异性的依据，应为各民族的价值观、象征及其对事物的解释方法和观点，而非文化中所生产制造的工艺品、外在物质或其他人类社会中有形的事物。因为族群独特的价值观、信念、象征和看待事物的方法，才是该族群的文化精髓。①

第二类，行为的规范：人生礼仪文化课程资源。

西南地区苗族、土家族、羌族的人生礼仪文化资源十分丰富，在民间形成了众多的礼仪规范。这些礼仪规范要求苗族、土家族、羌族人为人要忠厚诚实、善良淳朴、注重信用、讲究礼貌、待人和气、尊老爱幼，并具有勤耕勤织、刻苦耐劳、艰苦奋斗、勤俭朴实、不偷不抢、扶贫济困、排忧解难的传统美德。这些丰富的传统伦理思想通过大量的道德习俗或礼仪在生产和生活的各个方面反映出来，在村寨间关系上、家族关系中、家庭生活的道德习俗里形成了长幼有序、尊老爱幼、相互扶助等道德风尚，个体与群体间关系的道德习俗中体现出强烈的群体意识等。如羌族的冠礼仪式，冠礼是羌族男子人生的一个转折点，是男子成年的起点。在仪式中，受冠礼人在族长或德高望重的年长者唱诵羌族历史的史诗、祭祀家组等仪式中，接受"洗礼"，确立成年人的身份，享受成年人的权利和义务。所有这些对学生道德教化具有潜移默化的影响作用。这些人生礼仪如能纳入课程活动，用来对学生进行思想品德教育，比起教师仅依托教科书而进行说教，效果要好。

---

① ［美］詹姆斯·班克斯：《多元文化教育概述》，李苹绮译，台北心理出版社 1998 年版，第 89 – 90 页。

苗族、土家族、羌族等民间恪守的禁忌主要有生产禁忌、生活禁忌、语言禁忌等。这些禁忌习俗对人们的日常生产、生活和行为道德有着很强的约束力，从这些禁忌习俗的内容来看，其中一些禁忌是长期生产经验的积累，有一定科学性；其中诸多禁忌习俗的思想内涵与社会主流价值观相吻合，它们既是我们这个社会所应倡导的社会公德，更是每一个公民所应具备的基本道德素养，如能适当地把它们纳入课程活动，特别是用来对学生进行思想品德教育，其所能发挥的教育功效是仅依据教科书进行施教所无法比拟的。

第三类，民间传统文化课程资源。

苗族、土家族民间传统文化资源涉及的范围比较广，主要包括民间文学、民族舞蹈、器乐、体育等。

①民间文学

西南地区苗族、土家族、羌族等民族的民间文学源远流长、丰富多彩，由于苗族、土家族、羌族等民族没有文字，这些民间文学主要以口耳相传的方式传承，形成了大量的口头文学资料。这些口头文学是少数民族人民追溯历史、战天斗地、向往美好生活和乐观进取的实录。这是多元文化课程最丰富的文本资源。

以苗族为例，苗族地区素有"歌的海洋"之称，苗族同胞非常喜欢苗族歌谣，无论是追述历史、生产劳动、迎宾待客、婚嫁丧葬、谈情说爱，甚至起义斗争等等，苗族人都可用唱歌来表述。苗族歌谣是苗族民间文学中最精彩的部分，以神话为主要内容，想象丰富、气势宏伟的创世史诗，情节感人、委婉曲折的叙事诗以及情歌（又称游方歌）、劳动歌、礼俗歌、年节歌、新民歌、童谣等。《苗族古歌》是一部流传于苗族地区的创世史诗，它以诗的语言叙述了苗族的发展史和远古时代人们的生活图景，以诗的哲理表达了苗族先民们的艺术思维和审美观念，以生动的形象刻画了苗族先民们战天斗地的英雄壮举，寄托着人民对美好生活的向往和征服、驾驭大自然的愿望。全诗包括《开天辟地歌》、

《枫木歌》、《洪水滔天》、《跋山涉水》四大组。《开天辟地歌》借助美丽的想象，对天地的形成、人类的进化等问题，做出了朴素的回答；《枫木歌》是一组关于天地万物来源和人类起源的神话史诗；《洪水滔天》叙述了洪水的始末和作为洪水遗民的兄妹俩如何历尽千辛万苦再造人类和繁衍子孙的神话；《跋山涉水》是苗族民间一首迁徙史诗，反映了苗族祖先由东向西迁徙的历史，也反映了苗族社会一定历史阶段的经济生活和民族发展状况。

苗族民间叙事诗大都是倾诉旧社会阶级压迫和民族压迫给苗家带来的痛苦和歌颂反抗封建统治阶级的农民起义斗争的作品。如《张秀眉之歌》是一部近代长篇英雄叙事诗，它艺术地再现了当年苗族农民起义军英勇斗争的全过程。长诗分四大部分，第一部分叙述了清朝咸丰、同治年间苗族农民起义的时代背景。劳动歌涉及的内容广泛，有的关于生产知识的内容，有的直接歌唱生产劳动过程，有的则通过一定的故事情节反映劳动的欢乐，以用来鼓舞劳动热情，如在黔东南地区广为流传的《活路歌》通过对耕田劳动的描绘，使人们不仅有身临其境的感觉，而且与劳动者共享劳动的欢乐。时政歌则反映了各个历史时期的时政、历代起义斗争及民族翻身解放的内容。如反映苗族人民抗清斗争内容的《吴八月颂歌》唱道：三保、八月、石柳邓，带领人民抗清兵；腊尔地方大起义，集合苗家万万人；追赶清兵出叙浦，英雄事迹传至今。[①] 情歌，主要反映了苗族男女青年追求纯真爱情的愿望，也反映了他们蔑视荣华富贵的高尚情操。从这些民间歌谣的诵唱中，学生能够了解苗族族源及发展、迁徙的历史，知晓在历史上的苗族英雄事迹以及他们的历史贡献，从而培养起学生的民族认同感。

苗族口头文学中的"俚词"、谚语等，通过简练生动的语言，形象地总结了劳动人民的生活经验、生活知识和道德教训，常引用生活中的

① 转引自中华文化通志编委会编：《苗、瑶、畲、高山、佤、布朗、德昂族文化志》，上海人民出版社 1998 年版，第 57 页。

哲理警句去晓喻当事人遵循道理，可说是苗族民间伦理道德、行为规范、宗教信仰、风俗习惯等方面的教科书，既可以直接用来对学生进行思想品德教育，从而提高思想品德教育的实效性和针对性，也可以启迪智慧，并有助于民族学生的母语学习。

苗族、土家族、羌族等少数民族的民间传说故事内容十分丰富。以苗族为例，流传的许多神话故事，反映了苗族古代先民对自然的认识，主要内容有反映天地万物起源的《开天辟地》、《铸日造月》、《乖狗登天取良种》等；反映人类与自然关系的有《桑扎射日》、《公鸡请日月》、《聪明的哥耶》、《姜央斗雷公》等。这些传说故事阐明了人类与大自然的矛盾，生动地反映了人类与自然的艰苦斗争以及人定胜天的美好愿望。苗族民间故事也反映了苗族人民与封建剥削压迫进行不屈斗争的历史。神话和传说本身包含有多种科学知识的原生态文化。在其中可以找到苗族的宗教、历史、文学和各种自然科学产生的痕迹与源头。苗族民间童话故事，透过种种奇幻而又合理的想象，形象地反映苗族人民的向往与追求，给孩子们以美的享受，启迪他们的聪明与智慧，教育他们真诚、勇敢，从小养成爱善良、憎邪恶、见义勇为的情操。

②民间艺术与体育

苗族、土家族、羌族音乐在其生活中占有极其重要的地位。苗族的音乐有高亢昂扬、热情奔放的"飞歌"，低回委婉、优美抒情的"游方歌"，旋律起伏不大而庄严的"古歌"、"酒歌"以及粗犷的"大歌"，激越的"龙船歌"等。苗族同胞以歌代话，通过对歌进行交流与对话。苗族民间乐器最为突出的是芦笙和莽筒。打击乐器有铜鼓和木鼓。铜鼓平时是娱乐的乐器，过去是战时出征的号角；木鼓则是苗族祭祖和平时娱乐不可缺少的道具。苗族、土家族同胞都是能歌善舞的民族，其舞蹈特点是动作潇洒、风格淳朴、感情细腻。芦笙舞是苗族最有代表性的集体舞蹈，主要有排笙舞和踏笙舞，另外还有动作粗犷的铜鼓舞和木鼓舞，多模仿劳动动作。摆手舞则是土家族最具代表性的集体舞蹈，分为

"大摆手"和"小摆手","大摆手"规模较大,多是由几个县、乡、寨共同举办,以祭祀为主;"小摆手"规模较小,人数多以村寨为单位,常在一些小庙里的"摆手堂"举行,以模拟农事为主。秀山县的《黄杨扁担》等花灯歌舞流行国内,名扬海外,被誉为"花灯歌舞之乡"。这些歌舞记录着广大苗族、土家族人民的荣辱兴衰、自然风俗和人文风情,蕴含着感怀先祖、尊敬长辈、吃苦耐劳等的德育思想,是重要的课程资源。

苗族、土家族、羌族传统的文化体育活动项目丰富,主要有舞狮子、舞龙灯、赛龙舟、爬花杆、踩鸡蛋、斗水牯牛、荡秋千等。所有这些苗族、土家族民间艺术和体育活动是苗族、土家族生活中必不可少的内容,也是大家喜闻乐见的活动方式,最能够激发学生的学习兴趣,并在艺术感染下培养学生的民族自尊心和自豪感,因而是这些地区重要的课程资源。

第四类,民族技艺文化资源。

土家族、苗族、羌族技艺文化资源主要包括生产技术、民间医药、工艺制作等。苗族、土家族人民在长期的农业生产中,积累了丰富的生产经验,这些生产经验是重要的课程资源。苗族、土家族、羌族有自己的民间传统工艺,苗族、土家族妇女心灵手巧,他们通常从八岁起就开始学习挑花刺绣,稍大还学做各种高深技术的工艺,其种类大约有:刺绣、挑绣、织锦、蜡染、剪纸等,苗族的刺绣、土家族的织锦——西兰卡普、羌族的羌绣,工艺精湛,深受外国朋友的喜爱;苗族男子则从小学制作银饰、芦笙和竹器等。这些民族工艺品制作工艺精细,尤其是刺绣、挑绣、织锦和银饰等工艺,古朴典雅、绚丽多姿、琳琅满目,无不凝结着土家族、苗族人民的无穷智慧,更反映了土家族、苗族古老文化的特色。将这些民间工艺制作纳入学校课程,不仅有利于学生动手能力的发展,而且从中可以了解丰富的民族文化内涵,传承民族文化。所有这些民间传统文化是重庆市民族地区最主要的地方课程资源。

第五类，朴素的自然观和生命观：民族信仰崇尚文化课程资源。

苗族、土家族信仰崇尚文化，包括宗教、崇拜、祭祀、巫术、吉祥崇尚等。西南土家族、苗族、羌族等少数民族主要是多神信仰，信奉原始宗教，崇拜祖先，相信万物有灵。如苗族是多图腾崇拜的民族，有各种图腾物。诸如枫树图腾、鱼图腾、牛图腾等。固然，土家族、苗族、羌族人的信仰崇尚，有很多迷信色彩，甚至是不科学的，这一部分不能完全纳入课程内容之中，必须经过慎重的选择和加工，把其中所反映的朴素的自然观和对生命的敬畏，这些深层的文化内涵作为多元文化课程资源。

第六类，民族文化展示的盛典：节日文化课程资源。

图 7.2　苗族斗牛习俗

苗族、土家族、羌族等少数民族民间的传统节日，是其人民在长期的生产和生活实践中逐步形成起来的文化财富的综合反映。苗族节日之多是其他民族所无法相比的，不仅有祭祀性的节日如苗年、鼓藏节，还有纪念性的节日如芦笙节、龙船节，另外还有社交性的节日如姐妹节、爬坡节等。节日是文化的节点，是民众精神生活的集中体现，是人际沟通、调节天人关系、人际关系，以及安抚、表达人们内在情感的时机。我们从岁时信仰、节日传说、节日娱乐中可以提炼出节日民俗的精神传统。① 从土家族、苗族、羌族节日仪式与祭祀活动可诠释土家族、苗族、羌族的历史，节日仪式与祭祀活动是土家族、苗族、羌族同胞对过去历史的片段的、变形的或象征性的记忆，反映他们心路的历程，是他们的精神痕迹，更是其情感聚焦的所在。土家族、苗族、羌族同胞通过节日锣鼓的敲打，节日竞技的展演，抒发他们内心的情感、期望，并显示自己的生活地位，加强村寨之间的情感依赖与精神联系，从而促进民族共同体的内聚意识，保证其内部和谐。在节日期间，土家族、苗族、羌族的各种风俗习惯，诸如宗教信仰、文化艺术、历史传统、生活方式等都全方位地集中展现出来，成为了解民族文化的一个窗口。每逢节日，人们不约而同地参加到活动当中来，在集体性的活动中，增强成员的认同感、凝聚力，显示群体的力量。民族节日的教育价值是不容置疑的。

总而言之，从苗族、土家族、羌族文化来说，它不仅有丰富而独特的生活文化、注重道德行为规范的人生礼仪文化，也有大量叙述民族历史、生活和富有哲理意义的民间传统文化，如苗族古歌、神话传说、故事、童话、谚语等，还有充满智慧的各种技术知识、工艺文化，更有颇具民族风情的节日文化，除此而外，还有独特影响深远的民族人物以及享誉中外的自然和人文景观等等。苗族社会文化蕴含着丰富的教育价值，因而是珍贵的、无形的课程资源。正如人类学家马林诺夫斯基所言："每一个活生生的文化都是有效力功能的，而且整合成一个整体，就像是个生物有机体。"② 因此，从民族习俗文化中可以发掘出丰富的教育主题。在苗族习俗文化中蕴含着生命教育、环境教育、人与自然和

---

① 萧放：《传统节日：一宗重大的民族文化遗产》，《北京师范大学学报（社会科学版）》2005 年第 5 期。

② 转引自黄淑娉、龚佩华：《文化人类学理论方法研究》，广东教育出版社 1998 年版，第 118 页。

谐相处的主题。人类起源的这种远古传说和起源神话说明苗族视大自然为自己的母亲，人类是自然之子，将这些题材的传说有选择地传承给学生，可以使学生感悟自然之恩。所有这些都构成了西南地区民族文化课程资源。民族文化课程资源的开发与利用自然应以民族的地域文化资源为基本的出发点。

（二）民族民间文化课程资源的存在状态

课程资源总是要以一定的载体而存在。西南地区这些丰富多样的民族文化课程资源究竟以何种状态而存在呢？课程资源的载体主要是指素材性课程资源所依存的物化表现形式，也就是说素材性课程资源总是以一定的载体形式为依存而表现出来的。按照课程资源对于人的关系可以把课程资源的载体划分为生命载体和非生命载体两种形式。① 民族文化课程资源主要以非生命状态与生命状态而存在。

1. 非生命状态的民间课程资源

课程资源的非生命载体泛指素材性课程资源所依存的非生命物化形式，② 民族地区民间文化课程资源非生命载体多种多样。这种课程资源的非生命形态首先表现为服饰、建筑、艺术品、博物馆、考古遗迹和名胜古迹等各种各样的实物形式。这些文化传承物作为负载着一个民族文化传统价值观的物态系统，不仅仅具有文物性、工艺性价值，更具有民族认同性的特点。有着"无字的史书"美誉的苗族服饰，记载着苗族发展的历史；作为一种民族的标志、亚族群的文化符号，苗族服饰还承载着民族认同的价值；这种"穿在身上的图腾"更是反映了苗族人对自然的崇拜与敬畏心理以及与自然和谐相处的朴素的自然观。作为人文景观的活化石的生态博物馆更是一种独特的非生命形态的课程资源。生态博物馆的观念是基于对传统博物馆将文化遗产搬移到一个特定的博物馆建筑中，使这些文化遗产远离了它们的所有者和所处的环境，把原生

---

① 吴刚平：《课程资源的理论构想》，《教育研究》2001 年第 9 期。
② 吴刚平：《课程资源的理论构想》，《教育研究》2001 年第 9 期。

性的活的文化变成了"僵死的记录"这一弊端的认识而建立的。生态博物馆的基本观点就是：文化遗产原状地保护和保存在其所属社区及环境之中。在生态博物馆中，文化遗产、自然景观、建筑、可移动实物、传统风俗等一系列文化因素均具有特定的价值和意义。它不仅仅是常规博物馆带来的视觉体验，更是视觉、听觉、嗅觉、味觉、触觉全方位的立体体验。在黔东南地区有着许多颇具民族风情的生态博物馆。在雷山就拥有著名的郎德苗寨和西江千户苗寨等，西江千户苗寨作为一座露天博物馆，展览着一部苗族发展的史诗，成为观赏和研究苗族传统文化的大看台，是领略和认识中国苗族漫长历史的天然场域。这里的建筑、服饰、习俗、歌舞、乐器、工艺等传统而古老，原汁原味。

除以实物形式存在的这些非生命形态的课程资源外，在民族地区非生命形态的民族文化课程资源还包括图文、书籍、影像、音频等媒体存在的反映民族文化、艺术、自然风光、人文景观等的各种载体形式。

2. 生命状态的民间课程资源

苗族、土家族、羌族没有一种可用以记录自己民族历史和传承文化的文字，因此，民族文化如歌谣、历史、故事等多是以口耳相传的方式传承的，因而成为一种重要的载体。民族地区民间文化课程资源的生命载体主要包括掌握了文化素材各类人员。具有教育教学素养的教师、教育管理者和学科专家、课程专家等教育研究人员，他们不但是民族民间文化课程资源的生命载体，而且构成民族文化课程资源的开发主体，是民族民间文化课程资源开发的基本力量。另外，能够提供课程素材的家长和其他社会人士也是课程资源的重要生命载体。如苗寨的寨老、鼓头等，因其特殊的身份和自身所承袭的民族文化的优势，成为民族文化课程资源最重要的生命载体。儿童在成长过程中，在老一代指示、引导甚至强求下，以部分有意识、部分无意识的学习过程习染了自身的文化，即以其濡化的方式承继着老一辈掌握的文化。因此，民族学生自身也是民族文化课程资源的重要生命载体。生命载体形式的课程资源具有内生性，即它可以能动地产生出比自身价值更大的教育价值，在课程资源中有着特殊的作用。

二、民族民间文化课程资源的选择

（一）民族民间文化课程资源选择的知识论基础

课程资源的选择不能不涉及人们的知识观和课程知识观，这是课程内容选择的核心问题。

知识是一个不断发展的概念，现代知识被普遍认为具有"客观性"、"普遍性"、"中立性"三个基本特征。但随着后现代对现代主义知识观的解构，知识被赋予新的内涵。知识不完全是客观的而具有价值中立的特性。知识具有"社会性"，知识是个人解释或诠释真实的方式，包含着想法、价值与诠释。福柯则从知识与权力的关系来诠释知识，认为权力与知识应是互相包含的，权力关系与知识领域的建构是相应的，任何的知识预设和构造着权力关系。权力运作的每个点上，同时也是知识形成的所在，每个建构的知识，也都有着权力的运作。人人都应是知识的代理人，但事实上，一些个人及团体的复杂因素会影响知识的建构历程。人们的知识深受特殊的社会、经济、政治系统和社会结构中的人类经验、地位的影响，知识不是中立的。正因为如此，由斯宾塞提出的"什么知识最有价值"在当今转化成对"谁的知识最有价值"的追问。著名教育社会学家阿普尔提出，课程内容的选择，不仅包含着"什么知识最有价值"的问题，还存在"谁的知识更有价值"的问题。阿普尔发现，进入课程体系的知识，往往是对主流社会的意识形态的反映，而有利于少数民族等的知识则被排斥在课程体系之外。麦克尔·杨等尖锐指出，现代教育在很大程度上是功能主义导向的，在学校课程中大量充斥着具有主流社会意识形态的内容，宣扬主流社会的价值，这种功能主义导向的教育它掩盖社会上很多不公平的现实，导致科层化社会结构的再制，使非主流群体处于发展的劣势地位。因此，课程知识并不是外在于人和社会，与人的思想、价值和观念无涉的，而是社会和人建构的产物，课程知识和社会环境、文化思想有着不可分割的联系，社会的政治、经济、文化等因素影响着课程知识的形成。

文化是知识的主要来源，古尔德（S. J. Gould）认为：事实不决然与事实相符，文化将影响我们的所见所闻，以及我们如何观看世界的方式。而最具创造性的理论，则经常是超载事实的想象，而想象的来源是文化。有学者亦表示文化影响知识的建构：文化影响我们初始的心灵、身体及一致性的假定，促发人类产生疑问，影响人类追寻的事实，决定人类赋予事实的诠释，并引导人类对诠释与结论的反向思维。[①] 正因为课程知识的选择是一个社会建构的过程，也是一个社会政治、文化思想在学校中渗透和控制的过程，在多元文化课程知识的选择过程中，我们要有意避免利用主流民族的文化去判断和选择课程知识的倾向，关注多元文化，用多元文化的视野来选择课程知识。[②] 我国少数民族教育有着自己独特的规定性，表现为双重性的特征，即在统一的多民族国家中，少数民族教育既要考虑和适应本民族的文化环境、本民族的发展和需要，又要兼顾以主体民族为主的统一多民族的发展和需要。第一重特性是由少数民族自身的文化背景和少数民族教育自身的内部关系决定的，具体表现为少数民族自身的历史、文学、艺术、体育、哲学、宗教、科学技术、政治等有关因素；第二重特性是以主体民族为主的各民族共同的大文化背景的外部影响所引起的，具体表现为在传播本民族文化的基础上，讲授以主体民族为主的民族共同的文化要素。[③] 少数民族教育的双重性特征为我国苗族多元文化课程开发提供了内在依据，尤其影响着课程目的的确立和课程内容的选择。课程内容既要突出本民族优秀的传

---

① 参见陈美如：《多元文化课程的理念与实践》，师大书苑有限公司 2000 年版，第 119 页。

② 靳玉乐主编：《多元文化课程理论与实践》，重庆出版社 2006 年版，第 56 页。

③ 王锡宏：《中国少数民族教育本体理论研究》，民族出版社 1998 年版，第 97 页。

统文化，又要反映国家统一的各民族共同的内容。

（二）民族民间文化课程资源选择的方式——文化分析

我国是一个多民族多文化的国家，各种文化有其存在的合法性与发展的平等性。民族文化蕴含着独特的价值和丰富的内涵，是珍贵的、无形的民族文化资源。从民族文化中可以发掘出丰富的教育主题。在民族文化中蕴含着生命教育、环境教育、人与自然和谐相处的主题。在民族文化中有比较丰富的传统伦理思想。总之，少数民族文化和各种习俗活动是少数民族人民认识自身文化、遵循自身传统的一个天然课堂。以民族文化为基点进行少数民族地区多元文化课程的开发，能更贴近学生的生活，反映学生的经验。正因为如此，许多多元文化课程专家都提出少数民族地区基础教育多元文化课程不应再把汉族文化作为唯一的文化传播内容，应将民族文化的知识与经验融合进学校课程之中。班克斯教授提出，在课程内容中，必须反映出其他族群的历史、经验、价值观念，给少数民族学生以了解自己文化的机会，培植他们的民族自尊心，同时也给优势族群的学生以了解他们文化的机会，消除偏见。

从苗族、土家族、羌族的民间文化资源来看，不仅有丰富的民间文学，如民间传说、故事、妙趣横生的笑话和富有哲理意义的寓言、童话、儿歌、俚谚、传统歌谣，而且还有独特的民族风情、影响深远的民族人物以及自然和人文景观等等。面对如此丰富、形式多样的文化教育资源，重庆市民族地区地方课程资源该如何选择？并非将所有的少数民族的民族文化资源纳入现行的课程之中，学校时间和资源的有限性与民族文化丰富性的矛盾，决定了课程资源应有所选择，将民族文化中最有价值的方面筛选出来。而要使多元文化课程建立在对民族文化的合理选择基础上，就必须建立一套筛选过程或筛选原则。英国课程论专家劳顿（Denis Lawton）的"文化分析"理论为民族文化的选择提供了理论框架。劳顿认为，旨在课程规划的文化分析会涉及这样一些问题：①现行社会是怎样一种社会？②该社会在以何种方式发展？③社会成员希望它如何发展？④在决定这种社会发展方向以及决定实现这种发展所需的教育手段时，将涉及哪些价值观与原则?① 通过分析社会和"构划"最适合于社会发展的那种知识和经验来进行文化选择。劳顿为此还提出了文化分析接近法，借鉴这种文化分析接近法，我们认为民族地区民族文化课程资源选择可依此方式进行：

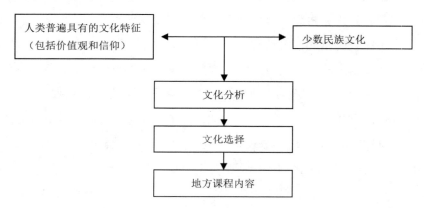

图 7.3　民族民间文化课程资源的文化分析步骤

　　课程资源的选择必须反映少数民族在语言、地域、经济以及表现在共同文化上的共同心理素质等方面的某些特征，必须采取适合于少数民族发展和进步的民族内容和形式。总之，以本民族文化资源为基点，在此基础上使内容的选取范围触及多民族、多文化的语言、价值体系、文化传统、社会条件和宗教信仰等，凸显课程内容的民族特色。

---

① 　单丁：《课程流派研究》，山东教育出版社 1998 年版，第 444 页。

第八章

民族民间文化课程资源开发利用的路径

　　课程资源开发与利用是有机联系的，开发是利用的前提，利用是开发的目的，开发的过程就是利用的过程，也即依照一定的价值准则，将潜在课程资源以一定的方式纳入课程教学活动的过程。民族民间文化课程资源利用路径多种多样。

一、渗入各学科领域

　　西南地区民族民间文化丰富多彩，不仅拥有独具特色的生活文化、丰富多彩的民间文化、注重伦理规范的人生礼仪、体现劳动人民智慧的技艺文化、充满民族魅力的节日文化，更有坚韧不拔的民族精神、百折不挠的民族历史以及杰出的民族历史人物，等等。所有这些民间文化无不凝聚着各民族人民不断奋斗、传承、充实的知识和学问，并且蕴含着极其丰富的教育价值，对青少年的德、智、体、美、劳等方面都有重要的影响。因此，我们认为，民族民间文化是西南地区不可多得的重要的课程资源，若以教育学的策略进行加工并可融入课程成为课程的一部分。

（一）渗入各学科的民间文化课程资源的范围

　　目前，中小学课程的课程形态仍以学科课程为主，因此，民族民间文化课程资源的有效利用以通过学科课程的渗透为主，中小学校应结合西南地区现存民族民间文化课程资源如民族历史、人文资源及现代社会生活出现的问题，与现有国家课程的各学科领域挂钩，将各类资源在各科教学中有机渗透和资源的整合。如在语文课中增添本地民间文学和民间神话传说，在音乐课中充分利用本地、本民族的民间音乐和歌舞等资源，在美术课中纳入本地民间艺术，如土家族、苗族、羌族的刺绣、织锦等艺术，在体育课中增加民间体育游戏活动，在历史课中渗透土家族、苗族、羌族的历史等等。总之，根据目前的学科课程设计，大体分为以下几个部分：

表8.1　西南地区民族民间文化课程资源开发与利用的内容选择范围

学科	内容
语文	事物名称、人名称谓、民间文学（俚语、传说、寓言、童话、儿歌、叙事长诗、故事等）、民族语言、礼仪习俗等
历史	民间艺人与民族英雄、姓氏与地名探源、古迹遗址、历史故事、民间传说、族源史、民族服饰、民间剪纸等
品德与社会（生活）、思想政治	民间节日、民间物质文化（饮食、民居、服饰）、民间信仰、民间制度（婚姻与家庭制度、社会组织、习惯法等）、礼仪习俗
科学	民间技艺、民间医药、科学谚语
体育	民间舞蹈（如羌族的羊皮鼓舞和萨朗舞、苗族的芦笙舞、土家摆手舞）、民间游艺（秋千、龙舟赛、益智类游戏等）
音乐	民间音乐（土家山歌、苗族民歌、侗族大歌等）、民间戏曲（花灯、傩戏等）
美术	服饰、民居（如羌族的碉楼和苗族的吊脚楼等）、民间技艺（如傣族剪纸、苗族刺绣、扎染、土家族的织锦、挑花等）

以上所选内容主要是基于西南地区拥有的民族民间文化资源的前提下提出来的，仅只是为中小学民族民间文化课程资源开发与利用提供一个粗略的参考框架，各地区中小学在实际的课程资源开发过程中应根据各学科以及学生的实际需要和学校可资利用的资源等诸多情况而加以选择和组织。各学科具体的开发内容可从以下几个领域实施。

（二）渗入各学科的民间文化课程资源举要

基于民族民间文化课程资源开发与利用的目标，从课程资源角度收集整理西南地区民族民间文化资源，从中筛选出符合当今社会核心价值观且又能为学生接受的素材性资源，在基础教育阶段的语文、历史、品德与生活（社会）、思想政治、科学、音乐、美术、体育等学科领域有效予以利用。

1. 语文

语言是人们思维的工具、交际的工具，语文无论从相互交际、思想交流，还是从认识事物、表达情意等方面都是必须掌握的工具，语言的工具性决定了语文课程的工具性。同时，语文也具有人文性的属性，人们利用语言文字这个工具作为载体去认识和阐释客观事物，在认识和阐释过程中必然表露和积淀了精神、意识、道德等文化内容，学生在学习语言文字的同时，其心灵、品格、修养等会受到熏陶。基础教育阶段语文课作为学校的主课，对学生的发展具有十分重要的作用。在语文课中充分并有效利用民族民间文化课程资源，如民族民间文学、民族民间语言、人生礼仪等。我国各族人民在长期的历史发展中创造了绚丽多彩的文学，它不仅是本民族文化中一块瑰宝，也是中华民族共同的精神财富。作为世代传袭的口头创作，民族民间文学不管是在内容、题材还是体裁上都呈现了多样性，基本上可分为神话、传说、故事、寓言、史诗，大多数都是对先民们伟大功绩的肯定和颂扬，具有较高的思想性和艺术性，除神话和传说外，绝大多数作品都是对生活的反映，有着朴素的历史真实性，向我们诉说着这个古老民族自我意识的成长以及历史的发展。例如，羌族史诗《羌戈大战》和叙事长诗《木姐珠与斗安珠》、《人神分居的起源》是羌族民间文学的代表作，是羌族先民集体意愿的体现和智慧的结晶。《羌戈大战》整部作品充满了人间生活的气息，是人们从民族学、历史学、宗教学等角度来研究羌族历史文化的宝贵资料；《木姐珠与斗安珠》用诗的语言生动形象地向我们展示出经受考验的婚姻的特征，给人以美的享受，从中我们可以看出神话与原始宗教的关系以及羌族婚姻的状况；《人神分居的起源》通过天神的女儿与羌人儿子的爱情故事，反映了人在与大自然斗争中的主动地位，是一部赞歌。此外，羌族民间传说一般以历史事件或历史人物为背景，揭示事物的本质，如《石纽投胎》、《夏禹王治水》等都是世代相传、不可磨灭的精神财富，其中，大禹的传说更是其中一颗璀璨的明珠。

《苗族古歌》是一部流传于黔东南地区的创世史诗，它以诗的语言叙述了苗族的发展史和远古时代人们的生活图景，以诗的哲理表达了苗族先民们的艺术思维和审美观念，以生动的形象刻画了苗族先民们战天斗地的英雄壮举，寄托着人民对美好生活的向往和征服、驾驭大自然的愿望。全诗包括《开天辟地歌》、《枫木歌》、《洪水滔天》、《跋山涉水》四大组。《开天辟地歌》借助美丽的想象，对天地的形成、人类的进化等问题，做出了朴素的回答；《枫木歌》是一组关于天地万物来源和人类起源的神话史诗；《洪水滔天》叙述了洪水的始末和作为洪水遗民的兄妹俩如何历尽千辛万苦再造人类和繁衍子孙的神话；《跋山涉水》是苗族民间一首迁徙史诗，反映了苗族祖先由东向西迁徙的历史，也反映了苗族社会一定历史阶段的经济生活和民族发展状况。通过这些民间文学的学习，使学生既了解本民族发生发展的历史，同时深受民族精神的熏陶感染，促进民族认同，提升民族自信。①

"珠郎娘美"这一口传文学，以故事、歌谣、叙事歌、说唱、侗戏等形式在民间广为传播，是侗族南部方言区流传最广、影响最深的民间故事，2007 年"珠郎娘美"的故事进入国家第二批非物质文化遗产名录。"珠郎娘美"是侗族文化的一个象征符号，故事彰显了侗族的鼓楼文化、月堂文化、火塘文化、款文化，② 是侗族文化和民族精神的浓缩。

又如，在土家族聚居区，学校的语文课可结合语文教科书有机利用本地民间故事、传说、童话等民间文学。土家族古歌《摆手歌》蕴含

① 刘茜：《多元文化课程的建构与发展》，博士学位论文，西南大学 2007 年。
② 过伟：《侗族〈娘美〉故事与文化生态研究方法》，载《中华民间文化与民族文学》，作家出版社 2008 年版，第 151 页。

着原始先民的"善"与"恶"等朴素的道德观念，凡是有利于人类生存繁衍的事物和行为，就被认为是善的；凡不利于氏族生存繁衍的事物就被认为是恶的。① 在史诗中，天上的大神墨特巴曾叫张古老造人，这就是善，但又降洪水、放太阳灭绝人类，又体现出神性恶的一面。在土家先民看来，只有"善"的行为才能化解自然之间、人神之间、人与自然之间的矛盾，才能对人类生存繁衍有利。在土家古歌中除极力讴歌善良之心，力量、勇敢等美德也倍受推崇。总之，所有这些素材性资源不仅使学生掌握民间文学的知识和形式多样的体裁，发展语言能力，同时有助于促进学生对本民族的起源与发展史的了解，树立民族自豪感和认同感，陶冶了情操。

2. 品德与社会（生活）

民族民间文化中的民间文学蕴含着丰富的伦理道德教育内涵，成为语文课、思品课的重要的课程资源，人们在生活中形成的各种人生礼仪也是学校取之不尽的课程资源。如土家族人物传说《巴曼子》，鲜明地体现着爱国主义主题。作品中的主人公巴国将军巴曼子为维护国家的安定团结，解除百姓苦难，去邻近的楚国借兵平息内乱，楚王却以割让三座城池为出兵条件，情况危急，巴曼子只好含糊答应。平乱的巴曼子为了维护国土完整，宁愿以身殉国谢楚王。楚王深为巴曼子的爱国之心和骨气所感动，厚葬使者带回的巴曼子头颅，并告诫臣民子孙后代要与巴国友好相处。②

人生礼仪是民众在日常生活中为人处事、待人接物的基本规范和准则，也包括诸多的成长礼仪和仪典，其中成人礼在人的社会化中具有十分重要的资源价值。在世界各国不同区域的民族流行着为达到法定成年期的少年举行隆重、庄严的成年礼或成人礼仪式，在我国古代，成人礼又称为冠礼。这里的"成人"具使动意义，意为"使其成为人"。成人

① 曹毅：《土家族民间文化散论》，中央民族大学出版社 2002 年版，第 108 页。
② 曹毅：《土家族民间文化散论》，中央民族大学出版社 2002 年版，第 166 页。

礼仪式本身意味着个体实现从生物人向社会人、文化人的角色转变，是个体获得社会身份的标志。露丝·本尼迪克特指出，"事实上，人们所认识到的青春期是个社会问题，为这一时期而举行的各种仪式便是通过各种不同的形式来表明孩子将进入成年人的阶段……所谓的进入成年人的阶段，其标志并不是生物学意义上的发情期，而是文化制约的青春期仪式。"① 冠礼是羌族男子人生的一个转折点，是男子成年的起点。冠礼由释比主持，先由释比打扫房间，然后举行仪式，受冠礼人身着新衣向人类始祖神下跪，接受"洗礼"，释比唱诵与冠礼有关的经典，族长或德高望重的年长者唱诵有关叙述羌族历史的史诗，祭祀家祖，至此礼毕，男子也被视为成年人，享受成年人的权利和义务，被公认为正式的社会成员。纳西族、彝族和摩梭人在儿童 13 岁时举行穿裙子、穿裤子的成人仪式。瑶族男子至 16 岁后，会择吉日为其实施"度诚"仪式，分为"大度"和"小度"、"度天诚"和"度地诚"，由诚师主持。度诚时，诚师让青年背诵诸如不偷盗抢劫、不杀人放火、不陷害好人、不做官欺人等十诚并宣誓。瑶族人通过度诚仪式对成年男子进行公德教育，使个体自成人之日起便知晓并遵循社会准则与规范。

3. 历史

民族民间文化中的民族人物、地名探源、姓氏探源、人文古迹、民间故事、民族服饰、民间剪纸等均是历史学科可资利用的资源。在历史课程中，教师应注重挖掘利用民族民间故事、禁忌、人物、服饰、剪纸艺术中的历史内容，让学生感受绚丽多彩的民族民间文化的同时，了解自己民族的历史，培植历史责任感。

以羌族为例，虽然羌族文化在历史的演进过程中，由于内部和外部的原因发生了一定的变化，但是羌族独特的历史建筑、遗迹等作为羌族文化中生命力最强，保留历史原形最完整的文化因子却流传了下来，这

① ［美］露丝·本尼迪克特：《文化模式》，张燕译，浙江人民出版社 1987 年版。

对于研究我国古羌人的文化发挥着"活化石"的借鉴作用。同时，作为羌族文化中最鲜活的部分与其他少数民族文化一起共同构成我国民族文化的风景线，丰富着中华民族的文化宝库。

羌族的生活文化、民间文学、礼仪习俗文化、传统文化、宗教信仰等无不是羌族历史发展的产物，无不刻着民族历史文化的烙印，无时无刻不是在诉说着先祖们艰辛的奋斗史。羌族民间文学多是对先民们伟大功绩的颂赞，多具有朴素的历史真实性，如《羌戈大战》通过叙述羌族先民迁至岷江上游后与先在此定居的戈基人战争的故事，以白描的手法再现了羌族先民迁至岷江上游定居的艰苦历程和英勇奋战的历史事实；歌谣《羌民苦》、《烈火要向地主烧》、《当兵就要当红军》等都反映了羌族人们与黑暗势力的斗争以及追求自身解放的精神。释比作为羌族社会"百科全书式的人物"，其唱诵的经典更是羌族"史志"的主要资料，往往叙说种种宗教仪式的进行过程及来历等，较完整地反映出丰富的社会生活和历史事实。再如羌族的人生礼仪，它是对本民族传统文化的展示，尤其对于没有本民族文字的羌族，只能靠语言和行为来传承文化，是对年轻一代进行传统教育的最好的场合，对他们而言，这既有利于了解本民族传统文化，也有助于更深入、更透彻地理解本民族的传统文化，形成民族自豪感与高度的民族认同感，从而使自己更好地成为羌族传统文化传承中的有生力量，等等。通过这一系列民族民间文化的传递，使羌族世代代的人民熟知民族历史，通过对先祖们艰苦创业过程的了解形成对先祖们的崇敬之情，从而达成真切的民族自豪感及深切的民族认同感。此外，北川素有"禹羌文化"之称，是大禹的降生之地。县境至今仍保存着大量有关大禹的历史遗迹和民间习俗，已成为华夏子孙访古探幽的圣地。

土家族民间传说丰富多彩，许多民间传说记载了土家族的发展历史以及有影响的历史人物，从思想意义上体现了强烈的爱国主义精神和不屈不挠的民族气概，以及高尚的民族情操，是十分难得的课程资源。如人物传说作品《巴务相》，从作品反映的内容看，主要是表现巴人务相过人的掷剑驾船本领，以及他被推举为民族首领后，率众西迁寻找乐土的氏族迁徙过程，其中记载的史实不仅依稀可辨，而且依附于现清江一带具体的地理风物，有迹可查。作品较为真实具体地反映了母系氏族社会刚刚衰亡，父系氏族社会刚刚确立这一特定历史时期土家族先民的社会生活画面。在《巴务相》中塑造了一个勇武过人、富于开拓进取精神、以大众利益为重、不为儿女之情所迷的氏族首领形象。土家族人所崇尚的勇武无私、开拓坦承的民族精神在作品中得到有力张扬。①

民间剪纸不仅仅为一种民间技艺，更承载着多样的族源史。贵州苗族一件"对鸟双凤袖花"纹样，与浙江河姆渡文化遗址出土的骨匕上的刻纹"连体双鸟纹"如出一辙（见图 8.1）。苗族作为"三苗"、"南蛮"和"楚"的后裔，与古越族有着千丝万缕的联系，剪纸中出现类似古越族图腾"连体双鸟纹"的纹样，绝非巧合，是古代几大族团文化相互融合、渗透、承接的缘故。② 总之，作为古代民族文化的心像记忆的民间剪纸，通过图像传承系统、生动地记录了民族发展史实。

4. 科学

民族民间文化中拥有丰富的科学知识和民间智慧，如民间谚语、民间医药等，这些都是学校科学课程可资开发利用的重要课程资源。土家族自古以来生活在武陵山区，这里地貌复杂，气候多变。作为一个山地农耕民族，对气象的把握不仅直接影响着人们日常生活的诸多方面，而且对于农业生产有着重要影响。因此，土家族人民在长期的生产与生活实践中，通过对自然物象的细心观察，积累了丰富的气象经验，形成诸多气象谚语。土家气象谚语，从观察对象来分，可以分成以下几类：

第一大类是太阳、月亮和星星。人们很早就意识到了太阳、月亮、星星这些星球与天气变化有着紧密联系，因此成为人们判断天气变化的

---

① 曹毅：《土家族民间文化散论》，中央民族大学出版社 2002 年版，第 166 页。
② 何红一：《中国南方民间剪纸与民间文化》，《民间文化论坛》2004 年第 3 期。

图 8.1　河姆渡遗址出土连体双鸟朝阳纹的骨匕（上）
与苗族剪纸"对鸟双凤袖花"（下）①

客观依据。如："太阳戴枷午，晒破牛皮鼓"；"日出东南红，无雨便有风"；"日悬如弓，不雨多风；月如仰瓦，不求自下"；"月亮带火，必定有几颗"；"星星稀，摆撮箕；星星密，踩烂泥"；"星星厚，半夜漏"等等。

　　第二大类是风、云。如"风往东吹，雨起堆堆"；"风大雨不长，风乱雨一场"；"乌云打架，大雨下坝"；"早上发霞，等水烧茶；晚上发霞，晒死青蛙"；"早晨满天雾，尽管洗衣裤"；"罩子（雾）上坡，懒人唱歌"；"响雷不下，闷雷不晴"等。

　　第三大类是各种动物。土家人在长期的生活实践中，观察到天气发生晴雨变化之前，某些动物常常出现反常状态，从而成为天气变化的一种预兆。如："鸡欢晴，猪欢雨"；"阳雀叫，太阳笑"；"鱼跳水，天倒水"；"大蛇现身，淹死老鹰"；"蚂蚁搬家，大雨哗哗"；"蚊子成砣，必有雨落"；"狗打喷嚏，要天晴"。

　　第四大类是其他各种物象。如"地起潮，风雨嚎"；"石头发汗必有雨，石头收汗就天晴"；"盐出水，铁出汗，雨水不久见"；"烟囱不

────────────

① 何红一：《中国南方民间剪纸与民间文化》，《民间文化论坛》2004 年第 3 期。

出烟，必定雨连天"；"缸穿裙，大雨淋"等等。① 这些气象谚语蕴含一定的科学内涵，传递着生产劳动的知识与经验。

5. 音乐

西南地区拥有无以计数的民歌、说唱、戏曲、器乐、歌舞等民间音乐文化，民歌尤其丰富，民族地区素有"歌的海洋"之称。民间音乐成为人们表达情感与思想的重要媒介，无论是追述历史、生产劳动、迎宾待客、婚嫁丧葬、谈情说爱，甚至起义斗争等等，人们都用唱歌的方式来表述，民间音乐丰富，为学校音乐课提供了丰富的课程资源。以土家族为例，土家族是一个山地民族，山歌始终伴随着这个民族。村寨小环境中的文化传统、地域环境、社区资源，都是不同的，这使得渝东南地区具有千姿百态的山歌，曲调大同而小异，内容既有相似也有不同。有对土地的崇拜，如"摆手祭祀歌"；有对祖先的敬畏或对故亲的怀念，如"闹热亡灵过今朝"、"五更感恩歌"；有对革命历史的追忆，如"十唱红军在酉阳"、"贺龙来到南腰界"、"点兵歌"等；有劳动的愉悦，如"薅草号子"、"酉水船工拉纤号"、"齐工号子"、"拗岩号子"；有人与人之间风趣的调侃，如"我来唱首扯谎歌"、"豆腐渣出血"；有爱情的欢欣与痛苦，如"妹是后园芭蕉树"、"送郎送到豇豆林"、"万年不许妹丢郎"；有对苦情的宣泄，如"苦媳妇"、"长工歌"，以及天真的儿歌。学校可以充分利用各自拥有的不同的这类"资源"优势。居山的学生有"转山调"，靠河的学生听惯了"船歌"和"渔歌"，田坝村寨里的学生熟悉"田歌"，住城镇的学生有改编过的带有摇滚风格的山歌等，不同传歌人有自己的文化脉络，有独特的山歌技能，都能构成课程资源的独特性。②

民歌反映的题材丰富，如贵州省梭戛"长角苗"的酒令歌以庞大

---

① 曹毅：《土家族民间文化散论》，中央民族大学出版社 2002 年版，第 237 – 238 页。

② 罗章：《土家山歌：经验的生长与互动——重庆酉阳土家族山歌教育功能研究学》，博士学位论文，西南大学 2006 年，第 98 页。

而复杂的题材内容引人人胜，具体可以分为历史性题材和现实性题材两种，历史性题材酒令歌包括神话传说、民族来源与迁徙、战争、历史人物等不同题材，现实性题材酒令歌包括人之生老病死、生产生活、世界万物以及贺生日贺婚姻等。①"纳西古乐"作为"活的音乐化石"，记载了纳西族生存发展的历史，反映了多元文化相融合的状况。所有这些民间音乐的学习，不仅能提高学生的音乐素养，还能拓宽知识视野，陶冶情操，为学校音乐课不可或缺的重要资源。

民间器乐多为民众利用本地资源制作而成，简便易制作，为民众所喜爱。贵州省梭戛"长角苗"的主要乐器有三眼箫、芦笙、口弦、改制口琴、木鼓等，②这些乐器与当地的物质生活有密不可分的联系。由于梭戛"长角苗"所生活的地域古树参天，盛产竹子，故其乐器主要以木制或竹制为主。因其取材方便，制作容易且成本不高，易于为学校音乐教学所利用。

6. 美术

制作于 1385—1743 年的丽江白沙壁画，被誉为"纳西象形文"（"斯究鲁究"——"木石上之痕迹记录"），是纳西民族社会开放、文化交流、宗教融合的典型性视觉造型化展示，"丽江壁画最突出的特点是表现在题材上的多种宗教和同种宗教的各教派内容相互融合并存，以及多民族的绘画技法糅为一体的现象。③ 这一艺术性较强的东巴美术文化应成为美术课中重要的课程资源。

民间剪纸以其丰富的图案纹样、精湛的技法、多样的主题成为美术教学内容的重要来源。如苗族剪纸中，鸟纹样尤其丰富。有锦鸡、雀

---

① 张应华：《贵州梭戛"长角苗"民间音乐的分类及其特点》，《贵州大学学报（艺术版）》2002 年第 3 期。

② 张应华：《贵州梭戛"长角苗"民间音乐的分类及其特点》，《贵州大学学报（艺术版）》2002 年 3 期。

③ 杨福泉：《走进纳西人的心灵和家园》，云南民族出版社 1999 年版，第 83 页。

鸟、凤鸟等大小禽类，更有大量形态怪异、抽象变形的鸟纹样，这些怪异的鸟纹样实为图腾崇拜的标志。苗族剪花中经常出现蝴蝶纹样，这是因为在苗族神话中，蝴蝶妈妈是万物之祖，人是由蝴蝶演化而来的，故苗族妇女将其绣在袖沿、襟沿、裤脚、裙沿等处，作为生命的保护神。

图 8.2　贵州苗族剪纸《蝴蝶妈妈》①

　　傣族剪纸所涉及的创作图案有表现吉祥的龙、凤、孔雀、大象、狮子、麒麟、马鹿、骏马、游鱼等各种奇兽异鸟，也有形态各异的糯沾巴花、荷花、玫瑰花、菊花、茶花、杜鹃等植物花卉，还有亭台楼阁、佛塔、寺庙、房屋建筑等。剪纸作为傣族人民在长期的生产生活实践中创造并提炼的感性生活情态和艺术样式，是傣族人民对自己生存物质和生命繁衍获得保障而需求信仰和想象的有形物质与精神结晶，其内容多与傣族所信仰的南传上座部佛教和生产生活有关，涉及佛经故事、民间习俗、民间传说和边疆风物特产等，带有浓厚的生活气息和民族特色。

　　7. 体育

　　民间体育项目是为大众普通喜爱与乐于参与的活动，通过练习可以娱悦身心，强身健体。有很高的技艺性，须经过长期艰苦的训练才能掌握；民间体育项目具有较强的观赏性，如舞狮、舞龙、摔跤等项目都可

---

① 何红一：《中国南方民间剪纸与民间文化》，《民间文化论坛》2004 年第 3 期。

以进行表演，深受民众喜爱。许多形象逼真的造型、优美舒展的动作，被舞蹈和戏剧所借鉴，也是美术、绘画、雕塑的重要表现内容；民间体育项目有着很强的娱乐性，民族体育将健身与娱乐融为一体，人们在欢娱中就能得到美的享受和体质的康健；民间体育项目还具有深厚的文化性，它们大多数是民众在生产生活中逐渐形成的，具有较长的发展史，包含着丰富的传统文化，有优美动人的故事和传说；民族民间体育活动具普遍参与特点，往往是劳作之余的健身活动，简单易学，使人能很快模仿而参与其中；民族民间体育活动的开展简易且可操作性强，其活动场所大多在田间、地头，没有专门的场地，器材简便适用，大多数直接取决于生产劳动中的工具。正因为民族民间体育项目具有这些特点，成为学校课程尤其是体育课程重要的课程资源。

西南地区因民族众多，居住分散，文化风俗、宗教信仰、地理环境差异较大，民间体育项目数量众多，风格各异，藏族的响箭、羌族的推竿、彝族的跳火绳、拉祜族射弩、佤族的打陀螺等。如云南省昭通市为民族杂居区，常住少数民族主要有彝、苗、回族，其拥有的民族民间体育内容却相当丰富，每个民族都有几种乃至数十种民族体育活动项目，民族民间体育课程资源十分丰厚，如竞技性的彝族式"格"摔跤、赛马，苗族的"荡秋千"、"吹枪"、"射弩"、"双拐"等以及表演类的"抢花炮"、"蹦球"、"划龙舟"等。这些民间体育项目要求人们直接参与运动，在愉悦身心的运动中承受一定的生理负担，并在人的体力和体内运动能量物质的"消耗—恢复—超量—恢复"周而复始的循环中，促进人的体能发展和体质增强。重庆市渝东南少数民族体育文化历史悠久、内容丰富，主要包括两大类，一是土家族苗族民俗活动：舍巴日、板凳龙、鸭子龙、拖干龙船、泼水龙、穿花跳牌等，这些活动充分彰显了民族特色与个性，融观赏性、娱乐性与健身性于一体；二是民间体育活动：民间武术、爬竿、踩戏、赛龙舟、荡秋千、抢花炮、跳房、踢毽子、踩高跷、跳竹马、玩龙灯、舞狮子、鼓舞等。

图 8.3　苗族芦笙节

　　民间舞蹈娱乐健身的功能日益突显，成为学生乐于接受和喜爱的体育课程资源。苗族"芦笙舞"、土家族"摆手舞"等这类民间舞蹈，本身蕴藏着丰富体育功能，如苗族"芦笙舞"活动是一种运动量适度、益于各种群体参与的有氧运动，即男子平均脉搏 119 次/min，女子平均脉搏 107.6 次/min。[①] 从科学锻炼的角度说，这种运动负荷比较有利于人体器官的改善和生理机能的提高。另外，带有竞技特征的单人或双人"芦笙舞"所表现出来的身体旋转、矮步（蹲伸步）、各种倒立、滚翻、交叉绕腿和各种支撑平衡等技巧动作不仅能够有效发展力量、速度、耐力、柔韧性和协调性等身体素质，同时也能很好地磨练和培养青少年坚强的意志品质。[②] 苗族舞狮子活动，舞狮人在桌上跟着鼓点，用跌扑、翻滚、跳跃、擦痒等动作表演着出洞、入洞、上楼台、过天桥、过三山、下山等项目，具有很强的强身健体作用，并具有很强的娱乐性。总之，这些民间舞蹈不仅具有强身健体的功能，表演性、娱乐性非常强，

① 黄平波：《浅谈苗族芦笙舞的健身价值》，《黔东南民族师专学报》1999 年第 6 期。
② 黄平波：《黔东南苗族"芦笙舞"做为体育课程资源的现实意义》，《北京体育大学学报》2008 年第 3 期。

并且对场地、器材要求不高，是重要的课程资源，尤其是在现代化的体育资源匮乏的偏远地区、农村地区更具有宝贵的资源价值。另外，将民间舞蹈如苗族"芦笙舞"、土家族"摆手舞"经过改编和现代的课间操有机融合，形成具民族特色的课间锻炼方式。

二、主题统整

一般而言，最易于获得的知识是统整琐碎的细节成为整体的观念，"当一事件愈具有意义，愈深入或愈精致地处理，愈能置于情境脉络，愈植基于文化、背景、后设认知以及个的知识中，便愈容易理解、学习和记忆。"① 并且，在现实情境中，我们所了解和应用的知识并不是在学校中界定的不同区隔的知识，而是统整在真实问题和议题的情境中的知识。② 学校课程强调要进入学生的文化与生活领域，要以学生为起点进行课程的设计。不仅如此，多元文化社会不能是各种文化简单加在一起的结果，多元文化教育需要接触、相互作用和相互渗透。多元文化课程不是单一的课程，而是一种跨学科的课程，一种整合的课程。班克斯主张多元文化课程设计应把握 5 个维度，即内容的整合、知识建构的历程、偏见的降低、公平的教学、学校文化和社会结构的增权赋能。其中内容统合是多元文化课程设计的一种重要向度。民族文化课程内容组织的有效方式是进行课程的统整，将多元文化知识与经验置于情境脉络中，以便使学生接近和更易感受到它的意义。因此，打破学科疆界，以概念主题出发的课程统整最能符应多元文化课程的理想。③

统整（Integrate）的英文原意是"结合、使成整体"，在现代汉语

---

① ［美］詹姆斯·本克：《课程统整》，单文经等译，华东师范大学出版社 2003 年版，第 9 页。
② ［美］詹姆斯·本克：《课程统整》，单文经等译，华东师范大学出版社 2003 年版，第 12 页。
③ 陈美如：《多元文化课程的理念与实践》，师大书苑有限公司 2000 年版，第 128 页。

中，统整与整合、综合意义相近。将这种观念应用于课程，形成一种课程设计的理论，一种课程组织取向，一种组织课程内容的方法。所谓课程统整（Curriculum Integration）是经由课程设计的统整，以达成经验的统整、知识的统整和社会的统整。也就是课程统整是以真实世界中具有个人和社会意义的问题作为组织中心，透过与知识的应用有关的内容和活动，使学生将课程经验统整到他的意义架构中，并亲身经验解决问题的方法，达成经验和知识的统整。这种统整不仅使知识更易为学生接受，更能创造民主教育的环境，作为社会统整的基础。[1] 实际上，课程统整是打破学科与学科的限制，从学习的主题出发，以主题为核心，思维各学科的关联性，进行课程组织的历程。[2] 课程统整不同于超越严格分科作法的安排和设计，也不同于以事件的顺序安排一天的活动并钻研于其中的"统整日"，就某种程度而言，"多学科式"或"多科目式"也不能等同于真正意义上的课程统整。统整课程的设计，是以主题概念为核心，再确定与该主题有关的概念和活动，以利用这些主题概念，培养学生综合的问题解决能力和探究精神，不受学科的限制。课程统整是着眼于生活本身的课程，而非在科目领域界限中精熟片断的知识；它着眼于当前生活而并非为未来生活和学校教育作准备；它关心意义的主动分析和建构，而不只是臆断他人意义的正确性；它借由问题中心焦点、知识的应用和参与的架构，带来民主生活的思想观念。

课程统整具有如下特点：第一，课程以问题和议题加以组织，而这些问题与议题在真实世界中对个人及社会具有重要意义；第二，规划与组织中心相关的学习经验，在组织中心的脉络下，统整适切的知识；第三，知识的发展和应用应强调现行学习的组织中心，而非为未来考试或升级作准备；第四，强调实际方案和行动以涵括知识的实际应用，以增

---

[1] 欧用生：《从综合活动课程谈台湾课程统整的趋势》，《全球教育展望》2002 年第 4 期。

[2] 陈美如：《多元文化课程的理念与实践》，师大书苑有限公司 2000 年版，第 129 页。

加年轻人统整课程经验到意义系统中的可能性，并亲身经验问题解决的民主过程。① 在多种族或多族群的社会中，正视、尊重并反映不同文化间的差异应成为学校课程设计的核心。为此，苗族多元文化的课程统整应具有如下特点：第一，课程统整是由真实世界中具有个人和社会意义的问题所组成，例如文化差异、种族、语言等问题；第二，设计与组织有关的学习经验，考虑学生不同的文化背景，以统整的脉络，组织学生的知识；第三，知识的发展和应用是要能诠释现行生活与世界的现象，作为行动的参考，而非准备考试或测验；第四，统整的重点要置于与文化知识应用有关的内容和活动，使学生的课程经验统整至特有的意义架构中，并能亲身体验解决问题的方法；第五，学生能实际参与课程的设计，自己建构问题，并关心问题、解决问题，这也是一种民主的教育历程。②

统整课程设计是以涵盖学生个人关注与社会关注所交集的主题为依据的，以主题概念为核心，再确定与该主题有关的概念和活动，以利用这些主题概念，培养学生综合的问题解决能力和探究精神，不受学科的限制。学生进行以主题为焦点与相关关注焦点进行学习时，往往统整了四种知识：①个人的知识：着重在自我关注与认知自我的方式。②社会的知识：着重在社会与世界的议题，包括从同伴关系到全球关系，以及这些关系的批判考验方式。③说明的知识：着重在命名、描述、说明、诠释等的内容，涵盖涉及不同知识学科与常识或普通知识。④技术的知识：着重在调查、沟通、分析与表达的方式，涵盖学校倡导的许多技能。除此而外，课程经验还尤其需要强调有民主价值、尊重人性尊严、珍视多元歧异等。

（一）主题内容统整的步骤

1. 确立主题

---

① ［美］詹姆斯·本克：《课程统整》，单文经等译，华东师范大学出版社 2003 年版，第 13－14 页。

② 陈美如：《多元文化课程的理念与实践》，师大书苑有限公司 2000 年版，第 129－130 页。

　　主题的决定是课程统整的第一步，也是最重要的一个环节。苗族多元文化课程的主题的来源是多方面的，它既可是包含在现行课程中的论题，也可是师生感兴趣的论题，如认识自己、认识他人、族群关系等方面的主题。主题内容更多时候是从生活中的关注点所萃取出来，或从地方或社区的资源与文化遗产中获得，如各种节日活动（苗年、芦笙节等）或地方民俗活动（礼仪习俗、婚丧习俗、信仰习俗等）。主题还可源自于社会问题或议题，如"民族文化与认同"、"民族文化保护与传承"等，也可以是学生自身的议题或关注的事项，如"与来自不同文化的同伴相处"、"我是谁"等。其中学生所关心的事项和社会议题两种来源更为重要。毕竟，个人和社会的各项问题，就是构成生活的要素，也是年轻人用以组织知识和经验的架构。① 因此，主题的确定必须考虑与学生有关的问题与议题，必须关心学生生活世界的主要层面，并能激发学生动态的和创造的行为。

　　确立的主题应是适当的。判断统整主题是否适当可以从三个方面加以考虑：①统整主题的教育价值性。统整主题所涉及的内容范围应十分广泛，且能包容较多的教育目标，能促进学生身心和谐发展，同时也包含丰富的课程设计资源以组织多样化的活动。②统整主题的发展适宜性。一方面表现为主题对学生的适宜性，即统整主题是符合苗族学生学习与发展的需要与兴趣的，是与学生已有的经验与能力相匹配；另一方面主题的本地适宜性，开展这一主题的教育活动是适合当地的实际情况，包括当地的风土人情、文化传统和教学资源（师资水平、教学设备、材料能否就地取材、充分利用当地的环境资源等）。③统整主题的综合性。主题是能使学生获得不同学习领域的知识、技能，并且可以把这些知识、技能组织起来反映出学习领域本身的逻辑性以及符合由已知到未知、由近及远等认识的基本规律。总之，在确立主题时应以真实世

---

① ［美］詹姆斯·本克：《课程统整》，单文经译，华东师范大学出版社 2003 年版，第 20 页。

界中具有个人或社会意义的问题为主，使主题意义化；设计、组织与统整与主题有关的学习经验以及课程知识或活动，使主题脉络化；促使学生将课程经验统整到自己的意义架构中，并亲身经验解决问题的方法，使知识意义化。主题的决定可由教师提出初步构想再与学生共同研讨，或由学生提出各种想法再与教师共同商讨，或由师生共同拟订。教师可根据学生的身心发展水平，灵活地选择确定主题的方式。

主题或问题是一个核心，课程资源的统整就是要通过这个核心把其他有关的事实或现象有组织地联系起来，其主题的确立须有基本的概念为基础。在确定统整主题之后，教师还应围绕该主题查阅各种资料，通过集体讨论，确定与统整主题有关的次主题，其基本脉络为统整主题—中心主题—主题活动—具体活动内容。

2. 规划主题

在确定了主题的基础上，还必须对主题进行规划。课程统整时，计划始于一中心主题，然后借由确认与此主题或活动有关的大观念或概念，展开课程的计划。围绕主题规划与主题相关的学习经验，在主题的脉络下统整适切的知识，形成次级概念，并围绕次级概念架构更次一级的概念与活动，组成主题网络。如图8.4 所示。①

以此为依据，民族民间文化课程资源的主题内容的规划应作各种主题的网络设计。如"认识我自己"这一主题网络：次级概念包括自我概念、自尊、文化差异、价值等概念，而次级概念中的"文化差异"又包含有尊重、包容、友谊等，"自尊"中又包含传统、族源、姓氏探源等。具体见图8.5。

（二）主题内容的分类

苗族、土家族、羌族文化蕴含着丰富的教育要素，将这些苗族、土家族、羌族文化资源整合进学校课程时，应根据多元文化教育理念并结合

① 詹姆斯·本克：《课程统整》，单文经等译，华东师范大学出版社 2003 年版，第 16 页。

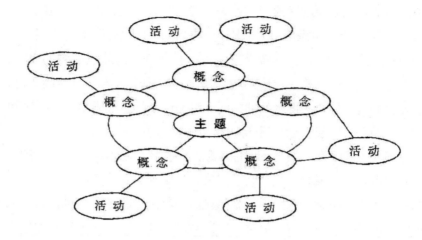

图 8.4　课程统整网络概要图

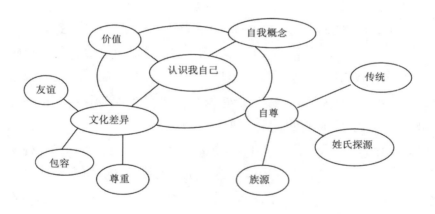

图 8.5　"认识我自己"主题统整网络图

对文化教育资源本身特点的考察，按照课程目标选择和组织有价值的民族文化内容，以主题单元的形式，形成一定的问题和活动系列。根据重庆市民族地区现存的地域文化资源我们尝试将其分为六个大的主题内容：

主题一：欣赏与珍视——多姿多彩的民族风情

苗族、土家族、羌族都是最具民族风情的民族，拥有多姿多彩的风俗习惯，形成了颇具特色的饮食文化、民居文化、服饰文化、节日文化等传统民俗文化，不仅富有独特的民族内涵，而且某种程度上也反映了少数民族的历史及族源。在这个主题中所涉及的内容是非常丰富的，不仅涉及苗族、土家族的生活习俗，诸如服饰、民居、饮食等，还涉及节日习俗、民族工艺、民间音乐、民族舞蹈、民族体育活动等内容。通过这一主题的学习，达成欣赏与珍视本民族文化的目的。

主题二：行为规范与价值观

少数民族民歌中蕴含着丰富的道德行为规范教育的价值，可从中挖掘出行为规范的主题内容。如《为妈妈报仇》、《放鸭的小姑娘》等这些苗族民间童话故事，透过种种奇幻而又合理的想象，形象地反映民族人民的向往与追求，给孩子们以美的享受，启迪他们的聪明与智慧，教育他们真诚、勇敢，从小养成爱善良、憎邪恶、见义勇为的情操。另一方面少数民族民歌作为一种特殊的民族语言，有利于民族学生民族情感的陶冶与养成。

苗族、土家族、羌族人有自己做人的道德标准，在苗族、土家族的民间礼仪中有许多如何做人、如何与人相处和交流的内容，通过各种文化艺术的形式来教育启发人们自觉维护和遵守，以达到净化社会、净化人心、消除邪恶的目的。苗族独特的"议榔"制度所形成榔规、榔约作为一种习惯法规范着人们的行为，所有这些应纳入行为规范与价值观这一主题。

苗族人、土家族、羌族人信奉原始宗教。以苗族为例，苗族持万物有灵论，以枫树、牛、龙、鸟、鱼等生物为图腾。尽管这种宗教信仰和图腾崇拜充滞着一些迷信的色彩，在当今不宜提倡。但这种万物有灵的思想反映了一种对自然、对生命的敬畏，人与自然和谐相处的理念，更有着独特的自然观、生命观、宇宙观。在主题内容选择与组织过程中，关键是揭示其蕴含的自然观、生命观、宇宙观和价值观，并培养学生的批判意识和批判能力。

主题三：历史与贡献

在这个主题主要学习苗族、土家族、羌族的历史，民族历史内容可包括族源、迁徙史、民族人物、人文古迹等等，以了解苗族、土家族、羌族的历史以及在我国历史上所作出的贡献。

·族源史：如蚩尤在古代汉书中一直是作为一个制造事端的传说人物而存在，存有诸多的偏见。而苗族一般则将蚩尤视为自己的祖先。在苗族地区一直流传着苗族远祖蚩尤的传说，将蚩尤视为自己的祖先而崇仰。对蚩尤这个传说人物的认识与了解，有利于学生形成正确的认识，消除偏见。对"三苗"部落的发展史的学习，使苗族学生对自己民族悠久的历史有一个全面的了解。

·迁徙的历史：苗族是一个在历史上经历了大规模、长时间迁徙的民族，前后经历了五次大的迁徙，这其中还不乏小的迁徙，正因为如此，有人把苗族称为中国的犹太民族。苗族的迁徙史，是一部充满生存艰辛、顽强斗争的历史，记载着苗族不断被边缘化的过程。对这段历史的学习，能使学生养成自尊、自强、自立的个性。

·历史人物：在历史上西南民族地区涌现出了许多英雄和历史人物。如贵州省黔东南地区有影响的人物有明代领导苗族金台起义的英雄韦同烈，参加过康有为在京发起的1300多名举人的"公车上书"的苗族、侗族七举子，辛亥革命先驱吴传声等革命志士。在雷山，人们广为传颂着抗清英雄张秀眉、杨大六的英雄事迹。重庆市秀山县是老革命根据地，这片热土孕育了大批革命志士，留下了刘伯承、贺龙等革命前辈光辉的战斗足迹。秀山县还有明朝时期率领苗民与反动土司进行激烈斗争的苗民首领吴老K等历史人物，唐朝时期掌管了黔中道军、政、法大权，即黔中道最高长官——苗族人赵国珍等。通过这些历史人物事迹的学习，可以让学生了解这些不同历史时期民族人物的事迹和贡献，从而培养学生的民族自豪感。

·服饰：民族服装上的纹样记载着少数民族人民迁徙的辛酸史，如苗族服饰作为无字的史书，是学习了解苗族迁徙、发展的最好教材。

　　·古文化遗址、民族生态博物馆：西南地区苗族、土家族所居地域广泛地分布着丰富的古文化遗址和生态博物馆、民俗文化村，它们也是一种苗族、土家族历史主题学习的重要资源，如重庆市黔江区小南海镇新建村为武陵山土家族生态博物馆，不但是中国第一座土家族生态博物馆，也是中国目前规模最大、最美的土家原生态旅游带，成为人们了解土家族风情历史的最佳场所，这里的土家建筑文化、农耕文化、民族文化沉淀深厚。另外，还有黔江的红土弯旧石器时代文化遗址、恐龙化石遗址，秀山的苗王墓，石柱的秦良玉陵园——三教寺，秦良玉率土家白杆兵筑寨御敌遗迹——古战场万寿寨等。把这些古文化遗址和民俗博物馆作为学习内容，不仅可以使学生认识到土家族所在地域悠久的人类居住历史，而且对于学生树立关于人类起源的科学世界观以及爱家乡、爱民族的自豪感具有重要意义。

　　苗族、土家族的历史可以提供对本民族文化和世界观的理解，以及对人类事件的不同解释。为培养学生的自豪感和民族认同，教师要利用传统的民族文化资源，通过让学生了解苗族的历史和起源，从而使他们能肯定本民族文化存在的价值。

主题四：身份意识

　　任何人在没有正确地认识到其身份是如何被他人必然包含和必需之时，是不可能真正理解其身份的。[①] 每个人都应真正理解自己的身份，每个人的存在就是他自己，而不是被作为"他者"而表现出来的。重庆市民族地区的学生可以通过族源探寻、服饰寻踪、姓氏探源等主题学习确立正确的身份意识。

　　·族源探寻：一个民族对自身族源的追寻，是确认身份的有效途径。通过研究性学习让苗族、土家族、羌族学生对自己的族源进行探寻，可以使学生了解身份差异，培植学生身份意识。

---

① ［美］威廉·派纳等：《理解课程》（上），张华译，教育科学出版社2004年版，第342页。

·服饰寻踪：在我国少数民族中，民族服饰最为丰富多彩的要数苗族，多达上百种。服饰作为一种亚族群的符号，从颜色、款式的细微差别中便可以分辨出苗族的各种支系，如红苗、黑苗、白苗、花苗等。通过民族服饰的学习，可以使苗族学生了解苗族支系，并确认自己所属支系。

·地名探源：地名探源作为一个学习主题纳入课程教学活动，对苗族、土家族、羌族学生具有特殊的意义。地名被视作了解历史的化石，通过地名探源，可让学生了解苗族、土家族起源的基本事实，从族源的角度让学生认识到苗族、土家族与其他民族差异的事实及原因，并培养学生正确地看待苗族、土家族与其他民族差异的态度、价值观，让学生养成探究问题的兴趣和能力。

·姓氏探源：苗族由于与汉族交往频繁，在明代开始有极少数人使用汉名汉姓，到清代雍正年间改土归流后，清王朝认为"苗人多同名"，不便管理，就饬令"各照祖先造册"，"凡不知本姓者，官为之立姓"。这样，苗族一般都有了汉名汉姓。苗族人现在通用汉姓汉名。不过，苗族每个人都有自己的苗名，采用子（女）父连名制，表示以父系为中心的血缘关系。如果以二十五年为一代，由子（女）父连名制的家族谱系追溯上去，可知道某个家族延续至今的历史年代。姓氏探源可以有助于苗族学生了解苗族的族源及历史。

主题五：文化的沟通与交流

在这一主题中主要涉及苗族、土家族语言文字与文化，从苗族、土家族语言文字的学习可以使学生了解苗族、土家族与汉族，以及其他少数民族的交往与相互影响，更能发展学生沟通与交流能力。

语言是一种社会现象，它是随着人类社会的产生而产生，随着社会的发展而发展的。因而，苗语与其他民族语言一样，同样反映出苗族古代的历史文化。从苗语的称谓可以看出群婚制的痕迹，从苗语中也能识别出母系社会的痕迹，由苗语自称中可以解读出远古"三苗"的信息，从苗语借词手法可以知道苗族与汉族以及其他民族的文化交流。苗语承载着丰富的文化内涵，理应成为学生学习的重要内容。

　　民族语言是各少数民族成员民族认同的重要标志，民族语言也是积累和表达民族文化最有效的工具。多文化教育课程应该帮助学生认识到语言多样性的现实，培养学生尊重各少数民族语言的态度。在课程中给学生提供学习本民族语言、了解其他民族语言的机会，有利于促进文化之间的相互了解和交流。随着社会的发展，少数民族母语的交际功能越来越受到局限，但是在学校的课程设置中，要充分地尊重少数民族学生对母语的选择权利，语言的平等是评价社会平等的一个重要标志。

　　主题六：文化多样性

　　西南地区境内世居汉、苗、土家、羌、纳西等多个民族，不同民族对其他民族的认同与理解，对于整个社会的和谐发展至关重要。因此，重庆市各民族应对其他民族的文化有所了解，从而理解、接纳并认同"他者"，促进相互间的交流与合作。因此，应将土家族、苗族等少数民族文化纳入学校课程。不仅如此，还应让他们认识世界的不同文化。通过这一主题的学习，了解文化的多样性，理解、尊重他族文化。

　　三、地方课程、校本课程的有效利用

　　一般说来，地方的课程资源开发主要运用于三个方面：一是为实施国家课程提供"从生活走向课程"的辅助资源信息；二是为建立地方课程提供系统的课程资源；三是为校本课程开发提供广阔的信息资源。每一个地方，每一寸土地，都曾经经历过历史的洗礼，也必然留下了与其他地方不同的人文文化、建筑特色、民族风情等特点。对于每一所学校来说，所在地丰富的历史人文资源是课程资源开发的重点。我们可以先从当地的历史、政治、经济、文化、生活、地理等特色进行研究，并在此基础上，及时组织师生收集整理和发掘本地的名人古迹、社会风物等。在挖掘资源时，为了避免开发资源的千篇一律，应该从自己本身特有的文化特性进行开发。如黔江区在开发地方资源时，应清楚地认识到该地区是重庆市重要的旅游发展区，它拥有小南海、武陵山风景名胜区，少数民族风情浓郁，这些突出的自然、人文优势，将成为本地教育特色的重要资源。将所发掘的资源汇编成"地方课程资源库"，让学生在了解家乡的基础上，发现问题，激发兴趣，不断开发出新的资源，然后结合学校办学特色和地方人文特色，开发出系列地方课程教材、校本课程教材。另外，根据不同年龄学生心理特点和各学科课程的学习要求，制定小学、初中、高中各学段活动的指导意见和手册，提出不同年级、不同学科开展研究性学习的参考选题，调动社会力量，充分挖掘和整合本地民族文化课程资源，形成具有地方特色、民族特色的中小学活动课题系列，培养学生参与社会实践的能力。

校本课程是指"以学校为基地，以学生的个体差异为基础，以学校教师为主体，以当地学校课程资源和社区课程资源为依托，根据学校的办学特色和办学理念，由学校校长、教师、学生、社区成员、学科专家联合或与校外团体合作或个人合作开发的，旨在满足学生个性发展需求的一切形式的课程开发活动，是一个持续的、动态的课程生成过程。"[1]在具体实施上，基于民族文化课程资源进行的校本课程的开发与利用应采取以主题单元为主的方式。"主题单元是指根据各学科课程目标乃至某一教材单元教学目标或是多元文化教育理念并结合对文化教育资源本身特点的考察，把文化教育资源分成若干主题，形成一定的问题、活动系列，一系列主题单元的教学活动就构成了某一学科在某一学段的课程资源开发与利用全过程。主题单元的设计，要考虑课程资源负载的学习内容本身及其与相关学科的统整问题。"[2] 主题单元注重学生的经验、兴趣和需要，比如，对于小学低年级的学生，我们可以在语文课上设立

---

[1] 马正学：《西北少数民族地区校本课程开发研究》，博士学位论文，西北师范大学2004年，第25页。

[2] 李定仁、董仁忠：《东乡族小学课程资源开发与利用的调查研究》，《西北师范大学学报（社会科学版）》2003年第1期。

事物名称、人物称谓、童话、儿歌等主题单元，随着学段的增加我们可以相继设立俗语、传说、寓言、叙事长诗等主题单元。在历史学科中，我们也可以按三阶段分设主体单元：人物、姓氏；地名探源、古迹探寻、历史故事；民族发展历程等等。

　　无疑，校本课程的开发和实施对于教师的课程意义的生成、课程资源开发能力的提升以及教师专业成长等方面起到了激励和推进的作用。① 但同时，对于师资队伍整体水平有待提高、相关专业人员短缺、设备设施不完善的民族地区而言，单一的校本课程也存在很多不足，如：校本课程开发在管理体制上"各自为政"，有效制度供给不足，经费保障不力，导致校本课程开发成果闲置；校本课程在开发主体取向上"过于单一"，缺乏整合的优势；校本课程开发在对资源利用上"孤芳自赏"，导致教育资源被重复利用或闲置等。② 因此，我们应该认识到，校本课程立足于"校本"，但绝不能囿于"校本"，在苗族、土家族、羌族等民族区域内、在同质性学校中，应该竭力集中力量共同开发、建立共享的民族文化课程资源库，还可以建立多媒体学习平台，实现资源共享，以避免单一的校本课程开发所造成的资源浪费，实现校本课程的校际化。

民族民间技艺"挑花"的校本课程设计案例③

1. 课程设计思想

以绘制挑花图案为主线，根据学生对挑花图案的认识，要求学

----

① 邓达、易连云：《"校际课程"开发——西南少数民族地区课程资源开发新取向》，《广西师范大学学报（社科版）》2006 年第 7 期。
② 参考邓达、易连云在《"校际课程"开发——西南少数民族地区课程资源开发新取向》一文中的论述。
③ 参照蔡颖莹：《从民间文化遗产到美术课程资源的开发——对湖北"黄梅挑花"的个案研究》（硕士学位论文，湖北美术学院 2011 年，第 32 – 36 页）中案例修改而成。

生创作设计挑花的图案，将欣赏活动与自己的生活经验联系起来。将挑花中的造型特点和手法运用到创作练习中，培养学生合作、探究、创新能力，有效培养了学生的形象思维能力和创作能力，树立学生弘扬民间艺术的思想。

2. 三维课程目标

（1）知识与能力

第一，使学生了解挑花图案，欣赏黄梅挑花中图案的造型美，并能归纳出挑花艺术中图案的造型特点，增长知识。

第二，培养学生的观察能力和动手的能力，培养学生的动手能力和创新能力。

（2）过程与方法

（3）情感、态度与价值观

第一，引导学生对挑花图案认识，通过积极参与、探讨，最终理解挑花艺术的意蕴和风格特征，激发学生对本土文化的认识和兴趣。

第二，增强学生对本土文化的认同感和尊重感，强化学生地方民间美术文化的保护意识。

3. 教学模式

采用情景导入——任务驱动——学生探究——教学讲解——作品欣赏——自主创新——作品展示——小结升华八步教学。课程结构分为欣赏与评述、认知与表现、理解与情感、评价与创新四个部分。

4. 教学对象分析

教学对象是初中学生，学生的感知力、理解力较强，对形的观察、理解记忆、抽象思维和创造性想象具有一定的水平，也有很高的模仿能力和创造能力，挑花对于他们来说既是一种熟悉的家用物品，但同时又接触了新的知识概念，使学生因此有了浓厚的学习兴趣和表现欲望。

5. 教学过程

版块一：挑花图案的欣赏

（1）导入

以"黄梅挑花"新闻短片来激发学生的学习兴趣，让学生有直观的认识，并明确学习目标，以任务驱动为主线展开教学。

介绍挑花图案的相关资料：挑花图案一般巧借动植物的自然属性、汉字谐音，通过借喻、象征、借代等手法，寄托种种含义。如：金瓜、葫芦、石榴多籽，鱼、青蛙善生殖等，此类的挑花就是借喻祈求生子、子孙绵延昌盛等。另如：孔雀、凤凰为异鸟珍禽，象征吉祥富贵。牡丹称"富贵花"，象征大富大贵、荣华富贵；桂圆象征团圆；金桔象征吉利。喜鹊古人称能报喜，象征喜事盈门。

另外以汉字谐意手法表现寓意的。如：把枣、花生、桂圆、莲子放在一起，寓意"早生贵子"；把莲花、鲤鱼放在一起，为"连年有余"；把桃、五个蝙蝠放在一起为"五福庆寿"、"五福临门"；把三只羊放在一起为"三阳开泰"等等。

（2）课堂探究

学生已经认识了挑花图案寓意的巧借方法，因此，教师出示一幅挑花作品，让学生讨论它的方法和寓意，教师给予一定启发指导，培养学生的合作、探究意识。

（3）师生探讨

挑花图案的造型要素。对挑花中图案形状、色彩等作简单的描述，以及讨论挑花的艺术特色。

（4）作品欣赏

通过让学生欣赏实物"挑花"作品，学生进一步了解挑花这一民间艺术，教师讲解并分析挑花中图案造型所用的手法，探讨图案的样式、色彩、形状；分析图案的造型与现实生活的形状的异同，总结出挑花中造型采用写意的手法，对形象进行大胆的夸张取舍，色彩采用红配绿的民间搭配，呈现出挑花古拙又高雅的艺术特色。

最后，挖掘挑花与当时文化、社会、政治、经济等背景要素的关系，分析挑花中的艺术思想、艺术观；探讨挑花中所含有的情感、信仰和思想等。培养学生的审美和鉴赏能力，尊重和传承民间优秀的文化遗产。

版块二：设计和制作挑花的图案

（1）课前对学生的知识结构和动手能力作初步了解，了解学生独立收集资料、绘画基础和描摹能力。

（2）分好小组，让学生自己准备好绘画工具。

（3）教师拿出以往学生的挑花图案设计作业进行讲解。

老师通过挑花图案设计范例讲解如何抓住挑花中动物或植物的造型特点，如何对他们进行夸张变形。并讲解制作挑花图案的设计思路，通过日常生活的体验和感受，在对物体各个部位、各个方面进行观察的基础上找出能够表现它的特征形状的几何形，然后运用夸张的手法，形象、简洁概括地画出物体的特征，即观察—理解—表现的过程。

（4）完成挑花图案的造型表现

学生根据自己收集的图片和资料，在老师的讲解下完成一幅挑花图案的设计。

（5）作品展示与评价

学生把完成好的作品贴在黑板的两边，由学生自评、互评，教师的最后点评及总结。

版块三：教学评价

学生自评、互评活动（用 1—3 分划分评价等级）

表8.2 学生自评与互评表

评价内容	评价
知识技能	你能说出黄梅挑花有哪几类图案纹样吗?
	你能说出黄梅挑花图案的样式、造型特点和表达的寓意吗?
过程方法	你能综合运用各种知识、技能设计制作出黄梅挑花的图案吗?
	你的创作能够从身边的生活、民俗文化的角度考虑吗?
	你能和同学交流,并通过交流达成对问题的理解吗?
情感、态度、价值观	你能够欣赏黄梅挑花的图案,并能认识到它的美吗?
	通过对黄梅挑花图案造型活动的学习,你能产生对美术学习的持久兴趣吗?
	你能否认识民间文化遗产对于美术课程的意义?
	你能否了解黄梅挑花所反映的地域文化和历史民俗文化?
	你能否形成珍惜优秀民族艺术与文化的态度?
	你能否在设计制作过程中有意识地运用对比与和谐等形式原理?
	你能否在设计活动表现自己的创意?

教师评价:(用1—3分划分评价等级)

表8.3 教师评价表

评价内容	评价
知识技能	学生是否已经具备了学习新知识的心理准备和知识储备?
	学生能否运用美术语言、文字表述自己对自然美和美术作品等视觉世界的感受、认识和理解?
	学生能否对挑花图案的造型特点基本理解和掌握?

续表

评价内容	评价
过程方法	学生能否与同学进行良好合作？
	学生能否在小组合作学习中自由讨论，并大胆发言，阐述自己的观点？
	在对待挑花图案造型的学习中，学生能否从不同角度进行探究和思考？
	在教师引导下，学生能够积极思考，并能独立设计制作吗？针对挑花艺术，学生能否用计算机或其他手段进行挑花图案的设计？
情感、态度、价值观	学生能否把对挑花的学习上升到挑花所蕴涵的地域文化和历史文化，能否理解美术课程是人文性质的课程？
	学生能否感受到挑花艺术魅力，并且喜爱它？
	学生能够用艺术的眼光观察生活、用艺术的形式美化生活吗？
	学生能否利用自我展示空间，增强自信心？

四、学校文化建设体现地域文化特色

在学校的教育和生活中总是潜隐着诸多的非预期作用力和影响因素，这些成为一种隐性的教育力量，学校课程不应仅停留在显性的层面，更要关注隐性的层面，以隐性的教育力量组织课程，进行学校文化建设，体现地域特色。

隐性课程作为一种课程形态，强调潜在课程的价值潜隐性和非预期性等特点。我们倾向于将其作为一种教育性经验来认识，潜在课程是学校通过教育环境（包括物质的、文化的和社会关系结构的）有意或无意地传递给学生非公开性教育经验（包括学术性与非学术性的）。[1] 隐性课程的作用机制与显性课程不同，有其自身的独特性，它对学生的影

---

① 靳玉乐：《现代课程论》，西南师范大学出版社1995年版，第360页。

响是隐性的、间接的，潜在课程的授受机制主要包括两个层面：施教机制和接受机制。从其施教机制来看，潜在课程主要是通过暗示、感染、模仿和认同等方式对学生施加影响。就其接受机制而言，潜在课程的接受活动所反映的是认知主体与信息客体之间的相互关系，是一个由接受主体对外来潜在课程知识进行反映、选择、整合、内化多种环节构成的连续整体的认识过程。① 学校的显性课程主要以教科书中知识的形式呈现，与此不同潜在课程的物质承担者是具体的人、事、物，如教师、校园物质环境、文化氛围、学校组织结构、社会关系结构和正规课程中隐含的价值观、文化传统等意识形态层面的内容，正因如此，潜在课程表现出潜隐性特点，以隐蔽的方式在暗默中把一定社会所倡导的主流价值观念、思维方式、行为方式等渗透于具体的人、事、物以及活动过程之中，带有非强制性、非公开性的特点。阿普尔认为，隐性课程为学校默默地、高效地灌输给学生的"被合法化了的"文化、价值和规范。② 也正因为这样使潜在课程具有易于接受的特点，学生在潜移默化中不知不觉地接受着课程的模塑。潜在课程对学生的影响不限于知识方面，而且包含情感、意志、个性等方面。隐性课程作为一种隐蔽的课程形式，它以一种潜移默化的方式影响着学生人生观、价值观、性格、意志的形成和发展。总的说来，隐性课程是一种间接教育，是不教之教。班克斯认为，隐性课程是那种老师不一定教而所有学生却都在学的课程，包括对不同种族、民族、性别、宗教信仰、文化的容忍与并存的理解。这种课程被称为"不教之课"。③ 它是学生在学校学习生活中完整经验的一个有机组成部分，它既存在于正规课程之中，更存在于正规课程之外，它时时刻刻、无所不在地影响学生的发展。因此，潜在课程在本质上是对学生的一种价值性的影响。情感性和过程性也是潜在课程的优势所在。

---

① 参见靳玉乐：《潜在课程》，江西教育出版社 1996 年版，第 158－170 页。

② 张华：《经验课程论》，上海教育出版社 2000 年版，第 182 页。

③ J. A. Banks *Multicultiural Education; Characteristics and Goals*, 1997, p. 24.

一个民族的价值观、思维特点及行为方式等民族文化本身不同于一般意义上的知识形式，它是一种精神层面的传承，没有十分明确的物质载体。它并不是靠课堂上简单的讲解就可以被学生所接受的。对民族文化学习不完全是一个理性的认知过程，而更主要是一个体验、感受的过程。同时，民族文化教育是一种情感教育，其潜在课程的诸多内容（物质的、精神的、制度的）无一不渗透着情感因素，它能使学生获得审美的愉悦体验，激起他们对这一民族的热爱，这是提高学生民族自信心的强大动力。正因为如此，民族地区学校课程应有效运用这种独特的授受机制来运作，通过各种文化手段间接或暗示性地表达着一定群体的价值追求。为此，学校应重视校园物质文化和精神文化建设，将本地颇具特色的地方教育资源或民族文化资源潜隐于学校的校园环境建设中。

校园世界是充满意义的世界，校园物质文化景观是一种特殊的人文景观。学生所处的校园物质环境是为特定的目的而设计的，蕴含着一定的价值观念和情感因素。德伯里认为，校园各种物质景观积淀着历史、传统、文化和社会的价值，蕴含着巨大的潜在教育意义，其直观性和超语言性潜移默化地影响着学生的价值观、态度和情感，它通过学生对各种物质景观的解读去领悟其丰富、深刻的内涵。正是由于校园物质、自然景观的象征性、隐喻性、激励性和模糊性，造就了潜在的教育功效。学校物质文化深刻地影响着学生的认识与行为。苏霍姆林斯基指出：孩子在他周围——在学校走廊的墙壁上，在教室里，在活动室里——经常看到的一切，对于他精神面貌的形成具有重大的意义。[1] 针对民族学校的具体情况，我们应该赋予校园物质文化以更多的多元文化内涵，尤其要反映本地多民族文化特色。比如学校的建筑可体现本地民族建筑风格，在校园设置象征民族图腾的雕塑，悬挂诠释民族神话的壁画，学校的图书馆、教室、会议室、餐厅的装饰等都要体现出民族民间文化的特

---

① ［苏联］苏霍姆林斯基：《帕夫雷什中学》，赵玮等译，教育科学出版社 1981 年版，第 30 页。

色，甚至学生的校服一改统一的汉族特色的运动装而代以各少数民族服装，从而营造一种引导学生深入探究、帮助学生深刻理解民族民间文化的良好的物质文化氛围。

学生活动的重要空间是教室，透过图画、照片、名人语录、格言、学生作品等，呈现多样的文化。如在学校图书馆、教室布置、会议室场景以及课外活动计划设计等方面要考虑到地方特色和本地文化特色，从而有意或无意地传递给学生非公开性教育经验（包括学术性与非学术性的）。

恩斯特·卡西尔提出"人是符号的动物"，符号化的思维和符号化的行为是人类生活中最富于代表性的特征，并且人类文化的全部发展都依赖于这些条件。[①] 正是由于符号的使用，才使得文化有可能永存不朽。没有符号，就没有文化，人也就仅仅是动物而不会成其为人类。[②] 人们通过长期的熏染，会形成对特定符号体系、表达方式的技术依赖，这种技术依赖本身就是一种潜在课程。例如特定的仪式、特定的文字、语法、语气、特定的情感表达等等，会形成一种特定生活情景中的文化现象，教师和学生的交往就依赖于这套表达体系或解释体系。而一旦这种体系固定下来，便意味着特定的价值观念和思维方式、行为方式的形成，因为任何的表达方式都包含着价值观念、思维方式和行为方式。正因为如此，学校中的各种仪式活动以及教师期望、教师人格、教学行为、领导方式等都会成为学校的潜在课程而对学生产生深刻影响。基于此理论，民族学校规划、设计好各种常规仪式活动（如升旗仪式）及一些重大的民族节日庆典活动是十分重要的。波尔诺（Otto Bollnow）认为，仪式和庆典都不只是小事情；相反，他们证明了海德格尔的观点，即只有通过"纯粹的"心情才能从根本上发现世界的原始释放状态。节日庆祝的典型特征就是奢侈和喧闹，人们感到他们摆脱了日常生

---

① ［德］恩斯特·卡西尔：《人论》，甘阳译，上海译文出版社 1985 年版，第 35 页。
② ［美］怀特：《文化科学》，曹锦清等译，浙江人民出版社 1988 年版，第 37 页。

活的限制性结构，并居于这一结构之上。① 在这样的教育气氛下，学生不仅受着潜移默化的影响，更在于人们一旦摆脱日常生活的想当然的限制，学生就可以自由地去探究。

五、综合实践活动对民间文化课程资源的有效利用

在民族地区，地方课程资源的开发利用除继续通过学科课程、隐性课程的途径外，还应充分重视综合实践活动这一课程形式。综合实践活动课程是国家规定、地方指导、学校开发的必修课程，是我国基础教育课程改革的一个结构性突破，它已成为我国基础教育新一轮课程改革的一个生长点。基础教育课程改革纲要指出："改变课程管理过于集中的现象，实行国家、地方、学校三级课程管理，增强课程对地方、学校及学生的适应性。"这就要求学校在执行课程计划的过程中，应该根据综合实践活动课程的性质和特点，注意充分开发和利用地方的各种资源。

实际上，要充分开发民族文化课程资源，使其在课程中得到集中体现，无疑以综合实践活动课程最具发挥空间。因为在现行考试制度短期内无法改变的情况下，为规避因开发地方课程资源而影响常规课程学习的风险，为避免加重教师和学生的学习负担着想，在综合实践活动中充分开发利用地方课程资源，具有较强的可操作性。因此，学校可以重点以综合实践活动课程为载体，通过组织学生开展课题研究、社会实践等形式，让学生在实践和自己的课题研究中真正了解、体悟本地或本民族的历史与文化，体验多元文化素养的内涵和意义，这种来源于生活实践体悟的课程要比来源于开发在书本中的课程更加生动有趣得多，也更有利于学生多元文化素养的形成。

综合实践活动课程可分为研究性学习课程资源的开发、社区服务和社会实践活动资源的开发、劳动与技术教育资源的开发等几种形式，但

---

① ［美］威廉·派纳等：《理解课程》，张华等译，教育科学出版社 2004 年版，第 45 页。

为了防止成人专家化倾向和灌注倾向，以使资源开发过程中具有生成性、表现性、差异性等特点，我们应该重视以研究性学习活动为载体进行开发。"研究性学习"作为一种新的学习方式，强调创设一种情景，让学生进行主动探索、发现和体验，从中学会对大量信息的收集、分析和判断，从而增进应对急剧变化的环境的能力和创造力的发展。通过"研究性学习"可以促进学校素质教育的发展，促进学校特色的形成。为此，应以研究性学习为载体，整合各方面的内容，从生活中发现问题，开展研究性学习活动。从适应学生的能力层次需要出发，在确立选题方向时可按照年级由低到高分别确立为人与自然、人与文化、人与社会三个梯度，循序渐进引导学生从地方资源中寻找研究课题。在综合实践活动课程的过程中，可以从民族文化的"语言文学、社会与历史、自然与地理、传统体育、音乐与美术"等方面组织学生开展专题调研和实践活动。

以"羌历年研究"为选题，设计一次综合实践活动课程，基于活动内容及学生能力的考虑，本方案较适合于小学高年级学生。

《羌历年研究》活动方案（简案）

一、背景分析

羌历年，羌语称为"日美吉"，指羌族的好日子，是羌族最隆重的民族节日之一，是粮食归仓后祭祀祖先和神灵，向神灵还旧愿、许新愿的日子。

二、活动目标

1.培养学生自我学习及使用计算机搜集资料的能力。

2.培养学生的民族文化自觉性和多元文化意识。

3.进行感恩教育，弘扬羌族尊老爱幼、团结互助的传统美德。

4.通过亲身体验，培养学生的观察和体悟能力，锻炼学生的写作和表达能力。

三、活动内容概要及实施途径、方式

1. 活动内容概要

大概可分为四个版块：羌历年溯源（来历及相关传说）；年俗活动整理；亲身体验；相互交流。也可根据学生实际情况选择内容。

2. 实施途径和方式

（1）查阅图书馆及网络相关资料，向家长及村寨中年老者请教有关知识，了解羌历年的来历及传说故事。

（2）整理有关的羌历年活动，并详细了解其具体要求。

（3）亲身体验，以实际行动去感恩，如制作小礼物送给长辈或帮助父母准备过年等，并撰写感想。

（4）相互交流。

四、资源的利用与开发

1. 羌历年是羌民族历史最悠久的节日之一，蕴含丰富的民族历史知识，通过这一活动让学生加深对本民族历史的了解。

2. 羌历年的习俗活动中有很多具体的规约，如释比和年长者在活动中有着不可动摇的地位，有利于培养学生尊敬老人的良好品质。

3. 通过向家长及年长者请教，以及亲身参与社区年俗活动，充分地利用了家庭和社区资源，为学生的学生创设了良好的环境和氛围。

4. 图书馆书籍及相关网络资源的搜集，有助于提高学生利用资源进行自我学习的能力。

五、活动成果与评价

活动成果：一篇羌历年的体验作文

评价：自我评价、小组评价、教师评价、家长评价

总之，西南民族地区中小学实施综合实践活动课程中，各学校应

"立足本土、开发资源、服务地方"，从丰富的地方课程资源中挖掘具有教育价值的东西，充分利用具体、可感的乡土资源，开发和建设有学校特色的综合实践活动课程，学生通过综合实践活动这一平台，扩大学习的空间，满足学生亲近自然、了解社会的需求，陶冶学生情操，培养学生综合实践能力。

六、网络资源开发

如今是一个网络的时代，信息化社会，现代人的生活离不开网络，人们生活方式转变，网络传播迅速地进入我们的日常生活中，网络的影响加速了我们生活方式的改变以及生活节奏的变速。它突破了时空地域的限制，使得跨地区、跨文化、跨时间的交往变得容易，不同区域、不同时代、不同文化的信息资源能实现广泛共享。网络时代呼唤民族民间文化网络课程资源的开发，运用现代科学技术来传承民间文化是一条很好的途径，网络对民间文化的传播和宣传起到了前所未有的作用，拓宽了民间文化的传播途径，提供了极大的传承空间。

（一）民间文化资源的数字化

课程资源的概念有广义与狭义之分。广义的课程资源指有利于实现课程目标的各种因素，狭义的课程资源仅指形成课程的直接因素来源。[1] 即课程资源既包括形成课程的直接因素来源，尤其是直接生成课程内容的素材性资源，也包括实现课程目标的条件性资源。民间文化网络课程资源的开发首先涉及素材性资源的开发，即民间文化资源的数字化。

作为科技名词的"数字化"，是指将模拟形式的数据转换为计算机可以读取的一系列二进制代码形式，建立起数字化模型，进行统一处理。[2] 从信息资源保护角度，数字化意味着按科学的方法分门别类地以电子格子加工、处理、存储文献档案资料，并能对这些信息资源进行高

---

① 吴刚平：《课程资源的理论构想》，《教育研究》2001 年第 9 期。
② 杨红：《非物质文化遗产数字化研究》，中国社会科学出版社 2014 年版，第 9 页。

速插入、删除、修改、检索、提供访问接口和信息保护等操作的过程。① 数字化是信息社会的技术基础,数字资源是民间文化资源数字化形态。数字资源的生成、存取和传播,依赖于计算机技术、信息通信技术、多媒体技术等,是以数字形式存在的信息资源的总和。包括数据库、电子期刊与图书、互联网页、多媒体资源等各种类型。民间文化数字资源具有不受人数限制的共享性,不受时空限制的时效性与异地性,还具有不断丰富与增长的动态生成性以及记录、存取、检索等的便利性,同时更具有存储量大、交互功能强大、可重复利用等特点,较之传统的非数字资源具有独特的优势。在当今信息化社会,通过网络信息技术实现民间文化数字资源的广泛共享是大势所趋。

可见,实现民间文化数字化,主要实现路径即是数据库的建设,民间文化课程资源的开发有赖于民间文化数据库的建立与发展。民间文化数据库的建设对于开发民间文化课程资源,传承民间文化具有十分重要的作用与意义。

首先,利于实现民间文化数据资源的集成与整合。我国各地域在长期的生活实践中产生、积淀了丰富的民间文化,随着近年来对民间文化的抢救性保护与发掘,已经形成与存留下大量的散存资料,如包含大量的文字文本、照片与图片、视音频资料等各种载体与形态的资源。在2005 年进行了全国第一次非物质文化遗产普查,据统计,共走访民间艺人86 万人次,文字记录量达8.9 亿字,录音记录7.2 小时,录像记录13 万小时,拍摄图片408 万张,收集实物资料26 万多件。② 近年来,随着普查的深入开展,这些数据进一步扩大。通过数据库可以将这些资源纳入数字化保存和信息化管理之中,实现当代已然存世或仍旧可被保存的民间文化资源的数字化形态整合以及资源利用价值的最大化。

其次,基于项目与传承人的立档保护有助于人类文化记忆的保存。

---

① 《文献档案资料的数字化工作导则》,中国标准出版社2007 年版,第2 页。
② 杨红:《档案部门与非物质文化遗产数据库建设》,《北京档案》2011 年第3 期。

民间文化尤其是非物质文化遗产具有活态性特点，许多民间文化遗产项目在现代社会缺乏存活的土壤，传承人后继乏人，一些濒危项目更是面临尚未被传承或未完全被传承即被中断的困境。而以数字资源的方式立档保护，不仅所需时间短，记录、收集资料容易，且具有长期保存的独特优势，即使面临传承人去世的困境，也可借助完整的项目档案资料辅助技艺的延续。因此，急需抢救性立档保存，通过数字化手段记录和保存当代仍旧活态存在的民间文化，对人类未来保存珍贵的无形文化记忆具有不可估量的历史价值与人文价值。同时，通过民间文化数字库定期数据采集，运行相对应的数据分析和管理子功能，就可对濒危遗产项目及传承人实施预警监控，实时做出决策。

再次，促进民间文化资源的共享。数字资源较之传统资源的一大优势特性，就是便于通过网络手段实现跨时间、跨空间的传播与共享。而民间文化数据库就是传播和共享的后台系统与信息之源。民间文化数据库的建立，可使民间文化资源在一个强大的资源后台支持下的统一平台上实现各级检索与不同权限级别的浏览，从而实现民间文化资源数字化形态的最大化共享。

正因为民间文化资源数字化具有上述独特作用与优势，在民间文化课程资源开发中应重视实现民间文化资源的数字化，即将非数字化的民间文化资源加工转换成数字资源，如通过录入、扫描、摄影、转录、摄像等方式将已普查、登录的民间文化现存资源转换成数字文件，并建立数据库予以存储、管理与共享。不仅如此，还应通过计算机技术、数据库技术、多媒体技术、虚拟现实技术、人工智能技术、人机交互技术、网络信息技术等现代科技技术建立数字博物馆等。

（二）加强民族地区网络环境的建设

网络作为校内课程资源，可以促进学校范围内资源的共享；作为校外课程资源，是对校内资源的必要补充。改革开放以来我国民族地区的基础教育得到了较大的改观，但总体而言，教育经费投入不足的问题依旧突出，若缺乏物质经济条件，网络课程资源开发将举步维艰。国家和地方要加大民族教育经费投入，学校要为教师开发民族民间文化课程资源提供网络工作环境，为软件开发提供管理支持，为教育技术研究提供应用支持。

（三）建立和管理网络资源共享平台

网络课程资源共享平台作为最直观的显性课程资源，直接运用于民族教育教学活动，它的建设势在必行，将成为教师间深入交流信息，共享教学经验和课程资源的家园。大陆地区可以借鉴学习港台地区，利用网络平台这种先进的技术手段，聚集教师的力量，将零星散落的课程资源科学合理地整合，建立具有民族文化特色的 FTP、博客、播客、BBS、维基（Wiki）等资源平台。

（四）多样化、针对性强的开发原则

在民族网络文化课程资源的开发上，既要采取多样的资源形式，又要针对民族地区教学的不同对象、不同内容采取灵活的方式。课程资源的开发形式是多样的，既需要丰富的民族课程素材，又需要建立必备的网络条件；除了建立校内图书馆、科普资料室、实验室的网络资源，更需要在校外搜寻一切可利用的网络课程资源。民族地区课程资源的开发形式虽然多样，但是开发的对象必须立足民族地区，是反映出民族特色的网络文化的资源，是针对民族地区的自然资源和文化资源进行整理、分析和归纳后，集合现有学校课程开设的门类所建立起的可利用的课程资源。

第九章

民族民间文化课程资源开发的保障机制

新一轮基础教育课程改革在课程管理方面实施三级管理，课程权力逐级下放，给予地方和学校课程更大的开发空间，为民族民间文化课程资源开发提供了可能。但是，管理权力的下移，并非意味着教育行政主管部门要放松督导和监管，误读为地方的、民间的课程资源开发非"直辖范围"，从而导致监管的"缺席"。事实上，民族民间文化课程资源的开发应是国家课程的重要补充，而非国家课程的"附庸品"、"点缀"或"装饰品"。因此，教育行政主管部门理应给予足够的行政支持，在政策、资金和人力资源等方面给予一定的保障。

一、课程政策的制定与执行

课程政策是课程改革的载体，对课程改革的实施具有引导作用。民间文化课程资源开发需要与其相配套的课程政策支持。

（一）课程政策的内涵与功能

教育政策即是党和政府为教育工作所采取的基本准则与要求，[1] 它是负有教育法律或行政责任的组织为在一定时期内实现教育目标和任务的行动准则。[2] 哈罗德·拉斯维尔（H. D. Lasswell）和亚伯拉罕·卡普兰（A. Kaplan）认为政策既含有目标和价值，又是一种策略计划。[3] 教育政策作为一项政治措施，它既包括政策目标和价值取向、静态准则，

---

① 张焕庭：《教育辞典》，江苏教育出版社 1988 年版，第 763 页。
② 成有信等：《教育政治学》，江苏教育出版社 2000 年版，第 241 页。
③ 林水波等：《公共政策》，五南图书出版公司 1982 年版，第 8 页。

也包括动态过程，主要涉及教育的权利与利益。

　　课程政策是教育政策的下位概念，是国家教育行政主管部门在一定的秩序和教育范围内，为了调整课程权力的不同需要，调控课程运行的目标和方式而制定的行动纲领和准则。① 它往往从大政方针上规定着课程的性质，指导并调控人们的课程行为走向，并对课程内容、课程结构以及课程资源开发等做出政策性规定。课程权力是课程政策的核心，课程政策实质上是不同权力主体之间的利益博弈，伯恩斯坦（bernstein）从课程知识的选择和编码的方式与社会权力分配关系的角度认为，权力分配制约着课程政策。麦克·F. D. 扬、阿普尔以及皮埃尔·布迪厄等学者也强调权力对课程政策的制约性。正因为如此，课程政策并非价值无涉，Y. 德罗尔等认为政策制定无法回避价值问题。阿普尔认为课程本身即是主导价值观过滤的产物。课程政策内容、课程政策制定过程以及课程政策效用等方面均体现"价值干涉"，② 它自身负载着某种或者某类价值诉求，必然反映着政策主体的利益需要和价值取向。

　　课程政策包括政策的制定和政策的执行两个方面。

（二）课程政策的制定

　　课程政策制定是政策运行的首要环节，也是决定一项政策科学合理与否的关键步骤。课程政策制定包括课程政策问题认定、课程政策目标确定、课程政策方案的选择和课程政策合法化等具体阶段，课程政策制定过程所产生的结果具体体现为包含课程政策目标和政策方案的具有合法性的课程政策文本。③

　　而课程政策制定中，课程政策目标的确定尤为重要，其涉及制定政

① 胡东芳：《课程政策研究——对课程共有的理论探索》，博士学位论文，华东师范大学 2001 年，第 11 页。
② 胡东芳：《课程政策研究——对课程共有的理论探索》，博士学位论文，华东师范大学 2001 年，第 36 页。
③ 张红：《我国基础教育课程政策的价值取向研究》，博士学位论文，东北师范大学，第 26 页。

策的指导思想和工作任务，是对政策活动水平和方向的具体要求规定，是课程政策活动斩立足点，明晰、具体、合理的目标是政策制定具有科学性、可行性的有效保障。而民间文化课程资源开发的相关课程政策目标的制定，应体现应用性、激励性、清晰性和确定性原则。

知识是课程的核心，课程政策所要解决的核心问题也是课程知识问题，即有关课程知识的选择和管理的问题。课程政策领域中的课程知识问题主要包括以下几个相互联系的方面：选择什么（What）？怎样选择（How）？谁来选择（Who）？为什么要选择（Why）？为谁选择（For Whom）？这五个问题构成了课程政策领域中课程知识问题的内在逻辑体系。其中，选择什么、为谁选择、为什么要这样选择三个问题主要涉及课程的具体内容，属于课程知识选择问题。怎样选择、谁来选择两个问题则主要涉及课程知识的管理问题。① 总体而言，课程政策中所涉及的课程知识是从一定社会文化里选择出来的"法定知识"。它更多体现的是主流文化、上层文化的内容及其价值诉求，而忽略了归属于下层文化的民间文化。目前我国的课程政策中所涉及的课程知识选择问题也反映了这一特性，过多关注的是主流文化、上层文化的内容，对民族民间文化关注不够。

民间文化课程资源开发的相关课程政策制定，从政策制定主体的角度应有国家、地方和学校三个层面，而尤以地方和学校政策为主。克莱因（M. Frances Klein）在古德莱德等人的研究基础上，曾经提出课程决策的二维框架，即学术、社会、正式、组织、教学、操作、体验等七个不同层面的决策水平和课程目标、课程内容、课程资源、课程活动、教学策略、课程评价、课程分组、时间安排、空间设置等九个课程决策对象。依此二维框架，民间文化课程资源开发的相关政策制定，首先在课程决策水平上，作为体制政策层面的学术层面、社会层面和正式层面

———————

① 蒋建华：《走向政策范式的课程研究》，《北京大学教育评论》2004 年第 1 期。

的课程决策，主要包括学者和专家、社会组织与机构，以及从国家到地方的教育行政机构提出的有关学校课程的决定，这些层次的课程决策应主要规定一个国家或地区的相对统一的政策行动规范与准则，以体现统一性。组织层面的课程决策即是具体学校的管理者和教师群体关于学校课程资源开发的各方面决策，教学层面的课程决策指的是具体学科教师有关课程设计和实施方面的决定，操作层面的课程决策是在实际课程运作的过程中，基于师生互动所进行的生成性课程设计。体验层次的课程决策是由学生所决定的，学生在课堂中并不是被动的接受者，他们依据自己的判断决定多大程度上参与和投入课程，影响运作中的课程，影响教师，并最终改变课堂教学的形态与效果。在这个层面上，学生对课程的自主建构从根本上决定了他们能够体验到的课程以及最终能够产生教育教学效果的课程。组织层面、教学层面、操作层面、体验层面的课程决策强调在政策运作中的因"境"、因"人"而异，突出课程政策的差异性运作。因而在课程政策制定时，不仅从学术层面、社会层面、正式层面强调统一性，同时要预留出足够的政策运作空间，为组织、教学、操作、体验层面提供足够的政策发展空间。

从目前来看，由于民间文化课程资源开发的重要意义还尚未受到足够重视，相关的政策仅是一些地区制定有地方政策，但从国家层面尚未为其制定专门的国家政策或法规，并缺乏强制执行规定，致使许多地区在政策执行中存在政策执行不力的状况，民间文化课程资源的开发成为一种形式。因此，为了使我国民间文化课程资源开发更具意识性和系统性，有必要从国家层面制定相关的课程政策，地方和学校依据国家政策制定适合本地区、本学校的地方课程政策和学校政策。另外，从政策所起的效力来看，政策可分为法律、规章、指导文件等。民间文化课程资源开发的相关政策不仅要有指导性文件，更要有颇具一定法律效力的法规，以增强其课程政策的法律效力，而目前所颁布的一些地方政策主要属于指导性文件，缺少法律保障效力，从而影响了这些地方政策的有效执行。

（三）课程政策的执行

政策制定并不因为法定文本的出台而终结。S. 泰勒（Sandra Taylor）等人认为，"政策的含义远远超越了政策文本，它还包括先于文本的政策过程，包括政策文本产生之后而开始的政策过程，以及对作为一种价值陈述及行动期望的政策文本的修正和实际的行动"。[①]可见，仅有课程政策的制定，形成政策文本是远远不够的，政策的有效执行才是关键。课程政策并不仅仅是一系列的指令或者意图，政策也不可能总是停留于静止不变的文本状态，它必须有赖于政策的实际运作与执行。

关于什么是"执行"，美国学者博西迪（L. Bossidy）和查兰（R. Charan)指出：执行是一套系统化的流程，它包括对方法和目标的严密讨论、质疑、坚持不懈地跟进以及责任的具体落实。它还包括对企业所面临的商业环境做出假设、对组织的能力进行评估、将战略与运营及实施战略的相关人员结合、对这些人员及其所在的部门进行协调以及将奖励与产出结合。它还包括一些随着环境变化而不断变革前提假设和提高公司执行能力以适应野心勃勃的战略挑战的机制。[②] 简言之，执行就是把公开的文本陈述和行动准则转化为实际的行动，以达成预期的目标与规划。政策执行是为实现一定目标，将政策内容转为现实的动态过程，它包括理解、宣传、检验、实施、调解与控制等行动。[③] 民间文化课程资源开发的相关课程政策执行，涉及对该配套政策的理解和宣传，需要各级行政部门大力宣传相关的各级课程政策，组织专家学者对民间文化课程资源开发的政策文本进行详细解读，使民间文化课程资源开发实践

---

① Sandra Taylor, Fazal Rizvi, Bod Lingard and Miriam Henry, *Education Policy and the Polities of Change*, London&NewYork: Routledge & Kegan Paul Ltd. , 1997, p. 28.

② ［美］拉里・博西迪、拉姆・查兰：《执行：如何完成任务的学问》，刘祥亚译，机械工业出版社 2005 年版，第 18－19 页。

③ 张金马：《公共政策分析：概念、过程、方法》，人民出版社 2004 年版，第 383 页。

中有法可依、有章可循，变政策文本为具体的行动指南。不仅如此，民间文化课程资源开发的相关课程政策的执行还应具有检查评价、监督等机制，以确保政策执行的实效性。

1. 课程政策自上而下的强制推进

在政策执行过程中，权力—强制策略不失为一种有效的实施策略。我国长期以来形成了中央集权制，尽管目前有所改制，但集权制的性质未予以根本改变，在这种中央集权制国家，为有效促进民间文化课程资源的开发与利用，通过政府力量、行政权力的大量介入，强调中央和地方的教育行政机构、政策制定者或管理者通过行政手段对政策的落实，通过设置监督、奖惩制度及立法调节来确保课程政策的顺利实施。这个过程更多地强调文本政策如何强制性地转化为政策行动。不仅如此，就课程政策的性质与特点而言，课程政策本身具有强制性特点，一般而言，课程政策一经形成，即成为各级课程权力主体共同的行动纲领和准则，指导并控制人们的课程实践行为，对参与其中的人员具有广泛的约束力。

2. 因"境"因"人"的课程政策生成

不过，实践中课程政策并不是一成不变的，课程政策执行也不见得能够忠实地还原政策设计或达成预期目标。"政策制定出来并不意味着有关的需要已经在政策中确定下来，在政策过程的执行环节，而不是在决策环节，政策经常继续演进"。① 课程政策并不是静止不变的文本，当其在不同地区、学校实际执行时，需要依据特定的场境需求进行自主调适与情境化建构，对具体政策再修订、再解释。进入实践领域的课程政策不可能像文本政策那样是真空中的政策，"实际在学校和课堂中运行的政策更多地同其所依托的具体情境中所运作的知识、信念、资源、组织、氛围和动机相互关联，而不是同文本政策所最初表现的政策制定

---

① ［英］米切尔·黑尧：《现代国家的政策过程》，赵成根译，中国青年出版社2004年版，第6页。

者的意图相关"。① 随着课程政策实践空间的变更，行动中的政策会直接面对不同的政策情境，受制于政策发生所在区域、组织或课堂现实的课程问题、当时的资源与条件、组织关系及其文化，以及相应教育、经济与政治制度条件的干扰。行动中的政策会依据政策发生的具体情境，对文本政策进行适应性调整，以满足政策行动具体空间的现实需求与可能。②

　　课程政策的执行不仅强调随政策运作场域的变化而进行的政策调整，更注重政策建构主体——人——在政策行动中同具体的政策情境互动所发展的政策认知，也即在政策运作中不同的政策参与主体在实践中对政策进行的阐发与建构。这些因"人"而异的政策认知不仅决定了不同政策主体对政策理解的程度与水平，还直接影响着政策主体的政策行动。正因为课程政策的执行有因"人"而异的特性，而民间文化课程资源具有地域性与民间性，因此民间文化课程资源开发的相关政策执行，一方面要强调政府在课程政策建构中的主导作用，关注各级政府在政策活动中的角色和行为，如聚焦政府课程决策体制的分析、关注政策推进中政府政策工具的运用、探讨政府机构内部以及政府机构间的政策行为与关系等；另一方面更要强调不同的课程政策实践者在政策建构与行动中的主体作用，注重参与政策活动的人，如教育研究者、教师教育人员、教研人员、公众、媒体，以及相关社会组织或机构的成员，特别要强调一线教师在课程政策建构中的关键性作用。

二、教师多元文化素养的培育

　　教育变革的成败取决于教师的所思所为，民族民间文化课程资源的

---

① L. Darling - Hammond, *Policy and Change: Getting Beyond Bureaucracy*, A. Hargreaves (ed.) , *Extending Educational Change*, Springer, Printed in Netherlands, 2005, p. 66.

② 屠莉娅：《从"文本的政策"到"行动的政策"：课程政策在实践中的生成与演进》，《教育发展研究》2012 年第 18 期。

开发与利用，教师起着至关重要的作用。"教师是把自己的文化知识，价值观，愿望和幻想带进教室的人，同时他也把自己的偏见，固执和误解带进了教室，教师的价值观和对问题的看法会渗透到学校工作的各个方面，如渗透到他所教的各门课程和师生交往过程中，潜移默化地影响着学生感知和接受信息，形成对各种事物的态度。"① 教师不仅仅是民族民间文化课程资源的最终实施者，同时也是课程资源开发的主体、研究者和参与者，事关课程改革的关键因素。一个具备多元文化素养的教师对于学生认知和体验文化的差异性有着深刻的影响，会直接影响到学生的学业成就，不具备充分的多元文化素养的教师，就难以体认不同文化背景中的文化差异，也很难带着一种公平平等的理念与学生进行沟通，如此一来，便容易与学生之间出现文化断层。因此，要促进多元文化教育的发展，必须提高教师素养，促进多元文化教师教育发展。然而，观诸我国当前的学校教育，虽然民族民间文化早已进入课堂，但是大部分却面临着流于形式而无法深入文化层面的尴尬境地，造成这一现实困境的主要问题是当前的教师多元文化素养缺乏。这突出表现在学校中的教师没有多元文化的教育意识和观念，注重主流文化、官方知识的获取，缺乏对非主流文化诸如归属底层的民间文化等的关注。总之，教师缺乏民族民间文化相关知识与能力的状况成为影响民族民间文化课程资源开发的掣肘。而导致基础教育教师缺乏多元文化素养的关键则在于教师教育对此的关注不够，无论是职前教育还是职后培训与教师专业发展，均很少关注教师多元文化素养的提高。而调查表明，所调查地区很多教师缺乏课程资源开发的理论与实践方面的知识，对民族民间文化课程资源开发的认识模糊不清且开发能力不强。为此有 83.1% 的教师认为非常有必要对教师进行培训。为此，改革当今教师教育现状，促进教师专业发展，提升基础教育教师的多元文化素养尤为迫切。

---

① 王鉴、万明钢：《多元文化教育比较研究》，民族教育出版社 2006 年版。

（一）发展教师的多元文化品性

教师的文化品性直接影响着其民族认同和民族情感的形成。台湾学者陈亿芬也认为："未来教师所面临的是多元文化的教学情境，教师需具备多种不同文化的相关知识以及处理不同文化所衍生之问题的涵养与技巧，并对不同文化之差异具有相当的敏锐性，这是目前师资培育工作不应缺漏的项目。"[①]

在多元文化社会，主流文化与非主流文化、官方文化与民间文化、主体民族文化与非主体民族文化、本国文化与外来文化等多种文化交流、碰撞、融合，面对多样的文化，教师应具有多元文化品性，理解与尊重文化的多样性。在学校教育中，教师面对来自于不同文化背景的学生，"教师们正与一群来自多元文化背景和有着不同经历的孩子们生活一起"[②]，教师首先具备多元文化的信念与态度，对不同群体的文化持尊重包容的态度，能够以一种公平平等的态度对待所有的文化。教师作为课堂教学的引导者，应掌握能够应对不同文化群体的知识结构和教学技巧，能够处理课堂或书本上出现的文化偏见，同时，教师应该营造一种良好的多元文化教育环境，处理日常教学中可能出现的文化冲突与问题。总之，教师在多元文化教育中的作用是举足轻重的，可以说，如果多元文化教育是一艘在茫茫大海中行驶的船只，那么教师便是这艘船的实际掌舵者，教师的多元文化素养直接影响到多元文化教育前进的结果，因此，必须把提高教师的多元文化品性放在首要位置上。

我国幅员辽阔、地大物博，各个地区、各个民族都有着悠久的发展过程和历史，保持着他们自身拥有的传统文化、语言习惯、宗教信仰等，这些都是经过多年长期积淀而成的，每个地区、每个民族都有各自

---

① 陈亿芬：《师资培育中的多元文化教育之研究》，台北秀威资讯科技股份有限公司 2006 年版，第 1 页。

② ［加］马克斯·范梅南：《教学机智——教育智慧的意蕴》，李树英译，教育科学出版社 2001 年版，第 8 页。

的文化特性，具有丰富的多元文化的特色，这些是值得我们保存和发展的，因此，为促使我国各地区民族民间文化的传承和发展，必须大力发展民族民间文化教育。在我国当前的学校教育中，民族民间文化进入课堂这一政策正在逐渐落实，如何正确处理主流文化与非主流文化之间的关系成为教师教学面临的现实问题。学校教育中不同文化的并存对教师的文化素养提出了新的要求和挑战，需要教师全方面的多元文化品性。

在多元文化社会中，教师不再扮演真理和知识权威传授者的角色，教师角色被赋予了新的内涵。在多元文化教育情境中，教师是多元文化的理解者，教师是本土知识的专家。[①]

教师不能仅仅以"知识代言人"的身份出现在学生面前，仅仅是传统知识，更重要的是教师应帮助学生在多种多样文化中学会反思，学会学习，学会选择更适合自己的知识，更好地把握知识，从而更好地促进文化的多元化，教师将更多地承担起学习"激励者"和"引导者"的作用。多元文化背景下应该是反思型教师，在反思中认同与传承民族传统文化，理解与接纳多元文化，创设平等的教育环境。[②] 教师要能代表社会的文化多元性，要把年龄、宗教、社会阶层、民族、种族、语言或任何这些因素结合而成的文化，主动包容进教学策略、课程教学方法、教学材料、考试和组织模式中，同时也强调社会中的共同核心价值。他强调教师作为一个研究者，应充分开发和利用课程资源，创造一种开放的气氛；强调在教学内容选择时充分关注文化的差异及与此相关的内容，避免在概念、内容及各科教学活动中渗入偏见的成分；强调教师要善于选择课外书籍或视听材料补充教材的不足，增强学生对其他族群的认识，引发接纳的气氛，相互尊重与合作，促进观念、感受和不同

---

① 章光洁：《多元文化社会中的教师角色及其对教师教育的启示》，《西南师范大学学报（人文社会科学版）》2002 年第 6 期。

② 陈时见：《课程与教师发展：多元文化的检视》，学苑出版社 2003 年版，第 224 页。

文化资产的自由表达。① 斯莱特强调，每一位教师的知识是有限的，教学不是教出统一的人、标准或语言，教学的基本前提是在不同的地方，人们有不同的独特性。②

多元文化教师相对于一元文化教师而言，发生了质的改变，多元文化背景下的教师作为一个文化性的存在，拥有着鲜活的文化生命，他们倾听来自于文化的声音，他们的思想与不同文化发生激烈的碰撞与交流。多元文化教师不再是单纯的文化传递者，他们能够对文化做出主动的反映与选择，具备一种文化自觉意识，他们对不同民族的文化是发自内心的尊重与接纳，能够带领学生接触不同文化信息，体验文化多样性，教师与学生平等对话，交流与分享各自的文化体验。班克斯指出，多元文化社会中合格的教师应包括以下特征：①知识，包括社会科学知识（源于对知识的目的、假设和价值观点的学习的过程），教育学知识，关于多样化的民族、种族、文化和社会阶层族群的学生的特征的知识；关于歧视和消除歧视的理论及研究的知识；以及关于教学策略和教学技巧的知识；②清晰的文化认同，对自己族群文化的遗产和经验，以及它们如何与其他民族和文化族群的经验相互作用，具有反省性的和清晰的理解。③积极的族群和种族态度，对不同的族群、民族、文化和社会阶层族群具有清晰和积极的态度。④教育教学技巧，做出有效的教学判断；消除歧视和种族间冲突；制定和设计一系列的策略和活动，使来自不同种族、民族、文化和社会阶层族群的学生获得更大的学业成就。③

西南地区的教师大都缺乏对本民族和其他民族文化的了解，对民族

---

① ［英］林奇（J. Lynch）：《多元文化课程》，黄政杰译，师大书苑有限公司1997年版，第73－76页。

② C. E. Sleeter, *Multicultural Education as Social Activism,* Allbany: Uninversity of New York Press, 1996, pp. 217－241.

③ ［美］班克斯：《文化多样性与教育：基本原理、课程与教学》，荀渊等译，华东师范大学出版社2010年版。

传统文化的价值也缺乏正确的认识，因此应对教师开展相关民族文化知识的学习，培养其正确的民族认同、民族情感和价值观。这有赖于教师教育的作用，无论是职前教育还是职后教育，应重视具多元文化素养的师资的培训。加利巴尔迪认为，国外对教师多元文化素养的培训，其主要目的是未来的教师能做到：第一，理解文化的差异；第二，作为富有成效的教育者，教师必须要在计划和组织教学以及在控制课堂环境上具有较强的能力；第三，教师在教育评价方面更为精通；第四，教师在课堂上必须要注意不使用双重标准或有意无意地减少课堂教学时间，在管理上要发扬民主，促进学生更具活力地开展各项活动；第五，教师要掌握各种激发学生学习动机的技巧，使所有的学生乐于学习；第六，必须加强教学实习，增长在多元环境中教学的经验；第七，教学材料的选择需要多元文化研究者、教师、教育哲学家的共同努力，观照文化差异；第八，要注意与家庭、社区合作，学会与家长打交道。① 贝克在总结有关多元文化师资培训研究的基础上，提出了师资培训的三阶段模式。这三个阶段是：学习、发展和参与。第一个阶段是学习，主要是社会基础、学科知识的学习；第二阶段是发展，即在知识学习的基础上形成多元文化教学观点，能从不同族群的视角看待事物，由心理学等学科达成这一目标；第三个阶段是参与，即实践阶段，将多元文化课程在教学中加以实施，通过教学实习等使学生形成符合多元文化教育要求的教学技巧和策略。②

结合我国多元文化教师教育现状，在实践中要积极行动起来，将有助于培养教师多元文化知识和能力的内容纳入教师教育课程体系中。比如，可以在通识课程中增开相关专题课程，奠定教师多元文化及教育方面的基本知识。通过开设民族艺术、区域地理、专门史、乡土考察等多

---

① A. M. Garibaldi, *Preparing Teacher for Cultural Diverse Classroom*, in: M. E. Dilworth, ed. , *Diversity in Teacher Education*, New Expections, 1992, pp. 25 – 36.

② 郑金洲：《多元文化教育概述》，天津教育出版社 2004 年版，第 164 – 167 页。

种课程，促进教师对相应地区的历史发展、地理环境、生计方式、文化形态等方面知识的学习，使其形成对多元文化的认同、接纳，发展教师的多元文化态度，形成相应的知识；调整和改革教育类课程，增设跨文化心理与学习风格等方面的内容，了解不同文化背景的学生不同的学习心理及特点，形成文化适应性教学的知识与能力；增设教育研究方法课程，注重有关质的研究或民俗志研究法的讨论和训练，提高未来教师对多元文化及其教学的理解和实践能力水平。[①]

（二）提升教师的民间文化课程资源开发能力

教师不仅是课程改革的最终执行者，更是民间文化课程资源开发的主体和直接参与者，其开发意识和开发能力直接影响民族民间文化课程资源的开发。因此，还应弥补大部分教师课程资源开发的相关理论的空缺和不足，对此应聘请高校教育科研人员介入课程资源开发及实施活动，给予定期及不定期的培训和现场指导，从而为后续的课程资源开发与实施提供支持。

（三）培植教师的课程意识

教师不仅是课程改革的最终执行者，更是民间文化课程资源开发的研究者和参与者，是课程改革成功的关键因素。因此，教师要转变教育观念，培植课程意识，不断提高自身素质与能力。

这固然需要通过各种培训途径，但更重要的是鼓励教师参与课程发展，把课程发展作为教师发展，发挥教师在课程发展中的独特作用，并使教师在课程发展中促进自身专业发展，提高教师的课程开发能力，使他们能针对少数民族学生的经验、兴趣、学习风格和发展需要，把具有民族特色的丰富素材反映在教材中，开发出一些突出民族性、地方性的有关民族文学、民族历史、民族风俗、民族艺术等的乡土教材。

[①]　孟凡丽：《多元文化背景中的地方课程开发研究》，中国社会科学社 2008 年版，第 169 页。

三、各级教研部门在课程资源开发中提供专业支撑

民族民间文化课程资源没有得到充分开发，主要有两方面原因：一是多元文化意识没有在各个层面得到充分重视和树立；另一方面则是学校缺乏课程资源开发的能力。许多教师对于民间文化的认识还相对模糊，对课程资源开发的技术更是陌生，甚至于许多老师对于新课程的此种理念产生质疑、困惑和抱怨。为此，要充分发挥各级地方教研部门尤其是省级教研部门的专业引领和指导作用。一是要加强组织对市县级教研部门和学校教师的专题培训，充分发挥其理论与实践的桥梁作用，让理论意识和课程开发技术成为每个新课程教师必须掌握的知识和技能；二是要充分发挥各级教研部门的指导作用，深入学校察视学校的课程资源开发状况，定期开展专题指导和调研，指导教师、发现问题、促进提高；三是教研部门要充分发挥其在地方课程建设中的直接作用。当前所谓的地方课程资源开发，真正得到较为有效落实的主要还在于省级教研部门，为此，各级教研部门在教材的编制过程中，可以充分吸收区县教研员和各级学校优秀教师进入编制队伍，从而带动市县教研部门和学校教师的教材编制水平，形成从市到县的优秀课程资源开发梯队和专业支持。

四、建立良好的社区支持系统

所谓社区（Community），来自腾尼斯（F. J. Tonnies）提出的 Gemeinschaft 一词，是社会学中一个从空间形式反映人们社会生活的概念，普遍把它作为一定区域相联系的社会生活共同体，它是一种区域性或地区性的社会。① 社区，作为一个社会实体，通常具有以下特征：①以一定生产关系与社会关系为纽带组织起来的，进行共同生活的人群。至于人口的多少，并无一定的要求、规定。②人群赖以从事社会活动的，有

---

① 鲁洁主编：《教育社会学》，人民教育出版社 1990 年版，第 329 页。

一定界限的地域。其面积的大小，也没有一定的标准。③一套相互配合的、适应各社区生活的制度和相应的管理机构。如风俗、规章制度等。④一套相对完备的生活服务设施。⑤基于一定的经济、社会发展水平和历史文化传统的社区文化、生活方式，以及与之相连的社区成员对所属社区在情感上和心理上的认同感和归属感。① 不同的社区因历史传统、地域环境及经济发展水平的不同，积淀并发展了不同的社区文化。它拥有区别于其他社区的居住形式，特殊的语言，一定的经济体系和特定的社会组织，以及独特的行为习惯和价值观念，这种为社区居民所共享的社区文化，往往规约着社区居民的行为方式与思维方式，潜移默化地教化影响人。社区及社区文化与作为培养人的活动的学校教育密切关联。学校教育基于其独有的办学优势、文化优势、文明辐射优势有及空间优势，对社区建设与发展具有促进作用。而社区对教育发展也具有十分重要的作用与功能，如服务功能、宣传功能以及教育功能等。社区文化则对教育有着更深刻的影响。无论在何种社区文化背景下，教育事业的发展和人的成长、发展都不可避免地受到影响和制约。这种影响一方面通过影响学校的办学方针、内容、方法，形成一种特殊的学校文化和价值氛围，间接影响学生；另一方面则直接影响学生的行为。同时，这种对学校文化、学生的影响又反过来影响社区文化。其作用机制可通过下图呈示：

正因为社区与教育有如此关系。教育的发展、课程的建设、课程资源的开发必须依赖社区力量的支持。在少数民族地区教育发展当中，社区往往是最为容易被忽视却又是最为重要的力量之一。民间文化具有明显的地域性特点，是地方文化、社区文化的重要组成部分。从某种程度上来说，在少数民族地区，社区本身就是民族民间文化的重要承载体，是民族民间文化的直接载体。民间文化课程资源的开发更需要社区的支

---

① 鲁洁主编：《教育社会学》，人民教育出版社1990年版，第330页。

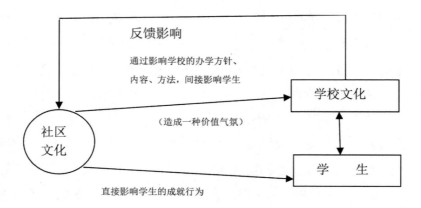

图9.1 社区文化对学校、学生的影响方式

持。当然，社区尤其是社区文化对学校教育的影响既有积极的也有消极的，关键在于主体的能动性与选择能力。应力求发挥社区尤其是社区文化的积极影响，形成良性互动。

社区支持主要包括以下几方面内容：

第一，社区文化支持。社区文化是指特定社会区城内的人们的各方面行为所构成的文化生态系统。它既包括这一区城内的人们所创造的物质方面的内容、生产方式和生活方式，也包括该区城内社会成员的价值观念、理想追求、道德情操、生活习俗、审美方式、娱乐时尚等精神方面的内容，主要由观念文化、行为文化、载体文化、制度文化组成。①其中，观念文化是社区文化中最活跃的因素，而在社区文化支持系统中，社区观念文化支持同样是最活跃的因素。社区观念文化支持首先体现在社区能够充分认识教育与社区利益的密切关联性，把教育的发展置于重要的地位，社区机构及社区居民对民族民间文化有强烈的认同意识和自我意识，社区机构主动了解、支持学校的民间文化课程资源开发，调动各方面的积极性和办学力量，协调教育与文化等其他部门的关系，

———————————

① 娄成武、孙萍：《社区管理学》，高等教育出版社2006年版，第186页。

采用多渠道多形式的宣传途径，推动民间文化课程资源的开发。社区观念文化支持还应体现为社区人士、具有双重身份的学生（身兼在学校是学生和在社区是居民的双重身份）和家长对民间文化的认同，明晰民间文化所蕴含的丰富的育人价值，形成民间文化自觉。

第二，社区资源支持。社区的发展过程，是资源积累的过程，因此社区具有相当的资源优势。社区资源支持同社区文化支持一样具有丰富的内容，主要由社区人力资源支持、社区组织资源支持和社区物质资源支持组成。首先，社区人力资源支持主要指民间文化传承人的支持。作为民族（社群）民间文化，它的存在必须依靠传承主体（社群民众）的实际参与，体现为特定时空下一种立体复合的能动活动；如果离开这种活动，其生命便无法实现。民间文化传承人是在文化遗产传承的过程中，代表某项遗产深厚的民族民间文化传统，掌握杰出的技术、技能、技艺，为社区、群体、族群所公认的人物。[①] 因此生活在社区中的民间文化传承人本身就是极其重要的人力资源。其次，社区组织资源支持主要包括社区居委会、社区志愿组织等，表现为社区组织投身民间文化发掘、收集与整理工作中，团结并组织社区居民积极配合学校开展民间文化课程资源开发的活动。最后，社区物质资源支持主要指社区资金、材料支持。社区资金支持指社区通过自身社区经济发展为本社区学校的民间文化课程资源开发提供资金援助，缓解中小学民间文化课程资源开发与利用中的资金紧张局面。社区材料支持指社区在发展过程中积累的关于民间文化的文字与非文字、图片、音频、视频等相关材料，这些材料记录了民间文化的"成长"，是民间文化宝贵的素材资源。

第三，社区管理支持。社区管理是一个内涵相当丰富、外延相当复杂的范畴。它指一定的社区内部各种组织，为了维护社区的正常秩序，满足社区居民物质生活、精神生活等特定需要而进行的一系列的自我管

---

① 祁庆富：《论非物质文化遗产保护中的传承及传承人》，《西北民族研究》2006年第 3 期。

理或行政管理的活动。① 在社区管理丰富的内涵中，与民间文化课程资源开发最具有紧密关联的便是社区环境管理，其是社区管理支持的核心内容。社区环境既包括居住的人文环境，也包括生态环境。相对应的社区环境管理支持则是指通过各种规则的建立，创设优美的人文环境和生态环境，消除不良环境因素，为民间文化课程资源开发构建适宜的外部环境。

总之，社区也是开发和挖掘民族民间文化课程资源的重要力量与源泉，民间文化课程资源的开发需要社区给予支持和配合。因此，民族民间文化资源开发过程中，要建立良好的社区支持系统，建立教育行政部门、学校和社区组成的开发力量体系。

五、加大教育投入

西南民族地区由于历史和地理因素的影响，经济社会发展相对落后，在民族民间文化课程资源开发实践中，暴露出的最大问题是教育投入不够，经费紧张，学校中教学仪器、图书设备等硬件设备的严重缺乏，经费及硬件设施的短缺也严重制约着地方课程资源开发的实施和进展。因此，应当适度加大少数民族地区教育经费的投入，地方政府应划拨专款保障民族民间文化课程资源开发的专项经费。

六、加强资源整合及成功经验的交流与分享

西南地区民族民间文化课程资源开发的现状表明，多数地方主管民族教育、民族民间文化进课堂的相关部门、当地图书馆、文化馆以及民族宗教委员会并没有建立起相关民族民间文化资源和研究成果的交流和合作的机制与平台，对于民族民间文化的课程资源开发并没形成一定的合力，因此，协调这几大部门间的资源共享、资料交流显得更为重要。

---

① 吴开松等：《城市社区管理》，科学出版社 2006 年版，第 90 页。

另外，课程资源开发与利用的经验不单单具有地区性、独特性，也具有共同性，其开发与利用的策略、经验不限于本地区，因此，需要加大与其他民族地区的交流及合作，节约成本，效率更高。

七、建立弹性的课程评价机制

我国现行的评价机制，诸如中、高考，完全窄化了对教师教学成效或学生学习成绩的评价，这也导致学校缺乏评价的自主权，在自觉和不自觉中让位于各种考试。新课程改革倡导多元的评价方式，强调评价主体的多元化、评价内容的多样化、评价方式的丰富化，然而实际上，考试仍然是我国教育教学的主要评价方式，并且这种状况很难在再短时期内得到改变，这种评价制度与新课程改革理念某种程度上存在矛盾，因此它也在一定程度上阻碍了民族民间文化课程资源进入评价的视野。在某种程度上，评价内容决定了教学内容和教学方式，要切实重视民族文化课程资源的开发必须在教育评价机制上寻求突破。为此，一方面，要探索更为科学的教育评价制度，另一方面，应该确实落实新课程改革所强调的评价理念，赋予地方、学校、教师和学生更多的评价自主权，并在地方会考、中考、高考中适当增加民族民间文化内容。

参考文献

［1］［美］阿兰·邓迪斯：《民俗解析》，卢晓辉编译，广西师范大学出版社 2005 年版。

［2］岑应奎、唐千武主编：《蚩尤魂系的家园》，贵州人民出版社 2005 年版。

［3］陈美如：《多元文化课程的理念与实践》，台湾师大书苑 2000 年版。

［4］陈向明：《质的研究方法与社会科学研究》，教育科学出版社 2000 年版。

［5］刁培萼：《教育人类学》，江苏教育出版社 2000 年版。

［6］［美］戴克·F. 沃克、乔纳斯·F. 索尔蒂斯：《课程与目标》，向蓓莉等译，教育科学出版社 2009 年。

［7］范国睿：《教育生态学》，人民教育出版社 2001 年版。

［8］范兆雄：《课程资源论》，中国社会科学出版社 2002 年版。

［9］费孝通主编：《中华民族多元一体格局》，中央民族大学出版社 1999 年版。

［10］冯增俊：《教育人类学》，江苏教育出版社 2001 年版。

［11］顾明远主编：《教育大辞典（增订合编本）》，上海教育出版社 1998 年版。

［12］贵州省民族研究所：《贵州民族地区民族文化调查》（内部资料）。

［14］贵州省民族志编委会：《民族志资料汇编（第二集、第五集）苗族》（内部资料）。

［15］贵州省统计局编：《贵州省统计年鉴》，中国统计出版社 2003 年版。

［16］哈经雄、滕星主编：《民族教育学通论》，教育科学出版社 2001 年版。

［17］赫德永：《课程研制方法论》，教育科学出版社 2000 年版。

［18］胡定荣：《课程改革的文化研究》，教育科学出版社 2005 年版。

［19］胡起望、李廷贵：《苗族研究论丛》，贵州民族出版社 1988 年版。

［20］黄淑娉、龚佩华：《文化人类学理论方法研究》，广东高等教育出版社 2004 年版。

［21］黄显华、霍秉坤：《寻找课程论和教科书设计的理论基础》，人民教育出版社 2002 年版。

［22］江山野主编：《简明国际教育百科全书课程》，教育科学出版社 1991 年版。

［23］靳玉乐：《现代课程论》，西南师范大学出版社 1995 年版。

［24］靳玉乐：《新课程改革的理念与创新》，人民教育出版社 2003 年版。

［25］靳玉乐主编：《多元文化课程理论与实践》，重庆出版社 2006 年版。

［26］靳玉乐主编：《活动课程与学生素质发展研究》，重庆出版社 2001 年版。

［27］李建国、蒋南华：《苗楚文化研究》，贵州人民出版社 1996 年版。

［28］林耀华主编：《民族学通论》，中央民族大学出版社 1997 年版。

［29］林继富、王丹：《解释民俗学》，华中师范大学出版社 2006 年版。

［30］罗廷华、余岛：《贵州苗族教育研究》，贵州民族出版社 1999

年版。

［31］麻勇斌：《贵州苗族建筑文化活体解析》，贵州人民出版社 2005 年版。

［32］马戎：《民族与社会发展》，民族出版社 2001 年版。

［33］马翀炜、陈庆德：《民族文化资本化》，人民出版社 2004 年版。

［34］马启俊：《民间文化述论》，安徽教育出版社 2009 年。

［35］庞朴：《文化的民族性与时代性》，中国和平出版社 1988 年版。

［36］黔东南年鉴编纂委员会办公室编：《黔东南年鉴 2002 年卷》，贵州人民出版社 2002 年版。

［37］施良方：《课程理论：课程的基础、原理与问题》，教育科学出版社 1999 年版。

［38］石朝江：《中国苗学》，贵州人民出版社 1999 年版。

［39］石中英：《知识转型与教育改革》，教育科学出版社 2002 年版。

［40］司马云杰：《文化社会学》，华夏出版社 2011 年版。

［41］司马云杰：《文化价值论》，陕西人民出版社 2003 年版。

［42］宋蜀华、白振声主编：《民族学理论与方法》，中央民族大学出版社 1998 年版。

［43］孙秋云主编：《文化人类学教程》，民族出版社 2007 年版。

［44］滕星：《文化变迁与双语教育》，教育科学出版社 2000 年版。

［45］滕星：《族群、文化与教育》，民族出版社 2002 年版。

［46］万建中：《中国民间文化》，北京师范大学出版社 2011 年版。

［47］万明纲：《文化视野中的人类行为》，甘肃文化出版社 1996 年版。

［48］万明钢主编：《多元文化视野：价值观与民族认同》，民族出版社 2006 年版。

［49］王鉴：《民族教育学》，甘肃教育出版社 2002 年版。

［50］王锡宏：《中国少数民族教育本体理论研究》，民族出版社 1998 年版。

［51］王春燕：《浙江民间文化与幼儿园课程》，浙江大学出版社2011年版。

［52］伍新福：《中国苗族通史》，贵州民族出版社1999年版。

［53］萧洪恩：《土家族仪典文化哲学研究》，中央民族大学出版社2002年版。

［54］夏建中：《文化人类学理论学派》，中国人民大学出版社1997年版。

［55］徐万邦、祁庆富：《中国少数民族文化通论》，中央民族大学出版社1999年版。

［56］杨正文：《苗族服饰文化》，贵州民族出版社1998年版。

［57］叶涛、吴存浩：《民俗学导论》，山东教育出版社2002年版。

［58］［美］詹姆斯·班克斯：《多元文化教育概述》，李苹绮译，心理出版社1998年版。

［59］［英］詹姆斯·林奇：《多元文化课程》，黄政杰主译，台湾师大书苑1996年版。

［60］张岱年、方克立：《中国文化概论》，北京师范大学出版社1994年版。

［61］张和平主编：《贵州民族语文调研文集》，贵州民族出版社2004年版。

［62］张华、钟启泉：《经验课程论》，上海教育出版社2000年版。

［63］张晓：《西江苗族妇女口述史研究》，贵州人民出版社1997年版。

［64］张晓松：《苗侗之乡——黔东南文化考察》，四川人民出版社2003年版。

［65］郑新州：《教育文化学》，人民教育出版社2000年版。

［66］中华文化通志编委会编：《苗、瑶、畲、高山、佤、布朗、德昂族文化志》，上海人民出版社1998年版。

［67］钟敬文：《民俗文化学：梗概与兴起》，中华书局1996年版。

［68］钟启泉主编：《课程论》，教育科学出版社 2007 年版。

［69］钟启泉、李雁冰主编：《课程设计的基础》，山东教育出版社 2000 年版。

［70］钟启泉、张华主编：《课程与教学论》，广东高等教育出版社 2000 年版。